# 说人解字

汉字里的人生运势

黄永恒 石建军⊙著

海南出版社
HAINAN PUBLISHING HOUSE

图书在版编目（CIP）数据

说人解字 / 黄永恒，石建军著．-- 海口：海南出版社，2015.11（2016.4 重印）

ISBN 978-7-5443-6177-4

Ⅰ．①说… Ⅱ．①黄… ②石… Ⅲ．①汉字－通俗读物 Ⅳ．① H12-49

中国版本图书馆 CIP 数据核字 (2015) 第 177436 号

**说人解字**

作　　者：黄永恒　石建军

选题策划：李继勇

责任编辑：李　鹏

装帧设计：黎花莉

责任印制：杨　程

印刷装订：三河市祥达印刷包装有限公司

读者服务：蔡爱霞

海南出版社　出版发行

地址：海口市金盘开发区建设三横路 2 号

邮编：570216

电话：0898-66830929

E-mail：hnbook@263.net

经销：全国新华书店经销

出版日期：2015 年 11 月第 1 版　2016 年 4 月第 2 次印刷

开　　本：787mm×1092mm　1/16

印　　张：23.75

字　　数：290 千

书　　号：ISBN 978-7-5443-6177-4

定　　价：45.00 元

# 目　录



一个汉字，一段缘分，一种人生。以单个汉字为引，以作者一生的往事为线，从字的来历、渊源、变化以及字的形、声、义入手，融故事、知识、韵味为一体，不简单，更不神秘，闲坐围炉，听石先生慢慢讲来。

# 字里字外

和这本书相遇感觉很偶然。

偶然于网上看到一段争论，争论的是中文与英文的优劣，结果中文方大败亏输。英文方逻辑严密，层层论证，从翻译的准确度、律法的精细度、科学的严谨度一一举例说明，对中文进行了无情的批驳，末了还有一个特别极端的网友吐槽了一句，中文垃圾。大有“汉字不灭中华不兴”的痛心疾首之势。

用鸡的习性衡量鸭的优劣无疑是可笑的。表音的拉丁文和表意的汉字创构之初就是两种截然不同的方向。一种是追求技术细节的可控性，要求的自然是精细和缜密，比如律法，比如技术，千篇一律；一种追求的是天道人伦的和谐感，要求的却是形象和直觉，比如艺术，比如心灵，意在言外，千人千面。二者根本没有可比性，何来优劣之说？然而可笑之余，又复可悲起来。

连自己的母语都嫌弃，连自己的文化都漠然，这是怎样的一个时代呢？我们又该怎样来填补我们已经苍白而茫然的灵魂呢？

有人说，中国文化在内地已经断了根，只有台湾地区才完整地保留着传承。但台湾的朋友说，中国文化在内地从未断根，大到清明的祭祀、春节候鸟式的大迁移，小到生活中对长者的尊敬、对鬼神的祈祷，处处都有中国文化的影子。是啊，文化从未曾断，只是我们蒙蔽了自己的心，对自己的根，对自己的灵魂视而不见罢了。

还是很偶然，我收到了石建军老师的书稿。一本关于石老师这一辈子拆字测字的往事回忆。此时，与中国文化相关的书的出版正此起彼伏，方兴未艾。其中关于汉字的图书稍一搜索就出现了一堆，而与汉字相关的娱乐节目也比比皆是。这是让人欣喜复欣慰的，国人对于传统文化的正视，也正体现着我们对于自身灵魂的思考。还有什么比一个文化工作者看到文化的复苏乃至复兴而更让人高兴的吗？

欣喜之余，对比市场上的有关汉字的图书以及娱乐节目，发现大多都处于一种温习、熟悉的阶段，如记字音、字形，再有就是根据《说文解字》之类的释义，哪怕央视最热门的《中国汉字听写大会》也最后走入了偏门。字以载道，道不远人。汉字从仓颉造字之初，体现的就是中国人对自然宇宙最直观的感受和探索，进而又体现在生活的方方面面。直觉到事物的结果然后再去寻找起事的相关原因，这也许就是东方文化和西方文化的区别之一吧。我们今天之所以觉得很玄，或不靠谱、没逻辑，是因为我们的心灵蒙垢太重，已经没有了直觉的能力，也是因为我们对自己的文化传统疏远已久，身与心的隔离让我们感到茫然。

石建军老师并不是一个以测字为生的江湖算师，他生于二十世纪四十年代，是个电气工程师，还主持过国家级重大电气工程。和汉字的结缘，据他说起于初中时代的一个会测字的老师。汉字的魅力在一拆一测间很快就捕获了他的心。而“文革”期间的际遇更是让他一头扎入了汉字里。那时，一无所有的他正好碰到了一本《说文解字》，而一无所事的他又把《说文解字》像拆字那样一页页拆散，口袋里常揣上一两页，咕哝一两句，再就发生在他身边的某人某事心里默默地拆测一番，聊以自娱。十年下来，一种习惯就成了自然。时至今日，一种自然就成了一种奇观。

这种奇观在石老师的爱人黄永恒女士的鼓励下，退休在家的石老师开始回忆整理他的一生，于是这种奇观很快就变成了一篇篇书稿。机缘巧合，这些书稿飞入了海南出版社。我并未与石老师见面，当时委托的是正好在广州出差的任建成老师与石老师会晤了一次，很快双方就签定了出版合同。

刚开始拟定的书名是《汉字里的江湖》，体现的是石老师这一生在汉字里见证的各种江湖故事，带有较强的民间色彩。然而，石老师终究和一般的江湖算师不同，他从未以此摆摊糊口。所以石老师的解构汉字多了学者的探究，少了术士的玄虚。在一个个小故事里，我们不但看到了汉字与人生的相互映衬，还看到汉字本身在拆解间隐含其中的构成逻辑，让我们更进一步体会汉字的魅力，品味到承载其中的中华文化的韵味，感受到象形汉字所隐含的道理。于是，又定书名为《拆开汉字看人生》，并且首选了150个汉字作为第一辑。但这本书最终不是拆解人生，亦非汉字大道，仅仅是一个老人痴迷汉字的回忆，从抗战到现在，借拆字所经历的人和事的再现，与其说是汉字的文化，不如说是历史的另类注脚，因起缘于《说文解字》，遂最终定书名为《说人解字》。一字之易，一生慨叹！

书中这150个汉字，意味着150段缘分，我们从中可以看到150种人生回忆。以单个汉字作为引线，从字的来历、渊源、变化以及字的形、声、义入手，再串以往事，融故事、知识、韵味为一体，不简单，更不神秘，大可闲坐围炉，或地铁，或卧室，或睡前，或书房，听石老师将往事娓娓道来，于轻松中习得汉字之秘，不失为一种人生乐趣。

隐约听人说过，一个时代需要的是升华，而不是浮华。在中医“不科学”、周易“伪科学”之后，在言必称科学、理性的年代，我们的思维模式、是非观念、文化传统都被机械地裁量了。爱因斯坦曾警告说，不要把理性看成我们的上帝，因为它虽然有强健的肌肉，但却没有人格，它对方法和工具有独到的眼光，但对目的和价值却是盲目的。至此，我们不妨放松心身、抛开杂念，听一个老人絮叨一回，消遣之余，感性地体验一下汉字的韵味，间杂学一点汉字的知识。

《说人解字》，解的不是汉字，而是东方形象思维方式的展现；说的不只是人，更是人生百态、喜怒哀乐以及斯时斯世的回忆注解。能读到这本书，是偶然，也是缘分。

幸甚！

南蛮自永

于2015年7月

# 自 序

汉字有个突出的特点，就是“字中有字”。如“谭”字，它由“言、西、早”三字组成，其中的“早”又含“日、十”两字，因此，把“谭”字拆开，形成了多个可以各自独立的汉字。传统的叫法为拆字。但不少汉字是不能再拆的，如“力”字，如“而”字。不过它们由不同的笔画构成，以“力”字为例，它仅两画——横竖钩加一撇（丿）。钩和撇（丿），这些笔画在汉字中都被赋予了一定的含义。“丿”，《说文》说“丿，右戾也”，而“戾，曲也。从犬出户下”。

有些字笔画多而又不能拆开，如“共”字。“共”字拆开虽然下面是“八”，可以独立，但上面部分不能成字。笔画多，不便每笔每画都来进行分析，那么就需看看“共”字的来历了。金文中“共”字是四只手的象形，四手一同用力，故而为“共”。也就是说，“共”字与手有关联。又如“西”字，“谭”字中有“西”，覃、要、甄、贾中都有“西”，笔画相同，但来历各异。其他如兀、元等字，来历一样，但指义不同，这些都成了拆字的依据。

既然汉字的每一个字乃至每一笔画都含有原始的、各异的信息，即如上面提到的“丿”是“犬出户下”、“共”字与手有关等等，古人很聪明，于是就利用汉字的这一特点来预测和解释一些周围发生的事情和现象，往往还非常有效。这样，两千多年来，用拆字的方法来预测就成了中华传统文化的一个分支。但最近几十年，这一文化传承却备受非议。以为拆字是“迷信”、是“玩弄附会”。这种结论既霸道，又不公正，也极不客观。其实批评者中多数是对汉字的渊源不甚了解的，人云亦云。

拆字，现存有文字的最早记录应该是《左传·宣公十二年》，即公元前597年。是年，晋楚战于郑地邲（音逼，今河南荥阳市北），晋人大败，遗尸遍野，余师已溃不成军。楚将潘党建议楚子（即楚庄王，楚系子爵，故左丘明称他为楚子）“收晋尸以为京观……以无忘武功”。

《尔雅·释丘》说“绝高为之京”，因此“京”的始义是高而大的山丘。所谓“京观”，就是用敌人的尸体堆叠成山，让人看到（观）这次战争的“伟大胜利”，来（向后人）显示战功。这是一种很残忍的行为。楚庄王头脑清醒，没有采纳潘党的提议，他回答道：“非尔所知也，夫文，止戈为武……武非吾功也……又可以为京观乎？”翻译成白话是：这个事情你就不懂了，“武”这个字——夫文——它是由“止”字和“戈”字组成（金文和籀文中的“武”字都是写成“戈”下“止”，不是现在的“弋”下“止”）。楚庄王以“武”字为题，说了较长的一段话，大意是：用武的目的是“止戈”，不是耀武，武有武德，怎么能用“京观”这种残暴的方法来彰显武功呢?

楚庄王借“武”字讲了“功”与“德”之间的关系，说得入情入理。

这是拆字最早的例子，是古代用字来解事的实例，它比《后汉书》带迷信色彩的“三穗禾之梦”早了八百余年。从上例中可以看出：

一、“止戈为武”，并无半点儿迷信的内容。它只有教人不要残忍地对待自己的同类——就如硬把“拆字”残酷地说成（全是）“迷信”一样。

二、楚庄王没有半点儿玩弄文字及潘党和后世子孙的意思，相反，他是以文字来教育潘党，提醒后人。

三、“止戈为武”是“后世拆字之由来”。

至于“黄绢幼妇——绝妙”与“一人一口酥——一合酥”，这是大家共知的字例，它们出现的年代也应稍早于《后汉书》中的“三穗禾”，这两例也闻不到半点儿“迷信”的滋味。

前面说了，拆字是利用汉字本身和它的笔画所包含的原始信息，来说明一些事情及预测未来。过去用拆字的方法来预测时有没有迷信的内容呢?可以肯定地说：有。但绝不是全部，不能以偏概全。古人引入神鬼等迷信内容，就像现代人引用一些先哲的语录一样，目的也许只有一个，就是加深其权威性、神秘性。本来是清白的事，为了证明其可信、可靠、事真非伪，才把神啊鬼呀的硬塞了进来。例如《史记·高祖本纪》中，将刘邦斩蛇起义，说成是赤帝子杀了白帝子；在《留侯世家》中，把张良下邳圯上得《太公兵法》一事，塞进了老人是黄石所变之事。纵观《二十四史》，都有这些内容，这些东西到底是假还是真，我们不如放一放，因为我们今天可能还没有解释它们的智慧。不过有一点可以肯定：难道记录中国上下五千年的史书，都是“迷信”“玩弄”？肯定不是。

这里要提到江湖术人了。过去江湖术人为了生存，而历史的条件不容他们有读书或者读很多书的机会，眼界有限，但他们都很聪明，拆字时为了证明自己所说的可靠性，自然联系到神鬼及一些传奇性神话中的人物和现象，如“六神说”“测字诀”等等。其实这些东西是完全可以剔除的，就好像《史记》中删去“白帝子”与“赤帝子”，删去张良圯上所遇老人由黄石所变一样，不影响刘邦率众起义的事实，也不影响张良是汉初三杰的形象。本书就剔除了如“六神说”“测字诀”这些内容，只保留了汉字起源时的原始信息，来还拆字一个清白。

其实拆字，即使民间的术人也并非如学者所指摘的“迷信”。清乾隆时人钱泳著的《履园丛话》中记录了这样一则事：

康熙年间，南京阊门外上津桥有一朱生善拆字，当时，平西王吴三桂权重，发公文致江苏巡抚慕天颜，要借银十万两，吴三桂以“王”压人，慕巡抚不敢不借，但又不想借，踌躇莫决中，于是请朱生测字。《履园丛话》的原文是这样的：“乃延朱测字，且告以故，朱曰：‘请命一字。’适几上有残柬，慕公随手翻转，指‘正’字为枚。朱曰：‘不可借，正似王字，王心已乱，且柬正面合几上，正而反矣，即反之兆。’慕即拒之。”翻成白话是：慕巡抚请朱生拆字，并告诉他要测的事情。朱生请慕巡抚报个字，慕巡抚随手翻转桌上文件，指其中的“正”字求拆。朱说，不能把钱借给吴三桂，因为“正”字的字形似“王”字，唯一不同的是两个字的字心不同，“正”字是“王（指平西王吴三桂）心已乱”的景象，“王心已乱”即“王心不正”。且该文件的正面朝下，这是“正而反矣，有反之兆”。把钱借给他，将来必受牵连，于是慕巡抚找个由头，拒不借钱给吴三桂，后来吴三桂果然反于云南，慕巡抚因拒绝借银子，才得免了干系。

还有一例，我记不清出自何书，好像是清道光年间吴长元写的《宸垣识余》：明末农民大起义，李自成兵出陕西，一路凯歌东进，崇祯命一太监出宫拆字。太监见日已西垂，是酉时时分，于是用“酉”字求拆。拆字人说，“酉”字是至尊（皇帝）的“尊”字去头斩尾而成，“尊”字无头无尾，于皇上不吉；太监改口说不是“酉”字而是“有”字。拆字人说，仍然不吉，“有”字的上部是“大”字少一捺，这是“大”少了一半，“有”字的下部是“明”字少“日”，这是“明”去了一半，那么合起来，“有”是“大明”（朝）已去了一半；太监再改口，说“先生听错了，我讲的既不是酉时的‘酉’，也不是有无的‘有’，我说的是朋友的‘友’字”。拆字人说，那就更不行了，“友”字的字形似“反”字，且一撇（丿）出头，“反”已出头，那“大明”（朝）还有什么希望呢?

上面两例，拆字人是完全根据汉字的“形、声、义”来分析的，没有半点儿迷信内容，若指摘他们“玩弄”文字，就是笑话了。

吴三桂会不会反，清廷也仅在猜疑之中（撇开吴三桂的奸邪不论，他的反清，其实与康熙的逼压是分不开的），作为巡抚的慕天颜尚且不知（他若知吴三桂会造反，借银之事早就一口回绝了），作为平民的朱某，他哪里知道吴三桂会造反，而他一口道破“正则反矣，是反之兆”。这样“玩弄”文字是要冒掉脑袋风险的。

再说太监出宫拆字之事，拆字人说“大明（朝）已去了一半”，这样说对他有什么好处？明朝廷不想亡，北京百姓也不想乱啊——乱则要死人，史载李自成杀人很在行。拆字人也是北京百姓，北京若陷，他也有被杀的可能啊！

前面说了，《二十四史》及一些名著，为增加其对某事论述的权威性、神秘性，刻意加入神鬼、天授的内容。钱泳是清朝乾隆、嘉庆年间有名的学者，同样难免其俗。上面引例南京朱生为巡抚测字的故事中，拆字的内容本身并无迷信的瑕疵，但钱泳在拆字内容的前面添上了这样几句话："朱某家贫，欲入山寻死，遇仙解救，授拆字一书，其验如神。"这是张良下邳圯上黄石老人授书的翻版——都是天授，因此神秘。在此例的后面又加了一句，"朱子死，其书遍寻不得，或以为仙人收去，遂失其传。"神秘吧！

提到预测，自然要联系到《易》，个别学者把《易》简单地定义为占卜之书，这还真是枉读了《易》。不错，《易》有占卜的内容，但《易》所包含的哲理之深，恐怕一些贬斥它的人研究一辈子也搞不清楚，因此简单地说它是"占卜之书"，是既省心又省事的事。其实《易》的哲学思想可以用一个字概括，那就是"变"。所以当代著名学者南怀瑾先生在《易经杂说》中说："世界上的事，世界上的人，乃至宇宙万物，没有一样东西是不变的。"南先生还说："《易经》是经典中之经典、哲学中之哲学、智慧中之智慧。"孔子也说："洁静精微，《易》之教也。"还说，"通《易》者不卜。"这句话也可以说明一个问题，就是简单地说《易》是"占卜之书"的君子，那么先生您其实"不通《易》"，才把《易》看成"占卜之书"的。

我以为，所谓占卜（预测），仅是指出某事物变化的规则（律）与方向，即是向好的方面变还是向坏的方面变，其中有没有或者存在不存在变化的规则（律）。因此占卜预测不能单纯地以准或不准来衡量，因为变化的方向和规则（律）也可能因"变"而在变化中。但是它至少让你知道，善与恶、美与丑就存在于你所要预测的事（件）中的大致比例，不会让你盲目。

说到迷信，我还想多说几句。现在有一个倾向，个别朋友往往把自己所不能理解的或者科学还暂时无法解释的事物说成愚昧、迷信或伪科学，用不屑的态度来对待。

牛顿的万有引力，这是经典物理学中的经典定律。在浩渺的宇宙中，这个力实在是太小太弱，它不能维系银河系的稳定与存在——现在发现，由于有暗物质的作用，才能使银河系基本稳定；而在微观世界里，万有引力也不能解释粒子的运动。但又有谁敢对牛顿定律表示不屑或者说它是迷信的呢？

其实，目前无论是学者也好，科学也好，对出现的一些现象是很难解释清楚的，例如中医药就是。请你千万别说它是伪科学，是迷信。别把我们民族的智慧估计得太低，而把我们自己的智商估摸得太高，别以为到了太空时代就一切的疑难现象都可以解决了。请给我们的后代留一点空间，让他们去思考、去解决。

不能解释的疑难现象有没有呢？肯定有。先说说远的。苏轼在《志林》中记录了这样一件事："眉州青神县（即今四川乐山市的青神县）道侧，有小佛屋，俗谓之猪母佛。云百年前有牝猪伏于此，化为泉，有二鲤鱼在泉中，云盖猪龙也。蜀人谓牝猪为母，而立佛堂其上，故以名之。泉出石上，深不及三寸，大旱不竭，而二鲤莫有见者。余一日偶见之，以告妻兄王愿，愿深疑，意余之诞也。余亦不平其见疑，因与愿祷于泉上曰：'余若不诞者，果当复见。'已而二鲤复出，愿大惊，再拜谢罪而去……泉在石佛镇南五里许，去青龙（县）二十五里。"

翻成白话的大意是：在苏轼的家乡眉州青神县，有一泉是由一头母猪所化而成，泉深不及三寸，大旱之年也不会干枯，据说泉中曾经出现过两条神奇的鲤鱼，它们是猪龙的化身。但是现在已经没有人再看到过这两条鱼了。有一天，我偶然看到了，就告诉了我妻子的哥哥王愿，王愿根本不相信，怀疑我说假话欺骗他，我心中不平，于是与王愿一同到泉上祷告："请你们（即猪龙）证明我没有撒谎吧！"那两条鲤鱼果真再一次出现了！

我也亲身经历过一件事，至今还想不清原因。我九岁的时候，左脚后跟长一硬块，如拇指指头大小（大约是现在的医生称呼的鸡眼，但疼痛尤过之），坚硬如石，稍触即痛彻肺腑，因此左脚不能落地。儿时贪玩，由我弟弟抬起我的左脚出去玩耍，弟弟力小，一不小心，我的左脚滑落触地，痛得我哭叫连声。我家的邻居，也是我的族祖父，我们叫他"云长爷"的（他是职业的"师公"），听到我的哭声，惊讶地走来，问清原委后，要我左脚离地寸许，他用一根小铁钎在泥地（那时的乡间还无水泥地面）上比着我的赤脚（无鞋穿），画了一个脚印，然后要我将脚移开，只见他念念有词，用铁钎对着泥地脚印中我长硬块的位置，猛然挑去一块泥，然后拍拍我屁股说："走！"我的左脚立即着地，已无疼痛的感觉，后跟脚板上的小硬块，几天后也随即消失。

第二天，云长爷告诉我母亲，说我有福气，要是那块泥挑不动或挑不掉，脚痛他也治不好。

后来我问过不少外科医生，其中还有很有名气的医学专家，没有一位能解释此事。呜呼！天地之大，包容万事万物，难道我们什么都能了解吗？

出现了UFO这一现象，全世界观看到的何止千例，其中虽不乏伪造，但不是全世界的观测者都在伪造、在欺骗、在玩弄。而三十多年前，国内有位很权威的专家断言：这全是假造的，宇宙中只有地球才适合人类（生物）居住。现在，没有人再说这样的断语了。我相信，再过几十年或者更长一些时间，上述疑难怪异也许就能解释和解决了。同样，再过一些时候，也许再也没有把拆字武断地说成"迷信"的这种声音了。

一种文化现象能流传两千多年，自然有它的道理。如谶语，流行于汉、晋。因为太神秘、太费解，后来自然消失，自晋、唐之后就很难再看到用谶语来做预测了。而用《易》与拆字来进行预测，至今不息，难道有几千年历史的民族始终是处在愚昧之中？

唐、宋是历史上中华文化最繁盛的时期，唐有李淳风（李淳风，初唐时人，天文学家，著有《推背图》）善于拆字；到了两宋，拆字之风盛行，上至朝廷、下到庶民，都喜欢用拆字来解一时之惑。王安石和苏轼就是其中的行家（关于他们拆字的内容我在正文中将会提及）。而最有创举的应是大哲学家邵雍（邵雍，字尧夫，谥康节，著有《皇极经世》等书），他将《易》理引入拆字之中。稍晚于邵雍的还有拆字名家谢石（谢石，字润夫，四川成都人）、朱安国等人。谢石我将在正文中提及，这里就不赘述了。不过谢石以拆字显世，侍南宋高宗，亦因拆字得罪秦桧而罹祸丧命。到了明清二代，拆字大家辈出，其中当推程省、周亮工为最。

程省，清初江苏江阴人，著有《测字秘牒》一书；周亮工，字栎园，明末河南祥符（今河南开封）人，明崇祯十三年进士，活动于清初，著有《字触》一书，书中除了录有他自己拆字的实例外，还收集了前朝各代名家的字例，全书凡317条。

“文革”前期，我因无书可看也无事可做，仅把拆字当成文字游戏，悠游于中以自娱——算是玩弄文字吧！慢慢地，我对汉字的兴趣越来越浓，纵使到了后来的20世纪八九十年代及21世纪初，哪怕工作再忙，任务再重，也常常觅暇写几个字于纸上，横、竖、倒、顺地细细观看，用此来调节情绪。

拆字，我有一些规则。一是来拆字者不能刻意指定某字求拆，须随机抽书一本，且事先约定要书中某页某行第几字（这行字数如不够，则加数至下一行），然后再翻开书寻字，寻得后不可再行更改他字，否则拒不为拆；二是来者须当面书写该字，草、隶、楷、篆可随意，但只能书写一次。

这两条规则，都是为了随机。

另外，这里要特别申明的是：其实拆字的结论与字的书写极有关系，本书因怕读者误以为作者作秀，故尽量不收入来拆字者书写不规则的字。

拆字有一些方法，但又无定法，正如《字触》的序中所说：“随意而触，引而申之，不必其字本义也。”

我花精力和时间写成本书，有两个目的。由于迷信一说的原因，近几十年来，很少有人从文字上整理拆字这一传承了两千多年的中华文化，拆字文化已到了奄奄一息的时刻。前面我提到了UFO现象，几十年前，国内的权威把这种现象定义为荒诞；几十年过去，再也没有权威人士这么说了，终于承认它可能确实存在。也许再过几十年或者更长一些时间，把拆字说成迷信的人也没有了，但到那时，这一传统的文化恐怕也已经消失了。因此，我只想把它续存下来，不让它就这么“死”去。

另外，现在中、小学的语文，只讲汉字的音和义，基本上不讲“形”，即不解释汉字的来历和结构。我看过一些大、中学生的行文，三百余字的小文章，错别字常出，这不能不说与我们对字形的解释太少有关。因此，我想通过拆字来加深我们对自己天天使用的文字的了解。

这里要特别提及的是，本书所以能够成书，离不开我妻子黄永恒的帮助，她科班出身，中文系毕业，对汉文化和汉文字都有较深的研究，她亦另有著述。是她提醒和督促我将我过去的一些拆字实例整理成文，且为我搜集了大量的资料和有关的书籍，又对本书在文字上做了系统的订正。

我还要感谢我的同学、好友李振安君，他对本书的部分篇目及我的自序提出了切实的修改意见和文字的校正。李君文章卓尔，大学时即有文名，可惜近年疏于耕耘耳！

还要特别感谢的是，海南出版社的编辑任建成和李继勇两位先生对本书的赞赏和修改。

可以成书的有六个部分：命运、婚恋、求学、病伤、失物及其他。这里精选了与人生命运有关的一百五十字，组成《说人解字》一书。

本书对传承中华传统文化、弘扬中华民族的传统道德或有裨益。

作者　石建军

2013年4月初稿

2013年6月二稿

2014年1月修改于广州三江书屋

# 一、突（）

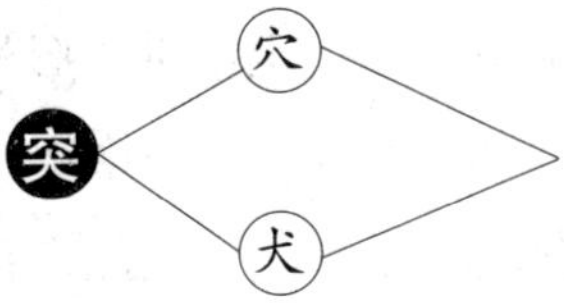


“犬（狗）入穴中”，狗不遇难不入穴，狗尚且入穴避难，何况人呢？

甘先生善《周易》，尤喜拆字。性格爽朗豁达，虽姓甘，但一生命运坎坷，生活并不甘甜。早年他曾为自己的未来占卜过，结论是：命若从甘，则寿不永；命若从蹇，可至耄期。也就是说，他一生如果顺利畅达，活不了多久；若时运不济，可得高寿。时为1938年春。

甘老师说，来拆字的人是位以转运木材（俗称放排）为生的湘西农民，随意指书中的“突”字要求占时运。这人没有进过学堂，不会写字。一般情况下，甘老师要求来者书写要拆之字，从笔画与笔势中辨别其人性情、文化、智愚、蹇涩或通达等等。

这事说来话长，先交代一些当年的情况。

首先是放排。随着时代的发展，这是一种已消失的职业，只能从电视、电影中看到了。所谓放排，是将江河上游砍伐的木材，编成木排，木材的主人亲自或者雇人驾排顺流而下，驾排的人就是放排人（亦呼排古佬）。途中险滩、暗礁、急流或河道拐弯处全靠放排人临危处理，这工作辛苦而危险，稍有不慎，排散人亡。但自由快乐、豪放任侠者往往喜欢这一职业。

其次是当年的社会环境。1937年7月7日，日寇发动卢沟桥事变，抗日战争全面爆发。甘老师随校西迁，途经湖南洪江，不幸感染疟疾病倒，不能与大部队同行。住在一位乡绅家养病，十多天后，渐渐好转。一日，这家来了位五大三粗的客人，是乡绅的亲戚，即上面提到的以转运木材为生的放排人。这人在洪江上游组织了一批木材，因资金有限，所购木料不够编排，他来的目的是动员乡绅入伙。这乡绅因兵荒马乱，不想投资。

当时抗战紧张，部队急需木材构筑工事，于是甘老师也帮这来客劝乡绅出资，支援抗战。乡绅把球踢了过来："如果先生入伙，我也入伙。"

"真正是事来得'突'。"甘老师说。

当时，甘老师除学校留下的路费外，身无余资，但他还是一口答应下来。其中原因，一是抗日的一腔热血不容他置身局外；二是他为人生性豁达，视钱财为身外之物。因缺现金，随即从行李中取出一件当时（那时正值春末）不需再穿的狐皮为里的棉袍给了放排人，委托他代为卖出后以款入资。要说这件皮袄是甘老师唯一值钱的家当。放排人感谢之余，请甘老师留下联系地点，学校预迁贵阳，甘老师留的是贵阳的地址。临别前，放排人得知甘老师善拆字，于是指书中的"突"字求测放排吉咎。

"快速为'突'。虽然如此，他这次放排，按'突'字而言，却不宜抢时间。因'突'字的字形与'灾'字相近，若'突'（即抢时间）必成灾，但军情紧急，要求从速把木材运到长沙，修筑工事，这是一对矛盾，依军事要速，依人事要慢。"甘老师说。

他接着说道："把'突'字拆开是'犬（狗）入穴中'，狗不遇难不入穴，狗尚且入穴避难，何况人呢？他此次放排若抢时间，将逢大难，但能逃得性命。因为'突'字从'穴'，'穴'中平安。"

怕放排人误会，以为自己反悔出资而故意危言耸听，也怕主人家跌足后悔。因此甘老师不肯直接说破拆字的结果。只说："这次放排，太急或有不顺，在军情允许的情况下，宜慢不宜急，注意平安为上！"

病好后，甘老师几经辗转到达贵阳，一打听学校已迁至重庆，于是又赶到重庆，方知学校辗转又迁到了昆明。甘老师到昆明后，安心读书

（那时他还是学生），希图学成报国。冬季无棉衣，方想起狐皮棉袄的事，想起那放排人。校址几经变化，因事来得“突”然，甘老师连那放排人的姓名也不曾问及，估计今生再也难见到他了。一面之交，可能也是永别！

所幸昆明冬天不算冷，他仗着自己年轻，无棉衣咬咬牙也可度过，没有“因突变灾”。1941年甘老师大学毕业，留在昆明一所中学教书，到1945年抗战胜利前夕，学校的门房跑来说，外面有一个大汉找他。甘老师随门房到校门口一看，根本就不认识那大汉，还以为是昆明从事敲诈的地头蛇，于是掉头想走。那人见状，高声叫道：“甘先生，还记得洪江皮袄的事吗？我就是那放排的排古佬！”甘老师转身仔细一看，果真是他！这时离当年洪江见面已有七年多，岁月的沧桑，放排人的变化很大！闲话后，放排人随即取出一个蓝布包，深深一揖，将蓝布包递给甘老师。说：“这是甘先生当年卖皮袄的本钱和这几年下来做木材生意您应分得的利钱，共158块，都是银圆。”说完要走，甘老师一把拉住他道：“且慢，且慢！你来不易，到我这里小住几天再走也不迟。”事又来得“突”然！

那人随甘老师到教工宿舍，问起姓名，方知他叫杨山果。说起这几年的经历，他真正不容易。当年他和甘老师分别后，将皮袄卖了15块大洋，加上主人家（系他的姨夫）的30块大洋，进了一批木材，和他自己原先购入的一起编扎成排，于端午前后起行。杨山果说：“本应遵从先生吩咐，不应于急忙中发排，但抗战紧张，前线急需木材构筑工事。国家事大，我个人安危事小，于是排成即发，果不出先生拆字所料，真逢大难。到洪江，适逢端午水，连日大雨，山洪暴发，木排触礁冲散，几个放排兄弟，至今生死不明！我仗着体力好，抱住一根木头，任水冲刷，死不松手，方拾得一条性命。”

“获救后，我雇船赶到衡阳，寻人打捞同伴尸体和漂流下来的木料，捞上来的尸体没有一个是我放排的兄弟，捞上来的木材也只有原排的三成。我靠着这三成的木材，用了七年的时光，除还清欠账外，其余所赚，从中拿出六成安抚死难兄弟的家属，剩下的四成按几个东家出资多少平分。我年纪大了，体力不支，以后不再经营木材，所以分完资金，即解散我们七年的合伙。”

甘老师倒出蓝布袋中的银圆，数出15元收下，其余143块仍装入布袋递给杨山果。“承你美意，我收下15元本金，”甘老师一边说，一边指指蓝布袋，“这钱我不能收，七年中，我没出半分力气，而平分由你辛苦赚来的铜板，于情不合、于理不容。”

杨山果站了起来，又深深一揖，说：“我从贵阳找到重庆，从重庆找到昆明，从那个学校找到这个学校，历时两个月，并非完全为了这一百多块银圆。先生读书人，讲仁义，我一个粗人，应追先生之后，先生怎么能拒我于仁义大门之外呢？”

甘老师深为感动，欲请假陪他在昆明玩几天。杨山果说：“不必，不必！国事紧张，我虽一介莽夫，也应尽力支援国家。现在日本鬼子要进攻芷江，我赶回去，尽快将所剩木材运到芷江，献给国家，支援前线！”

杨山果仅留一宿，第二天坚持要走，甘老师将装有158块银圆的蓝布袋交给他，托他分给几个死难的放排兄弟的家眷。

“其中的15块，也算我的一份心意吧！”甘老师说。

杨山果欣然从命，与甘老师互道珍重后，告辞而去。

在仁义、诚信流失殆尽的今天，也许，明天它们会“突”的一声回归，但是，我又不希望“突”的出现，因为“突”后隐伏着灾。故录此篇以飨读者。

# 二、黎（）

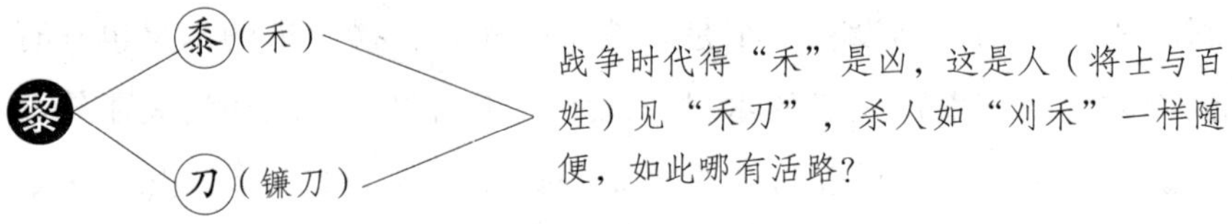


下面是甘老师的一则拆字述录。

1937年底，甘老师因病在湖南洪江休养，住在乡绅家中，遇一位从华北流亡来的李姓学生。甘老师豁达，李生豪爽，两人一见如故，都叹相识恨晚。

七七事变，北平失守，李生愤而南下辗转到达洪江。是时淞沪会战结束，南京保卫战伊始。两人侃谈国事，慷慨激昂，同胞无边的苦难，让两人更加痛心。甘老师占得“黎”字测南京前线的战事。

“黎”字从黍从刀，先说“黍”。孔子说：“黍，可为酒，禾入水也。”即黍字拆开是“禾、入、水”三字。也就是说，黍字的下面是“水”字——水从高往低流，战事如水，这是不利之象。水又宜疏不宜塞，塞则易溢，南京保卫战是防守之战，战事得水，即如塞水，此役于我师非常不利。

这里要重复说一句，不是防守战不行，拆字，防守得“水”才说对战事不利，若得“土”就大不相同。

“黍”字的上面是“禾”，和平时代得“禾”是吉，战争时代得“禾”是凶，原因是“禾”有被割刈之嫌。何况“黎”字右边就是“刀”字多一撇，“刀字多一撇”，其实也是刀，是一种木柄两边都有刃的镰刀。两边有刃，“刈禾”更快。用“黎”测战事，可能南京很快就会失守。

以“黎”喻前线将士、百姓，他们的苦难更深。这是人（将士与百姓）见“禾刀”，杀人如“刈禾”一样随便，如此哪有活路？这次战役，人的死伤恐怕将会极多。拆字至此，两人抱头大哭，深忧国家艰难、人民苦痛。不久果闻战事失利。

日军残暴，惨无人道地屠杀了南京30万手无寸铁的平民，当然，这是抗战胜利后才知道的事实。但是当时，甘老师通过“黎”字已预测到日军屠杀我同胞的罪行。

李生辞别甘老师，到达重庆后，即加入国民革命军报效国家，为某团文书（可惜，甘老师没有记下他的名字和部队番号，只说李生入伍报国为团部书记，师长是其舅），旋即赴前线参加台儿庄会战。所属部队奉命拦截由临沂增援的日寇，苦战几昼夜，弹尽无援，团长组织敢死队，李生第一个报名。团长劝其后撤，且说：“师长把你交给我，你走着来，不能抬着走。”李生说：“国家兴亡，匹夫有责！青史留名，我亦不朽！”团长嘉其志，任命他为敢死队队长。与李生一同加入敢死队的，有他的同乡黄生，团长特嘱黄生保护李生。

李、黄都善武术，李生尤精大刀。

敢死队冲入敌阵，人人以一当十，李生的一把大刀，一连砍翻敌寇数人。敌寇见其骁勇，纷纷向他包围过来，李生寡不敌众，身受重伤。待黄生等敢死队员杀退包围他的敌寇时，他已奄奄一息，但犹刀尖戳地，怒目站立。见到黄生，手指胸前衣服的口袋倒地而亡。黄生顺着他手指的口袋摸出一叠染血的纸张，急忙纳入怀中趁乱杀回。抚平带血的纸张，原来是三封遗书：一封是写给母亲的，一封是写给当师长的舅父的，另一封是写给甘老师的。

黄生另添一信详细地写了李生为国捐躯的经过，寄给甘老师。甘老师写稿附上李生的遗书及黄生的信寄给重庆某报社，后不知所终。

前面说了，“黎”字从黍，黍可做酒。爱可用酒做媒，恨亦可用酒壮志。人与人之间也好，民族与民族之间也好，本来都不应该宣扬仇恨。不过日本人对于侵略历史，至今不肯反省，新近又制造钓鱼岛事件，这让中华民族很难忘却旧仇。

21世纪内，一定有中国“黎”民欢呼的一天，那也是我们用“黍”做酒痛饮之时！

# 三、弢（弢）

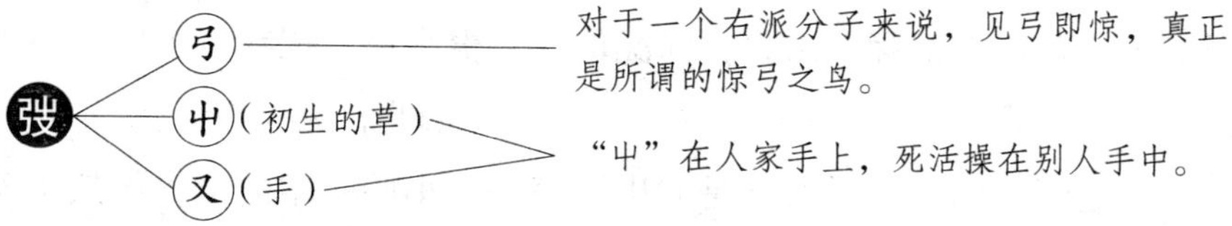


抗战胜利后，某大学聘请甘老师（见“望”字篇）去教经济，新中国成立后也一直在那儿任教，1958年他被划成右派，1959年暑假后，下放到一个小城市的中学教数学。戴着右派帽子，新到一个地方，战战兢兢，他想测此后的命运，得“弢”字。

“弢”字，左边是一张弓，搭箭即可射人，纵使不射，至少也可以摆出“引而不发，跃如也”的吓人架势，对于一个右派分子来说，见弓即惊，真正是所谓的惊弓之鸟。甘老师在卜得“弢”字时，看到字中带弓，还未细拆，当即就身凉半截、闭目叹气。

“弢”字的右边，上面是“屮”，下面是“又”。（其实“弢”字的右边本身也是一个字，只是现在已经很少用到。）

先看“屮”（音彻）。两个“屮”合起来是“草”（艸）的异体字。草本来是很贱很小的东西，有一首《小草》歌，咏的就是小小百姓如小草的感叹。“屮”是草的一半，那是更加渺小，所以《说文》说：“屮，草之初生也。”初生的草，弱小自不待言，以它喻一个右派，真正是最适当不过的了。初生的草，根浅株细，不会引起张弓搭箭的人的注意。分析至此，甘老师紧张的神经，稍稍放松了一点。他自思自己仅是一个小小的右派，虽乏善可陈，也无恶可追，应该不会引起弯弓搭箭的人的兴趣。

当他分析到“屮”下的“又”字时，全身又都凉透了。因为“又”也就是手——一只变形的手，更深一层说，是一只如同如来佛一样的无形的手。孙悟空都翻不出去，何况他这半根小草，握在一个巨大而无形的手上，死活只能由人（手）了。然而命运如此，无可奈何！

甘老师自思，既然自己是“屮”——小小的初生的草，虽然生命力顽强，但太弱小，又“置于人家的手心之中”，因此提醒自己，“屮”（小草）的“根与叶”，不能去刺激人家手心的神经。

甘老师这样告诫自己：一要做到“根”不展。即不书，不留任何可罗织罪名的文字。因此，几十年来，除了问候的家书和备课记录外，他没有留下涉及其他内容的任何片纸只字（我在读大学的几年中，就接受了他的警告，不书）；二要做到“叶”不舒——慎言，即闭上嘴，无论谁议论公事或者私事，他都不插嘴。

甘老师的“弱点”是性格豁达、豪放、任侠且好直言，性格决定命运。他之所以被打成右派，就是因为说了一些如何治校的真心话，所谓江山易改，本性难移。一下子要改变他的处世方法，是何等之难？为了生存，他也只能如此。

甘老师在大城市，或者可能算是一株小草。但当年稀缺的大学教授到了个小小的县城，那就成了一棵大树，他是右派，自然成了“见血封喉”一样的大毒树。1959年“大跃进”运动，对他的批判是反大跃进，隔三岔五的斗争，差一点儿让他精神崩溃。但他咬住一条：做小草，根叶决不刺激人。一改过去任侠直言的“缺点”，无论怎么斗争他，无论怎么从人性、人格上侮辱他，他都低头承认，决不抬头辩白。几个回合下来，没有了可用来斗争他的新内容，群众已无言可发。就如一味最好吃的佳肴，天天吃、顿顿吃，长期如此，自然无味。也如一台大戏，唱戏的（主持者）没有新的剧本，看戏的（参与者）自然也就失去了兴趣。

一段时间，倒也相安无事，没有再斗争、批判他。除要他完成教学任务外，余下来的事，就是作为实现“思想改造”唯一途径的体力劳动，他觉得虽累但心闲。

平安地过了一个学期，到第二个学期，已是1960年了，反右倾斗争轰轰烈烈，因为批判斗争甘老师不力，学校原党支部书记被划为右倾机会主义分子，撤职后调走。真正是天下很大，却也很小，新上任的黄书记是他在昆明教中学时的得意门生，当时是抗战最艰苦的岁月，黄生（即新上任的黄书记）一腔热血，想报效国家，学业未完，就上了前线，抗战胜利，黄生回校复学，正值甘老师新接大学聘书，准备动身之际。师生重逢，格外亲热，黄生本地人，即邀甘老师到家宴饮，甘老师见黄生家贫，房屋窄小，那时他虽无家眷，因生性豪爽，为朋友聚头方便，在学校附近购有一套民居，甘老师钦佩黄生奋然投笔从戎的爱国精神，决定走后，将这套房屋借给黄生一家居住，黄生也爽快地答应了。大约一年后，黄生提出想买，甘老师以半卖半送的价钱将房屋出让。此后国家鼎移，彼此失去联系，十多年后，想不到又聚集在万里外的另一个学校。两人见面，不改当年，黄书记对甘老师客气有加，把甘老师“请”入书记办公室，陪同的还有校长，说是不谈时势只叙旧情。甘老师曾经风雨，怕入陷阱，且十多年不曾谋面，人性无常，不敢多言。黄书记对昔日的点点回忆，甘老师只点头唯唯诺诺，绝不敢拉近彼此之间的距离，守住一条：“中”的根叶不长不茂。

大约半个多月后，学校开大会，甘老师被押上台批判，第一个发言的是校长，罗织的罪名是：一、解放前用金钱拉拢进步学生，企图瓦解革命阵营；二、解放前与反动政府一鼻孔出气，接受反动派的高薪聘请，到大学以讲学为名，达到麻木青年的目的；三、以叙旧作为引线，想拉革命干部下水……最后黄书记总结：根据甘某的现实表现，经学校研究、上级批准，决定将甘某开除出教师队伍，下放到居委会接受劳动改造。

随后甘老师婚变，开始了二十余年的苦难生活。

纵观“史”字，“中”在人家手上（“中”下是“又”，“又”即手），死活操在别人手中，甘老师太善良，以为只要自己缩根萎叶，就可平安无事，无法无天的年代，哪有这么简单？在后面的篇目中，我们还将引用明朝末年瞎子龚龙的故事，龚龙的生死操在知府手中，甘老师的命运亦是如此。不过他为让自己能存活，采用不书、慎言的策略，的确也为他带来了幸运，学校的另一个右派，因为嘴犟不认罪，结果获刑五年。

常说人言可畏、人性无常，观甘老师的学生黄生，果不其然也！

# 四、既（既）

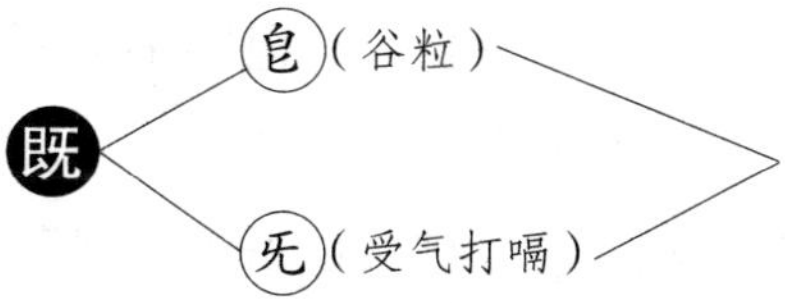


“既，小食也。”引申是点心。这样的磨难，对甘老师来说，也许仅是小食一味。

“既”字是甘老师自测命运翻书所得的字。所不同的是，测“既”字前他想自杀。

1958年他被划成右派，1960年，他曾经爱护有加的学生黄某成了学校领导，不过，黄某恩将仇报，以莫须有的罪名将甘老师开除公职，下放到办事处组织的运输队当码头搬运工。二百斤左右一挑的煤，人家不当一回事，轻轻一躬腰挑起就走，对甘老师来说，即使咬紧牙关挑起来，也走不了几步。

他准备了麻绳，要了结此生。上吊前又不甘心，自测得“既”字。

他卜得的是繁体“既”字。得到此字，最后虽打消了自杀的念头，但事情的曲折也会让读者心酸，我不妨记录如下。

“既”字拆开，右边是“皀”（音逼）。他问身边的人，人人都将“皀”误读成“皂”，也包括他的老婆（那时还未离婚）。“皂”是黑色的东西——右派自然是“黑色的东西”。

误会之深以至如此，他想，连自己的老婆都认为自己“黑”，活在这世上还有什么意思？这坚定了他自杀的信念。

麻绳在握，垫脚的凳子也已搬好，正准备关门自裁，门外突然出现了一个小学生。他想哄那学生走开，他好关门上吊。于是拿出那早已写在纸上、人人都认错的“皀”字，要小学生认认，如果认不出来，就要他回家去翻字典。谁知这学生很认真，随即从书包中拿出一本字典——也是甘老师命不该绝——小学生对着字典查出，这是“皀”字。并向甘老师解释——它与“皂”字的差别就是下面的一撇。“皀”字下面一撇不出头，那是“匕”字；“皂”字下面一撇出头，那是“七”字。甘老师听后，立即改变了主意——他要活下去，毕竟有人识得了“皀”。虽然他是个小孩子，但他代表的是下一代，这小孩子这么认真，将来也许他们会像认真对待“皀”与“皂”的差别一样，认真地对待历史。

“皀”是什么？《说文》说：“皀，谷之馨香也。”又说，“皀，一粒也”。他自度，自己不是“皂”而是“皀”——因为“既”字中是“皀”不是“皂”之故。虽然是渺小的“一粒谷”，但是，是可以发出馨香的嘉谷。目前只是为人所误识为“皂”，故为人所轻。人轻而切不可自轻。为什么要自己也抹黑自己而去结束宝贵的生命呢？他还觉得，死虽然容易，但我一个小人物，死后历史随即会把我湮没，谁还会还我清白？谁知我是“皀”而不是“皂”？因此，他打消了自寻短见的念头。

上面说的是“既”字的左边，还需看看“既”字右边的“旡”。“旡”的读音与“既”相同。《说文》说：“饮食气逆不得息曰旡。”通俗一点说，“旡”是吃饱饭后打饱嗝儿。右派，能让你吃饱，有张嘴打饱嗝儿的机会？他自嘲道：“想都别想，除非是‘受气打嗝儿’。”——那时因自然灾害，全国三年饥荒，人人处在少衣缺食中。

他说：“先活下来，有旡无旡、能不能吃饱都无所谓。”天无绝人之路，尤不绝善人之路。几天以后，搬运队队长把他叫去，说不要他上码头干活了，搬运队三十来号人，由他买菜做饭。条件是：一、不准克扣大家的粮食，否则开除，前面的伙夫就是因此被打发走的；二、工资是一线工人平均工资的六至七成。

队长的岳父也是右派，对甘老师表面严厉（不得不为啊！），其实内心同情，甘老师心知肚明，只是心照不宣而已。

甘老师得了这份差使，每天兢兢业业、诚恐诚惶，起早摸黑，尽力为全队做好三餐，哪敢没良心去干克扣粮食的事。并且只要得闲，还到附近的路旁田埂采集一些如马齿苋的野菜，给大伙充饥；捉青蛙麻雀野兔乌龟、捕小鱼小虾来改善搬运队的伙食，增加人体所需而又匮乏的蛋白质。几个月下来，大家都很满意。一天，队长把他叫去，指着床下说："这里有一些红薯、芋头，你每天给每人蒸一个，注意要埋在饭钵下面，不许暴露在外。"甘老师照办不误，自己也能吃饱打嗝儿（有了"旡"的机会）了。

十多天后，队长又把他叫去，吩咐道："明天不要再蒸芋头红薯了，把它们都藏严实，如果有人来问你，你就说没有这回事。并且给我把厨房打扫干净，要洗的多洗一遍、要擦的再擦一次，不准留任何痕迹。"甘老师早前听到过一些风声，当然明白。

第二天果然有人来查问，甘老师矢口否认吃过红薯芋头一类的东西，来人翻看碗筷，用鼻子闻厨具，又到灶下拨弄柴堆，都没发现异样，也无红薯芋头的气味，这才离去。

原来，前一段时间，搬运队给粮食局运粮，一些队员私藏了部分作为代粮的红薯芋头。队长发现后，为缩小知情面，严禁带回家，全部集中，上交食堂处理，否则开除不贷，这样，食堂才有了额外的红薯、芋头下锅。

这事以后，队长更信任甘老师，凡钱粮之事，均交甘老师办理，知道他不会起二心。

甘老师很感谢这个"既"字，这个字救了他的性命。

《说文》说："既，小食也。"引申是点心。这样的磨难，对甘老师来说，也许仅是小食一味，不过这一点，他自己没有说。我以为，他也真正做到了"既"，因为"既"还有"尽"的意思——他尽心尽力为搬运队当了二十来年伙夫，直到平反。

# 五、司（司）

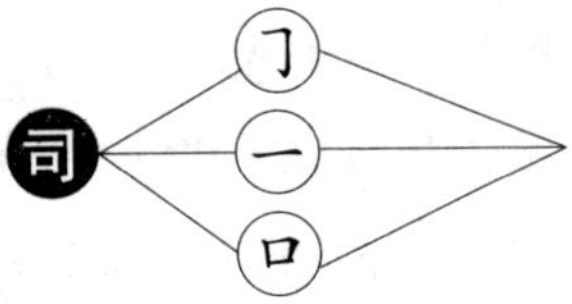


其人有靠山，所以他能在台上“司”号我辈。向“右”他没有退路。即右向不但无退路，也无“以后”。

我读大学时，私下拆了不少字。1962年离开家乡，甘老师吩咐：“15年内不得张扬，否则必罹大祸。”因此我好拆字的习惯一直秘而不宣，也不敢留下片言只字。那时记忆好，以为以后必定能回忆起来，几十年过去，现在绝大部分已经遗忘。只记得1964年下学期，我读三年级，正是阶级斗争最炽热的岁月，一日全校开大会，斗争某系五年级（那时工科大学五年制）学生某某（姓名已茫然不记）。这人喜欢写日记，每日大小事情必记之，日记本平时藏之甚秘，不料由同班同学设计搜出。上交组织，有关领导阅后，把他定为“反动学生”，行将毕业，遭开除学籍、劳教三年的处分。而听宣读他的部分“问题”日记，都是生活中的牢骚怪话，根本谈不上什么反动。

我由衷地佩服甘老师的预知之明，我的六年（“文革”开始推迟一年毕业）大学生活，没有留下与拆字有关的半行文字。

斗争会中，我系本年级一位李姓男生登台发言批判，言辞激烈，高调声声。我怦然心动，暗自为他预测未来，得“司”字。

“司”字五画，首画“横折竖钩”虽不成字，却是后面四画（即“司”字中的“一口”，“一口”的引申是一个人）的靠背。也就是说，其人有靠山，所以他能在台上“司”号我辈。不过他的出息不大。因为就“司”字的字形而言，首画“横折竖钩”既是其人（一口）有用的靠山，也是其人压顶的泰山。书写“司”字，无论草、隶、楷、篆等各种书法，“司”字中的“一口”都不会书写在“横折竖钩”之上，也不会书写在此钩之右。即“一口”向上不能出“横折竖钩”——故说他出息不大，向右“一口”不能出此钩之右——故向“右”他没有退路。当然，那时的政治只有“左”的事实，口号是“非左即右”，没有“中”的概念，更不用说“右”了。

再说“司”字的起源。“司”与“后”同源，笔画都是“一个人和一张口”——“司”字中首画的横折竖钩系由“人”变化而来。“口”写在“人”的左边或写在人的右边全无关系。后来分化，把“口”写在（人）左定为“司”，古人以右为尊，故把“口”写在（人）右定为“后”。故有“左向为有司”“右向为君后”一说。当初的“后”是专指皇帝的正室，即皇后。汉字简化后，它与“以后”的后通用。既然字已通用，则预测某事时同样也可互相通义。“右向为君后”，他是男子，不可能为“君后”。也就是“右向他不能为君后”，那么，引申开就是“右向他将无以后”，即政治扶“中”，他无未来。

这儿转了几个弯，读者难弄清楚，不妨再梳理一下：一是在司字中，“一口”在左，“右向”无退路；二是“司”与“后”同源；三是“君后”的后与“以后”的后已合为一字；四是李同学是男子，不能“右向为君后”，即右向不但无退路，也无“以后”。

当时，默默拆字至此，也感诧异，他年齿与我相若，恰是风华正茂之时，怎无以后？我怀疑自己推理出错，反复证之，觉得要出错就出在“右向无以后”上。那时的政治形势只能是“左向”，不容有“中”，更何况“右向”？这与“不知有汉，无论魏晋”是一个道理。自己只得把拆字结论推翻，把它作为推理之误，也就是预测错误。但此事一直没有忘怀。

毕业分配，我们赴三线参加祖国建设，李同学因“根正苗红”而留校任教。1978年后，国家开始步入正轨，风气扶正，李同学不适应新的形势，单靠“根正苗红”而没有扎实的学问基础与优秀的专业特长，想在复兴中的重点大学拼搏厮杀，自然不容易，因此他抑郁而病，一年后不幸离世。

现在看起来，拆字推理倒是无误的，他确是“右向无以后”。而回忆当年暗拆“司”字时的场景，至今历历如在眼前，斯人驾鹤仙游已三十余年矣！

# 六、罢（）

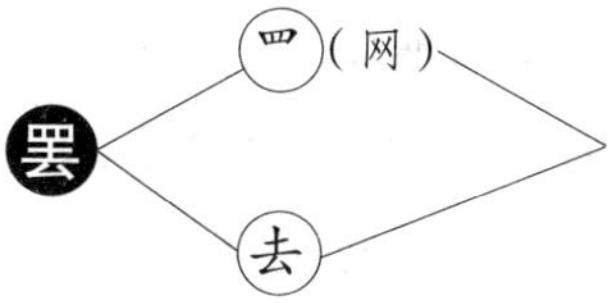


“简体‘罢’，是我入网中；而繁体‘罷’，隐在简体‘罢’之后，是‘能’入网中。只怕还有大人物亦在‘网’下。”

1966年春节，“文革”还未开始，但政治气氛已经很浓，我偷偷地去给甘老师拜年。坐定后他想试试我拆字的水准，随便拿来一张报纸，指着大标题下的副标题《评海瑞罢官》中的“罢”字，要我为他测未来。

报纸上的“罢”字是简体字。

“罢”字的上面，既不是打横了的“目”字，更不是数字中的“四”字，而是“网”字的变体，所以“罢”字从“网”（在《说文》部首中，“罢”字就放在网部）。“网”，不用多解释，它是猎捕鸟兽鱼鳖的工具，当然也包括甘老师这样的“牛鬼蛇神”。由“罢”字来看，他已入“网”中，逃不掉的。入了“网”，就失去了自由，甘老师不但无好运，只怕还有牢狱之灾。

为什么说他已入网中呢？“罢”字下面是“去”字，“网去、网去”，自然是身入“网”中。这里要特别说明一下，在“望”字篇中，曾说“望”字的上面，看成“亡月”或者“月亡”均可，那是因亡字与月字平行。而“罢”字中“网”与“去”是上下关系，只能是“网去”而不能视为“去网”，因为“网去”与“去网”的含义是完全不同的。

我直言不讳地对甘老师说：“你的时运不济，以后的日子可能更艰难，也许还有牢狱之灾。”甘老师道：“你拆字也算可以，不过你再看看繁体‘罷’字，可能想的就不同了。”

繁体的“罢”（罷）字，它的下面是“能”字。“能”本是熊的象形，所以“能”字在字典中首条解释就是“能为熊属”。只因熊是耐寒的动物，故后来借用成为“能耐”的能。为了区别，于是另造一字，在“能”的下面加上火脚（即四点）为“熊”字，用意是熊有如“火”一样的脚，不畏严寒，以此来表示熊耐寒的特性。这样“能”字就与“熊”字分开了。再后来干脆将“能耐”引申为贤能。所以《说文》说：“能，熊属，足似鹿，能兽坚中，故称贤能。”“贤能”就是贤德而有才能的人杰。

甘老师感叹地说：“我算什么呢？不过是平凡的百姓，因为多读了几天书，稍明事理而已，不是贤能的人杰！汉朝初年，那么多青史留名的英雄，也只有‘张良、萧何、韩信’三人才算贤能的人杰，所谓汉初三杰是也。”

“简体‘罢’，是我入网中；而繁体‘罷’，隐在简体‘罢’之后，是‘能’入网中。只怕还有大人物亦在‘网’下（繁体‘罷’字是‘能在网下’），天数不可知，不必细说其他。保全自己，才是最重要的，因为自己不全，于己于国于父母亲朋，都没有好处，以后无论何时何地，我和你都要置身度外，才是保全之法。”

不久“文革”发生，我遵从甘老师“置身度外”的吩咐，做了逍遥派，跟着大家一起游行呼口号喊万岁，但内心什么都没有想。

当时年轻智短，没有体会出甘老师所说“‘能’入网中”的暗喻，直到后来，刘少奇们被揪了出来，方知甘老师早已预知未来国家局势的发展，只是怕泄露惹祸，所以不敢明言。如甘老师那样快乐豁达的性格，要吞言闭舌，是何等之难！

“文革”开始后不久，甘老师关入“牛棚”，算是准“牢狱之灾”吧。噫！几十年过去了，而“‘能’入网中”之言，犹在耳边！

# 七、应（應）

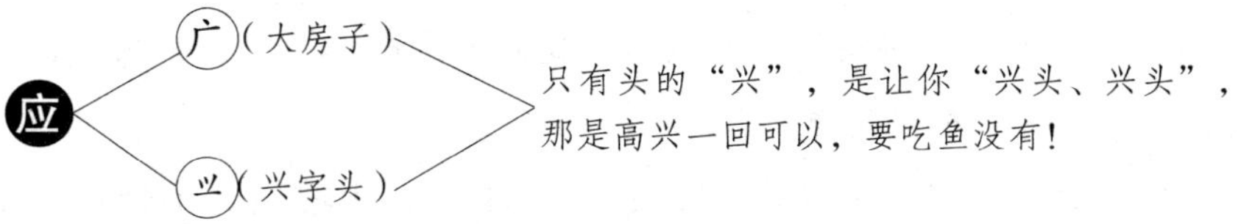


1965年春，大学生下乡参加“四清”运动。乡间一汤姓老农民（社员）善拆字。儿时因病，一只眼睛失明，这影响了他一生的命运。其祖父是清末秀才，当年是地方上很有名气的私塾先生。他附学十余年，古文基础深厚，《诗》《论语》《古文观止》等等随口可诵。拆字也往往奇中，并能运用简体。可惜一生生活于一隅，知识面稍窄，拆字时难弃六神等神鬼的一面。

田头休息，总有人围着他，求他预测解惑，我因是“四清”干部，不便参与，但常常近旁静听。一日，生产队干塘（抽干塘水）捕鱼，一年轻女社员指着报纸上的“应”字，要他预测今晚回家是否有鱼吃。其他农民骂这女子痴呆，既然干塘，怎无鱼吃？老汤不以大家议论为准，倒是很认真地拆字。

报纸上的“应”是简体字。老汤一面讲一面唱：“简体‘应’字，上面是广字，‘安得广厦千万间兮！’‘广’是大房子，是我们全生产队的人都可以住进去的大房子。‘广’字下面是一个无脚的‘兴’字。‘夙兴夜寐兮！’‘兴’字只有头，没有脚，也就是‘兴’字不全。只有头的‘兴’，是让你‘兴头、兴头’，那是高兴一回可以，要吃鱼没有！看到队里打鱼，就想到吃鱼啊！等会儿你就知道，连鱼刺也没有你吃的！我们只有‘夙兴夜寐’的份儿，没有吃鱼的福！不但你（指那位女社员）没有吃，我们大家都没有吃！刚才我说了，‘应’字中的‘广’是我们全队都能住下的大房子，‘兴’字的头在‘广’字之下，不但让你‘兴头、兴头’，那也是让我们大家都‘兴头、兴头’，高兴一回——但大家都没鱼吃！”

那女社员掉头对我开玩笑道：“石干部，干塘后，不把鱼分给社员，难道拿去卖啊？‘四清’干部也做生意呀！他说大家都没鱼吃，他在损害你们‘四清’干部的威信，今晚我们开会斗争他，好不好？”我只能笑笑应付。

其实我也说不准，因为昨晚驻队“四清”干部开会，考虑春耕来临，队里要买一头耕牛，资金不够，才决定放水干塘用鱼换钱，鱼多则每户分一点，鱼少就不分了。这些都没有向社员说，处在“保密”阶段。事实上，干塘还在进行中，我确实是说不准。

老汤对那女社员唱道：“没鱼吃耶……‘婉兮娈兮，季女斯饥’！……”这是《诗经·国风》中的句子。“季女”是指年轻女子，“斯饥”是饿肚子。

“四清”时暂时被罢免、读过一些古文、有初中文化的会计问老汤：“简写的‘应’字你说没鱼吃，要是繁体‘應’呢？”

老汤说：“繁体‘應’上面有‘雁’（注意，他说的是‘有雁’不是‘是雁’），下面是‘心’。天上飞的‘雁’，你在下面再有‘心’，也抓它不到啊，想吃鱼，别做梦了吧！那鱼是给雁吃的，你是雁吗？你是癞蛤蟆！”

接着他又唱道：“肃肃鸨翼，集于苞棘，王事靡盬（音古），不能蓺（音以，古同艺）黍稷，父母何食？悠悠苍天，曷其有极？”这也是《诗经·国风》中的诗。“鸨”是雁，“靡盬”是止不住。“王事靡盬”是指公家的事情是制止不了的。他唱的诗，反正大家听不懂，所以他敢唱，我也装糊涂。

干塘抓到的鱼不多，还凑不够买牛的钱，当然鱼就不分了。

他拆的其他字一时记不起来了，但多数奇中。

# 八、脑（）

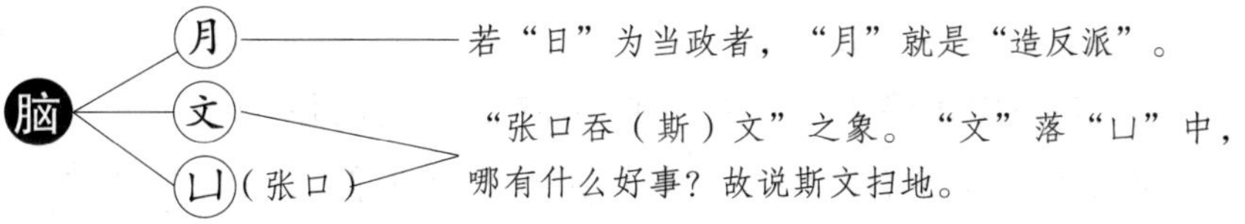


“文革”初期的一天下午，我正在校园看大字报，有人在后面暗暗扯我的衣角，回头一看，是表弟某。他用眼神示意我同他一起走，我们一前一后，来到一个僻静处，就地坐下来，表弟拿出一张写有简体“脑”字的揉得很皱的小纸片，说是他父亲写的，据悉明天“造反派”要批斗“牛鬼蛇神”——学校的领导和有名的教授，测测他父亲是否也在其中。

“脑”字，一个“凶”字就摆在其中，明天批斗必有他父亲的份儿。不过也不要过分担心，虽“凶”却无大碍，因为“凶”字之上有盖（亠）压着，“凶”要露出其狰狞面目也很难。大“凶”可免，受辱以至斯文扫地却不可免——再看“脑”字，它的右边也可拆成“文、凵”二字。“文”不用解释，“凵”（音坎），《说文》说：“凵，张口也。”所以“脑”字的右边是“张口吞（斯）文”之象。“文”落“凵”中，哪有什么好事？故说斯文扫地。

还看看“脑”字左边的“月”。我们从俗讲，把它看成“月”而不把它看成“肉”（月）（事实上当年只有俗鄙）。在“望”字篇中说过，若“日”为当政者，“月”就是“造反派”，这里仍然沿用。

“文化大革命”是中国历史上的一个特殊时期。古今中外，任何统治者都不容许造反者存在，“文革”中的所谓造反派其实是打引号的造反派，是在得到当权者支持的前提下方能生存的。当权者若为“日”，那“造反派”是得“日”之辉才有立足之地，故将他们喻之为“月”。

我细看我亲戚写的“脑”字，其中的“月”字写得瘦而长。“长”意味明日造反派声势盛，“瘦”则意味着其实他们并不强大。

第二天批斗大会在学校大操坪举行。台上低头站着的是“牛鬼蛇神”，也包括我的亲戚；仰头挺立的是造反派头头。台下站满了好像是被“巫师”点拨过的怒气腾腾的群众。

天公不作美（老天也有为人间的混乱生气的时候），突然间黑云滚滚、雷声隆隆，瞬时倾盆大雨兜头而下，无论造反派头头在台上怎么声嘶力竭地对着麦克风呼叫：“无产阶级革命派的战友们！革命的同志们！大家不要走……”偌大的操坪仍然走得空无一人，丢下的只是废纸、残帜……不过，雨来得快去得也快，雨一停，“革命的战友们”又纷纷集聚而来。不过老天的怒气似乎还没有出够，没等这些“革命小将”做好批斗准备，又一阵狂风袭来，废纸漫天飞扬，气温骤落。集拢来的“革命战友们”又纷纷离去，台下又空无一人。

批斗会就这么收场了！

“脑”改“月为心（忄）”是“恼”，天公“作恼”，是谁也没有办法的，无论日月。

# 九、望（）

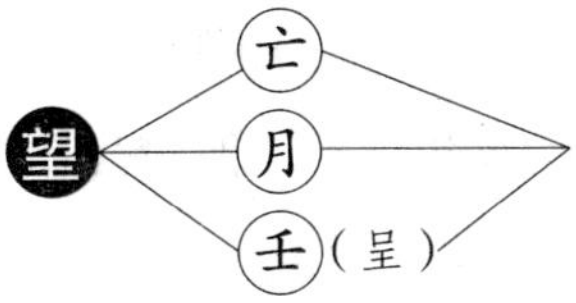


“亡”字的雏形是没有眼珠的眼睛，那么“望”字的雏形就是这个没有眼珠的人睁眼向月亮眺望。他怎能看到月亮？显然是前景一片漆黑。

下面是我的中学数学老师，也是拆字先行者甘先生的一则拆字故事。

1957年他被划为右派，从此家破身孤，命途多舛，开始了倒霉的下半生。1968年夏，我大学毕业（本是1967年毕业，因“文革”推迟一年分配），将赴外地工作，临行前去看望他，他刚从“牛棚”中放出来，聊起别后之事，他讲述了这样一番经历。

他说：“去年（1967年）初夏的一天早晨，造反派把我从牛棚中提了出来，我知道，这样单独提人，绝无好事。果然，造反派司令见到我，先教训一顿，说我不务正业，用拆字来宣扬封建迷信。然后，司令指着报纸上的‘望’字，要我为他测前程。并说‘试看你的言论会不会达到毒害革命群众的地步，会不会危害无产阶级文化大革命的进行’。”

说到这里，甘老师停了一下，接着道：“‘望’字，可以拆成三个字：亡、月、壬。‘壬’字（这里读成呈）的雏形是一个人站在地上举首眺望的象形。‘亡’字的雏形是没有眼珠的眼睛，那么‘望’字的雏形就是这个没有眼珠的人睁眼向月亮眺望。他怎能看到月亮？显然是前景一片漆黑——因此从无珠的‘望’字即可知道，这位造反派司令的前程不佳。

“不过，‘望’字还有另一写法：朢。‘朢’是变‘亡’为‘臣’，‘臣’字的雏形是有眼珠的眼睛。不过司令指的报纸上的‘望’字是从‘亡’不从‘臣’——没有眼珠的眼睛。”

“现在报纸上的‘望’字，不但从‘亡’不从‘臣’，而且下面的

‘壬’字也写成‘王’字。难怪有这么多造反司令（王）啊！以‘望’字而言，没有眼珠的‘王’将‘望月而亡’，不出一月，他将出事，咎在眼前，他不知道啊！”

老师接着说：“月满为望。每月的农历十五，红日西沉之时，一轮满月在东方升起，日月相望，这就是常说的‘望日’，这司令现在正如十五六的‘月满望日’时期，是最得意的时候。而‘望日’之后，月亮就会渐渐亏蚀，这也说明，他的前景暗淡迷茫！”

老师又说：“‘望’字的上面从左至右是‘亡月’、从右至左是‘月亡’，无论是‘亡月’或者‘月亡’，含义都一样，他的好运不会超过一月。前面说的‘望月而亡’，就是由‘亡月’或者‘月亡’而来。

“如果我这样直言不讳地将拆字结果告诉他，他会立刻把我五花大绑，说我破坏‘无产阶级文化大革命’，至少也会毒打我一顿，弄不好他会将我整死。我可不愿为此而‘亡’，但也不能糊弄他，据说他是中文系四年级即将毕业的学生，中文基础应该不错。他若发现我在文字上戏耍他，必不饶我。他之所以要我拆字，实际上也有想摸摸我国学功底的意思，我当然要退避三舍。”

甘老师停了下来，又插叙了另外一则故事，他说：“明朝人汪龙，善《周易》，当时找他决疑的人不少。县令怕他惑众，因此设计要杀掉他。一天，县令于袖中藏一麻雀，然后将汪龙召入县衙，令汪龙决他袖内麻雀的生死。并说：‘你用《易》为人解惑，今日亦用《易》为麻雀解困。若讲得对，我就放了你；如果讲错，死应无恨。’汪龙默而不答，县令几拍惊堂木后，汪龙方说：‘生死在老爷掌握之中。’原来，县令早已设计好，汪龙若说麻雀是活的，他于袖中一把将麻雀捏死；汪龙若说麻雀是死的，他舒袖让麻雀飞出。左右都是汪龙错，县令都可以此为由杀了汪龙。汪龙知道县令的用心，所以说‘生死在老爷掌握之中’，这句话不但是指麻雀的生死，也暗喻他自己的处境。这样一说。

县令反处在了被动的局面，终于不敢杀汪龙。”

“那时我的处境也和汪龙一样，无论我说司令前程的好和坏，他都可以为难我，因此，我必须避开拆字这个话题。”

老师接着道：“我对司令说：‘您是红卫兵小将，毛主席的革命战士，革命前途无量！’他抓不到我的话柄，我又讲了他爱听的话，他吼了我几句后，只得把我放了——仍回牛棚改造。”

甘老师叹了口气后，接着说：“他是‘死到临头不自知’啊！当时我若将拆字的真实情况告诉他，或可救他。不过那样，我就成了‘死到临头不自知’了！”

“你知道去年六月份我们这里的武斗吗？”老师沉痛地问我。我摇头，“文革”中我是逍遥派，闲事不问，有书就读、无书就玩。

老师说：“死了十多个人啊！那司令这一派打输了，身边的战友也死了好几个。横劲上来，他将抓到的俘虏（另一造反组织的工人）亲自崩了两个。后来他那组织的内部分化，亲密的战友成了死对头，他杀俘的事被战友检举出来，不久遭逮捕。最不巧的是，押他游街示众的那一天，我也被造反派押去扫街，他经过我的身旁，茫然地望着我，已走过去了两步的他，突然停下回头对我说：‘甘老师，对不起啊！’他已经悟出了人生的道理。其实说‘对不起’的应该是我，我本可以救他的。”

甘老师1980年平反，2005年谢世，终年90岁。晚年从不谈《易》，也不拆字。据照顾他生活的阿姨说，他一直放不下那“司令”，即那中文系四年级的学生，总自责没有救他。其实那司令并没有死，只判了十八年徒刑，老师以为游街后是拉出去枪决了，一直改不了这印象，因此他的晚年也一直生活在自责之中。直到那中文系的学生出狱后来看他，他这才从自责中解脱出来！

同一个字，一为有（眼）珠朢，一为无珠望，有珠则明，无珠则昏。

# 十、胡、吴（胡、吴）

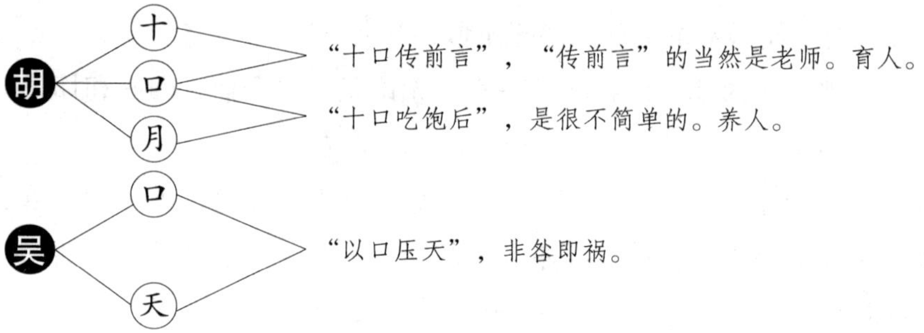


1967年初夏，我的两个好友、中学时的同学即将大学毕业，邀我去聚一聚。两人都是师范大学中文系的学生，一位姓胡，长得牛高马大、身强体壮，但为人沉稳，性俭不喜多言；另一位姓吴，走路时身体微微前倾，人很聪明，性格开朗，但喜戏谑他人。

那天三人相聚甚欢，谁知酒后，吴生喜欢戏谑的性格又表露了出来，开始嘲胡生。随口占道：“宰了一条牛，剐肉见骨头（是说胡生体胖又性俭），‘十口’（是指胡字左边的古字）吃饱后，然后自己留（即胡字右边的月——吴生借用为挑肉）。”这是以“胡”字戏谑胡生，胡生平时沉静寡言，那天吃了酒，于是还击，亦用“吴”字谑吴生：“一张寡嘴（吴字上是口字），又加身斜（吴生走路稍稍前倾）。‘夫差’兵败，空自喊天。”见他俩用姓氏互谑，为平息气氛，我说：“我就用你们的姓估你们的未来，算是留作纪念。”

先看“胡”。其实吴姓同学已将“胡”字拆开了，只是未细详其义。我不妨就其所拆详之。“十口”是“胡”字左边的“古”字，“古”字再拆开是“十口”。“十口”可以引申为很多的人，那么按“十口”推之，胡君的名下有很多的人。而吴君没有料到，他的一句戏谑之言，后来真给胡君的人生添加了筹码。五代时文字学家徐铉说“十口传前言”，“传前言”的当然是老师，就是他面前的同学胡生，将来必是一个很好的受学生爱戴的老师。

“宰了一条牛”，是指胡同学牛高马大，“剐肉见骨头”，“见骨头”是吴生嘲胡生性俭，讽他吝啬抠门。至于“剐肉”，吴生说对了：这是指“胡”字右边的“挑肉”——月，即俗说的“古月胡”的“月”。“十口吃饱后”，是很不简单的，前面说了，“十口”是他（胡）名下有一大群人，能让一大群人都吃饱，在那时是很了不起的。看来胡君不但能育人，还能“养”人，这寓意他的未来很可能会步入仕途（那时还无经商一途），为民“父母”（官）。

再看“吴”。“吴”，俗说为“口天吴”，天字在口字之下，有“以口压天”之嫌，“以口压天”，非咎即祸。我劝吴同学，以后讲话要小心，不要因口惹祸惹事，千万记住“祸从口出”的戒语。

其实《说文》也说：“吴，大言也。”所谓大言，一指谎话，二指哗众取宠之语。

请注意，这里是因他们用“胡、吴”互嘲而引发的随机拆字，与其他胡、吴两姓朋友无关。

后来这两位同学的发展，果如拆字所预示。胡姓同学分到偏远小县教书，那儿人才少，当年鲜有正规师范大学毕业的老师，所以提升很快。20世纪80年代后，开始尊重知识、尊重知识分子，他由教研组长，继而教导主任，继而校长，止于县委书记。

吴同学政治条件好，分配留省城，一则心高气傲，二则大地方人才济济，要想出头，真不容易。他总上不去，有怀才不遇之感，加上他好揭人短，不论场合，怪话、气话随口而出，小辫子被人抓住。终其一生，他以白身从教师岗位退休。

若以才而言，胡不如吴；若以命而论，吴不如胡。两人虽是同学，关系并不亲密，因我之故，才走到一起。他俩所学专业都是中文，平时常存文人相轻之心，尤其是吴生。谁知毕业时戏谑之言，后来成真。

“吴”谑“胡”是“十口吃饱后，然后自己留”。胡生从政为县委书记，好公廉洁，勤恳节俭，不贪不腐——真正做到了“十口吃饱后，然后自己留”的寓意——治理一县有方，人心所向，政声得好评。而吴生自恃有才，最后才不见用，真正成了“空自喊天”。

《聊斋》中记录了一个犯有“口孽”的书生，吴同学一生不痛快，可能真与口孽有关。所谓口孽，是喜揭人短，不尊重人。

# 十一、蜀（）

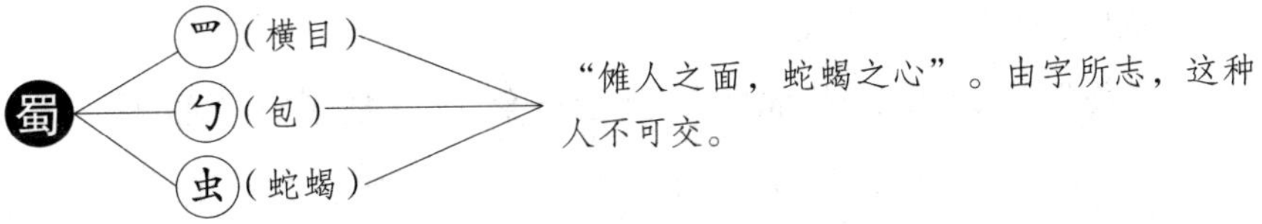


下面是甘老师讲述的“蜀”字的拆字内容。

甘老师被打成右派，开除公职，卖力气讨生活20余年。主要“得力”于他昔日的学生，后来成为他顶头上司的学校总支书记。他叹息过去与那学生交往时，曾拆过字，卜得“蜀”字，只是因当初年轻不识人，没按拆字提示，而凭良心为之。

“蜀”字，是“傩人之面，蛇蝎之心”。由字所志，这种人不可交。甘老师说，明知不可交而交之，“一则是那时年轻，阅历不够，感情用事，没把理智的提醒当回事；二则是识人的确难，据说清末曾国藩善判人的良莠，但亦被人骗去几万两银子，充分的伪装是让人防不胜防的；三是人事多变，人性亦然”。

所谓“傩人之面”，要解释一下。傩戏，也叫“师公面壳戏”，是十分原始的剧种，表演时，演员无论男女，都戴上面具，不露出真容。受甘老师扶助而后来反手打击甘老师、将他开除公职的学生就相当于傩戏演员，藏起了如恶狼一样狠心的真面目，露出的是淳朴进步的假脸。

回头看“蜀”字。“蜀”字头上是个“目”字打横，这叫横目。这样的字往往从“网”，如“罪”字。但“蜀”字却从“目”，不从“网”。因为“蜀”字原本表示的是虫子（具体来说是野蚕）的头，因野蚕的眼睛一般较大，就用眼睛来替代了头脸。演傩戏的人用面具将真人的口、鼻、面部都遮了起来，仅露出一双眼睛，这是只见眼睛不见脸，和表示野蚕时以目代头的情况相似。所以就将“蜀”字上部形容成了“傩人之面”，即假面。

“蜀”字拆开，上部的横目我已解释清楚了。下部是“勹”和“虫”。“勹”即“包”的本字，包的是什么呢？包的是“虫”。《玉篇》说“虫”即“虺”，“虺”就是蛇，不管如何，蛇蝎都从属于虫。又因“虫”字在“勹”的“中心”，所以“蜀”字的下部就成了“蛇蝎之心”。

甘老师说，测字得“蜀”后，对那学生，初始时是有顾虑的，除了在经济上援助他以外，亦不敢深交，言行多有警惕。但见那学生说话直率，面相淳朴，办事可靠，唯一所忌的是其私心较重。金无足赤，人无完人，还是相信他是个较好的青年，以为是拆字的谬误，哪知他后来真如蛇蝎。

甘老师说：“是自己识人之谬，非拆字之谬也！”

那学生后来成了甘老师的顶头上司，将已“落水”被打成右派的甘老师开除公职，这在前面的篇目中有过交代。

识人之难，就如“蜀”字一样，坏人只露眼睛不露脸。往往以为忠厚的，可能只是奸诈未露；往往以为狡猾的，可能忠良藏后。

# 十二、举（）

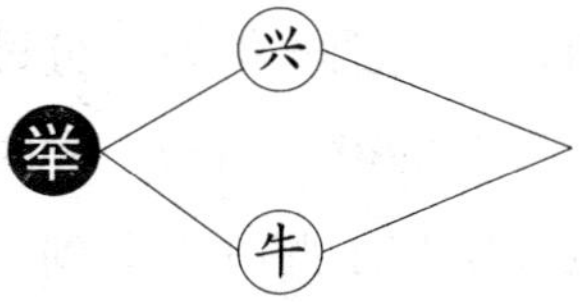


要“兴”不能“牛”，要“牛”不能“兴”，二者不可得兼。

20世纪70年代，生活物资十分紧张，猪肉等都要凭票供应，每人每月有一张过期作废的肉票，每张肉票可以买肉半斤或者猪蹄三斤，但猪蹄很难买到，需清晨早早去排队才行。现在大家不吃肥肉，那时因食用油短缺，肥肉同猪蹄一样难买。我的邻居高师傅一家老小五口，某月月底，肉票即将过期，他凑足了钱（当年，普通人家，钱与猪肉一样紧张），想买几斤猪蹄给刚生孩子不久的爱人催乳，余下的肉票买肥肉炼油。先一晚他来测字，看第二天能否如愿买到猪蹄和肥肉。翻得“举”字，他写的是简体“举”。

简体“举”字，若把上面部分看成“兴”字，则下面是“牛”字少一撇；若把下面看成“牛”字，则上面是“兴”字少一撇。这是要“兴”不能“牛”，要“牛”不能“兴”，二者不可得兼。高师傅想同时买两样东西可能很难，买到一样就算不错。并且我提醒高师傅，千万别卷入其他事情，如与他人争执等。高伯听后，怕儿子惹事，于是决定第二天同高师傅一起去肉店排队。

高伯和高师傅清晨动身，到十一点多钟方回，猪蹄没有买到，就想将所有肉票全买肥肉。

高伯说，因为是月底，大家都不想将肉票白白浪费掉，所以肉店前人山人海，走后门的人也特别多。父子俩各站一队，因去得早，都排在了前面。谁知，早上八点开门，才刚几个人买到，肉店传话，说猪蹄以及肥肉等紧俏部分没货了。几个青年不服，冲进柜台内，搜出几麻袋的肥肉和猪蹄，原来是肉店的师傅为方便走后门，事先把紧俏的部分都藏到了柜台下面。此事一出，引发众怒，把几个卖肉的揪了出来，顿时秩序大乱，你推我撞，阴拳暗脚，卖肉的几个也着实吃了些亏。等到公安来后，事件方才平息，重新排队，高师傅父子被挤到了后面，因此只买到了些肥肉。

高师傅年轻，血气方刚而且孔武有力。愤青们闹事之时，高师傅几次想冲上前去参与，只因高伯紧紧拖住，他才作罢。

高伯对我说："昨晚多亏有你的提醒，今天我才会同他一起去肉店，否则，真还不知道会出什么事呢！"

为什么昨晚拆字时说可能会发生其他事情呢？不妨看看繁体"舉"和"擧"就知道了。不过说清楚很费笔墨。

"舉"和"擧"是"举"字繁体的两种写法。先看"舉"，它的下面仍可视为"牛"字与"舆"字共一撇，因此它的情况与简体"举"字基本一样，不再重复。

而"擧"就不同了。它的上面是繁体"舆"字，繁体"舆"字的雏形表示的是四只手交织在一起的象形。四只手引申开来是很多手握在一起，有结伙成团之义，所以《说文》说"舆"是"党舆"。

"擧"的下面也是"手"，这只手排挤在"舆"的"四只手"之外，即不在"党舆"之中，所谓党同伐异，这样"四只手"和一只"手"之间定有不协的行为；行为不协，必有所争。

测字时我仅以为，为小事相争，大可不必，因此提醒高师傅注意。想不到，因买肉还真正引起了打斗。

高师傅幸喜被他父亲拉住，没有参加打斗，后来据说肉店报案，缘由是卖肉的票款在混乱中被盗，恰巧惹事的几个人中，有三两个不良青年。这些人胆大包天，在国营肉店，也敢于光天化日之下下手。此时良莠难分，为杀一儆百，闹事者一一被"请"进了派出所，至于最后如何结案就不清楚了。高师傅若参与进去，恐怕也难以脱身，大清早辛苦去排队，落个牢狱之灾，那就不划算了。

高师傅写的明明是简体“举”，为何要追溯到繁体“擧”呢？因为繁体是简体之源，当用简体拆字存疑时，则要看看其繁体的结构了。我把简体“举”拆成为“兴”和“牛”，而两者不能共存，故存疑而加入了繁体。

# 十三、敢（）

**敢**——不能拆开，“敢”字的左边，耳上有提手，这是被人控制之象，“敢”字右边的“攵”，俗称“反文”。

这是“文革”中的事。1970年春，“分配”我到食堂锻炼。每天中餐时分，都会有一个穿着破旧工作服的老人到我站的窗口来买饭，他买的通常是五分钱一份的小菜，从不用荤。有一天，我到钳工车间去找人做点“私活儿”——做一个晚间读书用的小台灯，见到了这位老人，他正是我要找的人的师父，姓文。以后只要有闲，我就会去钳工车间找文师父，既为做私活儿，也为学点钳工技术。时间长了，他偷偷地要求我测个字，预测他老伴户口迁移的事，翻书得“敢”字。

“敢”字不能拆开（切记，“敢”字左边部分不能拆成“工、耳”二字），因为拆开后，无论左右或者上下，都不能独立成字。一般而言，字不能拆，所预测的事可能很难成。

“敢”字还很特别，看看下面具体的分析就知道了。

汉字讲究形、声、义。原始的“敢”字就形而言是从“又”从“寸”，而“又”和“寸”都是手；就声而言从“甘”；就义而言是“后手追前手，既是心之所甘（甜），也喻遇事勇敢”——现在“敢”的字形，再也看不出这些内容了。尤其是“敢”的左边，不但不能独立成字，也无笔画或偏旁与它相配组成其他的字，所以很独特。说这些，是因“心之所甘”以及“后手追前手”都有很好的寓意，但现在使用的“敢”字，既无“手”形，也无“甘”义。这些内容因已荡然无存，拆字时就不便再使用了。

不过，用“敢”字测婚姻，倒是从一而终的极好缘分；若用“敢”

字测讼诉，原告败诉的可能性极大，因诉讼中原告是主体，而“敢”字主体的存在是完全依赖于偏旁“攵”的。

“敢”字的左边，“耳”字上有横钩，好像耳朵上面有一个提手。耳上有提手，这是被人控制之象，我从未打听过文师父的身世，从“敢”字的字面来看，说明他受制于人。平时我们常常看到，强者欺侮弱者，最简单的方法是揪住弱者的耳朵。文师父看来是弱者。户口，本身就是一种控制人的手段，这是人人都会受到的钳制，在这个层面上，可以理解人人都是平等的！文师父被“提耳”，对他的钳控又多了一层。双层的钳制——他爱人的户口迁移可能没有希望。

再看“敢”字右边的“攵”，俗称“反文”。它既不是“文”字，也不是“反”字，仅作为部首，不能独立成字。“文”，不用解释；“反”就是翻。“攵”是“文武都不吃”，事情的确难办。

“敢”字不能拆开，它左右（上下）的笔画都不能独立成字，尤其是左边部分，更不能与其他偏旁或笔画组字，以此喻人，代表文师父没有任何能力办成一件事，只能依赖于他人——“敢”字中是依赖“攵”才能成字。

拆字至此，我沉默了许久方说：“你如果有可靠的人可以相托，你爱人迁户口的事或有一线希望，凭你自己的能力，很难很难。”

他向我敞开心扉，说了他的身世。他说，抗战时他是重庆兵工厂的钳工，集体参加了国民党，这事成了他至今卸不下的重枷。

他说，他原是八级钳工，每月一百一十多元的工资，“文革”开始，因他是“国民党残渣余孽”，降为四级工，只拿五十来元一月。

他说，他已年近六十，快要退休了。当年日寇轰炸重庆兵工厂时，他受了伤，还有弹片留在体内，因此身体一直不好。老伴户口在乡下，现在带着孙子进城照顾他，工厂不分配住房，要自己租房，还需买黑市粮油。他平时省吃俭用，在食堂吃饭从不敢买荤菜，就是因为这些原因，纵使节衣缩食，但生活还是很困窘。

他说，局机关劳资处有一位许科长，是他的小同乡，暗中同情他，愿意援手帮他把老伴的户口办过来。可厂劳资科就是卡住不上报材料，现官不如现管，一拖就是两年。

他说："你测字也说要有可靠的人帮助，同乡许科长还是尽了力，他为这事来过我们厂好几次，他每次来，厂劳资科每次都答应，但每次都拖着不办。"真正如"攵"所寓，"文武都不吃"！

一年多后，文师父退休回了老家。

厂里卡着不给他老伴办户口的原因有两条：一是他快退休了，不必再占用"农转非"的指标；二是得罪了他无所谓，一个国民党的"残渣余孽"！

几十年过去，文师父不知还健在否？

# 十四、至（）

至——“至”字的雏形是箭头堕地的象形。“箭头”要想再飞起来是不可能的了，要想再伤人也是不可能的了。

1971年秋，一日开大会，驻单位“军宣队”某代表在台上严厉批评某班组不执行伟大领袖革命路线，“斗私批修”不够狠，再这样下去，是对伟大领袖的不忠……语气严厉，如父之训子。我在台下无所事事，暗自为他预测未来，得“至”字。

“至”字的雏形是箭头堕地（另一种说法是飞鸟堕地）的象形。所以“至”字上半部分代表的是箭头，下面的“土”当然是地。堕地的箭头，这无形中给出了一种暗示：“箭头”要想再飞起来是不可能的了，要想再伤人也是不可能的了。

下面把“至”字拆开做进一步的分析。

先看“至”字的字形。“至”字上下各一横，长短一样，所谓“上横为天、下横为地”，那么“至”字是个天地俱全的字。因此以“至”字的字形而言，是“上已达天、下已至地”。

具体来看“上已达天、下已至地”的内涵。

“至”字中，其他的笔画都限制在两横（天地）之间，那代表的是人事。代表人事的笔画是“厶”和“十”。

“厶”即“私”的本字。所谓一人为私，因此私即个人，这里就是指坐在台上的这位代表。“厶”（他）与上面的一横天相连，这说明他“厶已达天”，即他个人的好运气已经达天到顶了，向上没有再发展的空间，好运应是“至”此而止！

“厶”下是“十”。“十”，我们在前面说过，它有两种相反的寓意，既可视为完美的象征，也可说是邪恶的代表。那么“至”中的“十”是完美呢，还是邪恶？

“至”字中，“十”在“厶”（私）下，一般情况下，以人事而论，是从公为善（完美）、从私趋恶。“十在厶下”，这个“十”应该是趋向恶的一面，是“至地之十”。此处恶的含义，是较原来为差的意思。

不久，“9·13”事件发生，林彪摔死在温都尔汗，随即“军宣队”制度撤销，这位代表转业到地方。此前，他的爱人“农转非”已在我们单位当了工人，他自然留在本市，到某国营商场任副经理。

或有疑问，“至”字下面明明有个“土”字，为什么不将它拆成“土”呢？这很简单，下面若拆成“土”，上面则不能成字，如此拆法，不符合拆字规则。要说从“土”，只能说是“箭头堕地”，如此而已！

# 十五、再（）

“一”在上为天。“再”字中，短竖喻人，是“这小子”，短竖与“一”相接，是这小子有触“天”的行为，触“天”是犯律的，非常不吉利。

这是“文革”中期的事。1972年的一天傍晚，我的一个朋友匆匆跑来，已是深秋，他却额汗如珠。问他什么事这么急，他说他们单位的公厕中发现了反动标语，偏巧是他儿子刚从厕所出来后不久。现在，他儿子已被隔离，他来测后果，翻书得“再”字。

那时出现反动标语，有关联的人，人人自危。所谓反动标语，是在公共场所，用最简短的文字，发泄对现实或对国家某领导人的不满，这种事就好像与“反革命罪”一样，都已进入了历史。

回到拆字本题。“再”字拆开是“一”“冉”两字。“一”在上为天。“再”字中，起笔为“一”，因此“再”字中有“天”。又因“再”字中，短竖喻人，是“这小子”，这在有关篇目中已多次解释过。短竖与“一”相接，是这小子有触“天”的行为，触“天”是犯律的，非常不吉利。坐班房不说，那年代，搞不好连小命也丢了，事关重大，非同儿戏。我仔细看我朋友写的“再”字，字中的短竖并不与顶上一横（天）相连，这才为他稍稍松了一口气，此事也许能解脱。不过字是他写的，并非他儿子亲笔所书，中间隔了一层，不触“天”，仅是他的愿望。他的儿子是否触“天”，就难说了。

唐朝人颜师古在注释“冉”字时说：“冉，龟甲缘也。”即乌龟甲壳的边缘。乌龟是“外骨内肉”的东西，龟壳是很难啃也没有人愿去啃的硬物，引申是他儿子遇到了很棘手而且也没有人敢插手的难题，我不好说什么，那时的情况，确实也不敢多说。

不妨将“冉”字拆开看看。“冉”字可拆成“土”“冂”（音窘）二字。“冂”字的字形像门，字义是远郊。我在前面的篇目中说过，对犯事的人而言，“冂”只有两种可能：一是墓，二是狱。现在“冉”字拆开是“土在冂中”，那么恐怕第二种可能不会有，只可能是第一种：墓。

几年以后，透露出来的小道消息有三种版本：一、因他儿子是某“造反”组织的小头目，“反动标语”事件为另一“造反”组织罗织陷害所致；二、他儿子承认就是他写的，至于原因，是“中央文革小组”否定了他所在的“造反派”组织；三、因厕所“反动标语”字痕模糊，无法辨识笔迹，办案人员认定他是发案前最后一个进厕所的人，为了破案，于是用尽了各种刑罚刑具，他就这么死了。

“冉”字中的短竖，上不能出天，下不能着地。不似“甫”字篇中之竖，这是命运中最差的一种！

# 十六、重（）

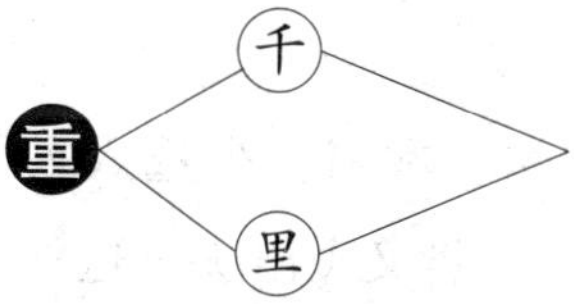


对年轻人来说，“千里”之行，当然是好事；但对于一个年过半百的人而言，这不是吉事，因为半百之人，千里之行是喻长别。

1972年前后，单位派人轮流去挖防空洞，这次轮到了我去挖一个星期。时间虽短，却交了位忘年的新朋友。他姓张，比我大二十余岁，是山那边一个工厂的老师。

一天工间休息，他指着一张废报纸上的“重”字，要我预测他今后的命运，字用竹片写在地上，竹片书写不顺，地又不平，“重”字顶上一撇成了一横，一竖又飞出其上。

张老师，因长期在室外从事重体力劳动，因此脸黑手糙，外表完全不像一位饱学的知识分子。但他谈吐儒雅、博引广识，孔孟之言，牛顿、爱因斯坦的理论等等可以脱口而出。但身瘦体弱，看上去根本不堪承受重体力劳动的模样——命运对他的考验实在来得太残酷，太“重”。

“重”字，一般拆成千、里两字。对年轻人来说，“千里”之行，当然是好事；但对于一个年过半百的人而言，这不是吉事，因为半百之人，千里之行是喻长别。

“重”，对于张老师，拆成千、申、土更为合适。以字喻人，他是“重”中的“申”，他不是“重”中之“千”，他没有那么大的能量；他更不可能是“土”，土生灭万物，他哪有那能力呢？因此他是“重”中的“申”。

“重”字中间的“申”很艰难，上有“千钧重压”，其头难伸（即“重”字中一竖不出头之故），且“申”之“脚”已陷入“土”中，拔不出来，这种情况，怎么能“申”？

再看他书写的“重”字。怕读者误会作秀，本书很少选入书写不规范的字。他写的“重”字顶上一撇似一横，一竖又飞出头。这样，虽“申”字出头，但重字上部也成了“土”字。这样的“出头”，可以说是更加不幸。因为这样一来，“重”字下面是“土”，上面也成了“土”。“申”字夹在中间，不但脚在土中，而且头也在土中。头脚都被土所掩埋，这还有什么好说的呢！前面说过，土生万物，但土亦收万物。“头、脚”都在土中，张老师无命运可言，更大的罹难将会接踵而至。

一星期后，有人接替我挖防空洞，因为交通不便，我无暇再去工地。过了大约半年，又轮到我值班挖洞，工地上不见了张老师，上次他告诉过我，他不属轮换对象，单位派他长期在此劳动。我以为他单位开恩，将他换下，于是就问他单位带队的领导——他们厂“革委会”的秘书。

秘书回说：“那个老右派？肝癌住院了。”

虽萍水相逢，交往时间不多，甚至连名字也来不及问，但他的人品与学问，让我十分钦佩，因此我想去看看他。

我到医院时，他已经不能说话了，除一个医生在病房巡视外，他身边没有其他的人。看到我，他枯干的手指微微地抖了一下，医生说，他到了最后的时刻。

我看着他慢慢地合上了眼睛！眼角迸出的最后一滴眼泪流向了耳际，差不多同时，我的眼泪也流到了腮边！

人世间少了一个右派，枉死城多了一个冤魂！

第二天，我继续去防空洞工地劳动。张老师的一位同事告诉我：他是东北人，早年毕业于燕京大学，解放前就是地下党员，后打成右派，“文革”初期下放到他们厂劳动改造，老婆因此得了精神分裂症。他这个人不但学问好，人品也好，这么些年来，老婆没送精神病院，一直由他照顾——上班是重体力劳动，下了班还要服侍精神病人，艰难可想而知！每月发给他30元的生活费（不是工资，他的工资应该不止此数），家乡的老母，还靠他赡养。真正是苦水中又添黄连！

“他死得真的不值！”他同事说。

他至死都没有得到“申”的机会，这与他写的“重”字不无关系，“上土下土”，最终他被“土”所掩埋。

张老师的遭遇，与甘老师及我的老友老胡（见“凭”字篇）大致相同，但结局各一。甘老师平反后安度了晚年；老胡平反后再发光辉，贡献了黄昏；张老师中途走了，又无后人，他的生命，就如一根火柴，闪亮了一下，熄灭了，永远地熄灭了！没有人再记得他！得“重”而命轻，老天何如此之作弄人！

每当我自己重读此文时，想起张老师，总是泪湿青衫！

# 十七、率（）

率———— 上有重压，下面又基础不牢，这位农民，处境非常不顺。

1973年冬，一个星期天的早晨，我骑自行车到附近小镇的自由市场（那时也叫黑市）去买新鲜蔬菜，见一位衣衫单薄而且褴褛的农民在卖红薯，就凑上去问价，恰遇一位朋友也来小镇逛市场，谈话中，涉及拆字的内容。这农民见状，就请我为他测时运，卜得“率”字。

先看“率”字的字形。“率”字的整体是上面粗大下面细弱。上面一点一横（亠，音头），就像压在头上的盖子；下面虽是“十”字，但不宜当“十”字拆，因一竖下长上短，成金鸡独立之形。

头顶有“盖子”压着，下面是“金鸡独立”——上有重压，下面又基础不牢，这位农民，处境非常不顺。而“率”字的主体又收缩在上下二横之间，不但处境不顺，而且自由也可能受到了限制——这是从“率”字整字而言。

一个农民，为什么处境会如此之不顺——连自由都受到了限制呢？带着这些疑惑，我把“率”字拆开，看看他的具体情况。

“率”字的上部是“玄”字。用“玄”喻颜色，它是黑色；以“玄”喻人，是这人工于心计，心黑城府深。

难道他是因“心黑”以致处境不顺的吗？

但我细看他的面相，目善唇厚，不像是个工于心计、奸佞不轨的小人，反似忠厚长者。只是古训有云，以貌取人，失之子羽。

不过，有一点可以肯定，从他的满脸皱纹和蜡黄的面相看，他是个饱经风霜、命运苦涩的人。

现在，我真正为难了。以面相而论，他善良；以“玄”字而论，他心黑。两者相悖，这种情况下，是最难下定论的时候。

回头再看“率”字。“玄”字去头盖（亠）是“幺”——幺是小，这是位“渺小”的农民。在“幺”的两边，各有两点（冫），“冫”即冰字的省字。因此，“冫”有天寒水结、无水可流的寓意。水不流动，这不符合我在前面讲的“水为财”的规则。故“冫”引申是无财——无财就是穷困。“冫”围绕着“幺”，即穷困围绕着这位“渺小”的农民。虽然那时都穷困，他却是穷中之穷——左右都有“冫”之故。难道是因为穷，才使相貌善良的他走上黑心的道路？

我想弄清楚这问题。于是把他的红薯全部买了下来，没有多少，总共二十九斤。五分钱一斤，我给他一块五毛钱，他执意要找回五分，诚朴如此，怎么会是“工于心计的黑心”人呢？我越来越困惑了，我想与他多聊聊来解此疑。

正好他回家的路与我回家的方向相同，我推着自行车，与他结伴同行。一路上我不停地问他，他不善言辞，问一句或答一句，或用“嗯”来肯定、用摇头来否定。

我终于知道了他的一些情况：

他家在山里，离卖红薯的小镇有二十多里，因是山区，那里很穷。他卖红薯是换钱买盐，红薯是他家的口粮，本来就吃不饱，但没盐也不行啊。

生产队天天出集体工，一年下来，分的口粮不够吃。山里荒坡多，他就利用集体收工以后，趁着有月亮的夜晚种一些红薯补贴口粮，种一点花生做油料。这几年，年年如此，家家也都如此，队长也就睁一只眼闭一只眼不来多问。可是好景不长，今年上面知道了这事，派来了工作组，撤了队长的职。而这位农民因家里人口多，他又勤快，开的荒地自然也多了一些，于是他成了走资本主义道路的典型——原来“玄”就玄在此处，“黑”就黑在这里！

“率”字上面粗大、下面细弱，成“金鸡独立”之形。走资本主义道路的帽子自然粗大！一个农民，在大帽子之下，自然细弱！没人敢帮他，自然成“金鸡独立”！

冬天农活儿少，今天出来卖红薯换钱买盐，是请了好几次假才得到批准的。起身早，没吃早饭（他的早餐是熟红薯），路上啃了一只生红薯。

路过我家，我邀他到家里坐坐。我毕业也才几年，白手起家，照样也穷，拿不出什么好东西招待他，就把早上食堂买的几个馒头送给了他。他稍坐后，起身告辞。这时他才主动地说了一句话：“我要早点赶回去，晚上工作队还要批斗我呢！”唉，一个老实的农民！

“率”字所寓自由受到了限制，原来是这样！

# 十八、隶（隸）

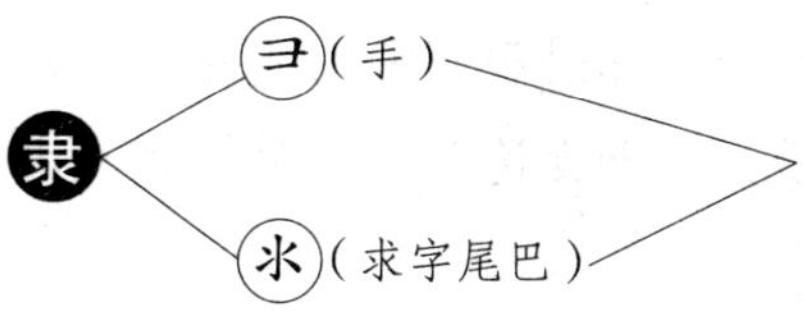


“隶”是个象形字，它的雏形是一只手抓住一条尾巴的形象，所以加辶就是逮。她的“尾巴”被别人抓住了。可怜的老人，又有什么“尾巴”可抓？

一年仲夏，我在公交车站等车，而公交车久久不至。

本是晴天，老天突然翻脸，刹那间乌云四合、白昼如夜，不一会儿暴雨如注。我急忙躲入附近一户民居的屋檐下，同时跑来的还有一个捡垃圾的步履蹒跚、气喘吁吁的老太太。

这雨来得快，去得也快，转瞬就晴空万里、烈日蓝天。我还来不及与老太太交谈，她已匆匆离去，我望着她微驼的背影，想到了我的母亲，顿感哀伤。随即测字，得“隶”字。

“隶”是个象形字，它的雏形是一只手抓住一条尾巴的形象，所以加辶就是逮。一个捡垃圾的老太太，她不可能去抓别人家的“尾巴”，只有一种可能，她的“尾巴”被别人抓住了。可怜的老人，又有什么“尾巴”可抓？我想知道。

为此不妨把“隶”字拆开——“隶”字不能拆，这老太太命运必定蹇涩。

不过“隶”字的上部“⺕”是“聿”字的头，下面是“求”字的尾。

“求”原是“裘”的本字，裘是毛皮衣服。“求”字无头，也就是“裘”无头（无衣领），引申是衣不蔽体的形象，这真还符合那老太太的模样儿，但与“尾巴被抓”无关。

“隶”字上部是“聿”字的头，“聿”也就是笔。《说文》说“聿，所以书之器也”，当然这里指的是毛笔。“⺕”是“聿”字下面少两横，这两横是毛笔的笔毛。少两横，那是没有笔毛的秃笔，秃笔自然不能写字。引申是她没有话事的份儿，即无论何事，纵使有理也难得伸张。

而这仅能说明，她的“尾巴被抓”，无理可伸。至于什么“尾巴”，还是不清楚。不过“文革”中稀奇古怪的“尾巴”多的是，要弄清很难。

那个公交车站是我回家必经之路，只要上班，每天都要路过，我次次留心，可再也没见到那老太太。后来我又在那附近发现了一位捡拾垃圾的老汉，我经常带一些旧报纸之类的废品送给他，慢慢熟稔了，我就顺便打听老太太的下落，老汉说，那老太太死了，是他送她去火葬场的。

原来那老太是“反动资本家”的遗孀。“文革”伊始就被冠上“不法资本家”老婆的头衔，被赶出了家门，安排到一个废弃的土坯房里居住，因无生活来源，自此靠捡垃圾糊口，免不了时有牢骚气话。这些话传了出去，这还了得，于是一条麻绳把她绑走了。

老汉最后说：“可怜哪！抓她的那天，她刚淋了雨，还在发着烧呢！”

推算起来，抓她的那日，正是我在公交车站遇见她的那天！

原来是这样的“尾巴”。前面说了，“隶加辶”是逮，“辶”也就是走，老太太就这么“走”了！

# 十九、变（變）

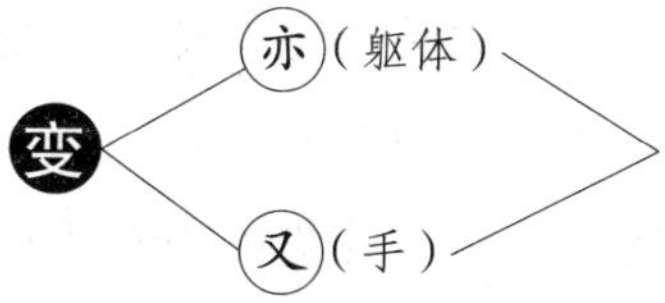


人的手在人的躯体下部。这不正常，引申就是身手异处。由此可以断言他哥已不在人间，也许他并不知道。

“文革”中，闲得无聊，到处寻书看。一个刚进单位的青年小于答应借书给我，约好下班后到他家去取，条件是请我拆字——测他哥的命运。在单位我很少拆字，以免带来不必要的麻烦，这次破例。他占得“变”字，写的是简体“变”。

简体“变”上面是“亦”，下面是“又”，字好拆，但意难圆。

《韵会》在解释“亦”字时说“亦，又也”。这么说来，“亦”就是又，“又”也是亦。以事而言，“亦”和“又”都是重复的意思——同一件事，做了一次，再做一次。具体到他哥的命运，那就是过去是怎样，现在仍然是怎样，即命运没有变化。

这字还真正有意思，测命运得“变”字，而实际上命运根本无变的可能。

按繁体“變”字，它的上部本是被柴薪挂住的一堆乱丝，乱丝要理清，故而求变。拆字至此，我的思绪也如一束乱丝，一个人的命运毫无变化，重复又重复，这样的情况是没有的。生老病死，就是变，整部《易》说的也是一个字：变。只有死人的命运才脱离了“变”，难道他哥已不在人世？

这样，只得进一步分析“变”字。先看上面的“亦”字。

“亦”，它的雏形是“大”字两边各加一点，我在后面将会说到，“大”就是人，具体是上肢张开的人。“亦”指的是上肢伸开的人的胳肢窝，即腋。腋在人手和躯体之间。

再看“变”字的字形。“亦”是人的躯体，“又”也就是手，这已在前面说过。“变”字是“又”在“亦”字之下。即人的手在人的躯体下部。这不正常，引申就是身手异处。由此可以断言他哥已不在人间，也许他并不知道。

这拆字的结果怎么对他说？想了好久，仅说了一句：“你哥的状况不佳。”他追问：“怎么个不佳法？”我只得回答：“可能在生死之间。”

傍晚到他家。他打开一口特大的木箱，我简直惊呆了，满满的一箱书。一翻，有全套清乾隆年间刻印的《旧唐书》、清同治年间刻印的《曾文正公家书》及其他如《韩非子》《唐韵》等等，我选了一册清康熙年间刻印的《唐宋八大家文钞》。

书刚包好，他父亲走了进来。说：“这些书是我大儿子的，是不借的。”见我已将书装入帆布包中，不好意思要我再掏出来，不得已补了一句，“今天就算破例吧”。

他父亲五十上下年纪，他大儿子的年龄应该和我差不了多少，居然有这么多在那年代难得一见的书（这样的版本现在更难觅得），我想会会这位同龄人。

我怕他父亲反悔，原本想立即“溜”走的，这会儿反而坐了下来，谦和地问他老人家：“您的大公子在家吗？”

他沉默了一会儿，不愿多谈：“不在家，我也在等他回家！”

见状我不便再说话，起身告辞。小于送我出来说：“你问的就是你说‘在生死之间’的我哥。”

第二天，我迫不及待地问他大哥的事和他大哥的书。他讲了这样一件事：

“文革”开始，他大哥正在读高中，一天随同几个同学出去抄了一个“老古董”（我猜测应是一位老教授）的家，搜得整整两板车的书和几十帧字画。原想当场烧毁，因风太大，怕引起火灾，于是决定每人分一些书画拿回家去焚烧。他父亲见了他大哥带回来的这些书说：“我家虽不是读书人家，要这些书没用，不过白白烧了也可惜，留着当废纸卖吧！”过后听说其他几个同学把分到的书画都烧了，他哥也回说烧了，他父亲也没有再提把书画拿出去当废纸卖掉的事。1968年他哥下乡到云南当知青，为了实现“全球一片红”，不久参加了缅甸解放军，一去杳无音信。

一个年轻的生命在狂热的躁动中湮没了！

这里要特别说明一点：“率”、“变”及“脑”字上面都有字头（亠，音头），为什么“率”和“脑”字把它作为压顶的“盖”来单独表述，而“变”字不是如此呢？这是因为：一、“率”字中的“玄”可拆（“脑”字也一样），而“变”字中的“亦”不可拆（拆开后，下面的四画不能独立成字）；二、“率”字下基不牢，成金鸡独立之形，以此喻人，是在不稳中求平衡，盖（亠）上的外力对他的生存起到关键作用。“脑”字下面有“凵”，无可逃之象，这些是决定命运的重要笔画，故需拆开。

# 二十、规（規）

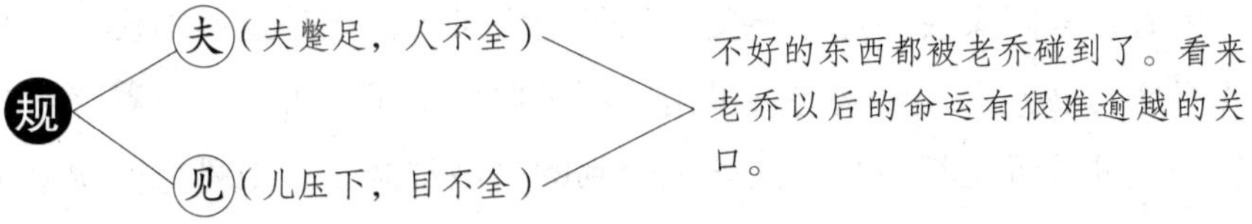


1973年，同事老郭带了一位姓乔的男子来测字，我问他测何事，老乔说：一是想找份工作，测近日有无实现的可能；二是想测将来的命运。翻书得“规”字，他书写的是简体“规”。

老乔五十上下年纪，额高且凸，这是个聪明人；但面色苍白，形容枯瘦，背微偻，双眼散漫无光，身体不好；不过对人恭敬有加，近于谄谀。这有两种可能：一、他受过严重打击；二、他是个奸佞之人。

简体“规”字，左边是“夫”，右边是个简体“见”字。

先看“夫”字。“夫”，一般是指成年男子，如丈夫、匹夫等等。在“规”字中，“夫”虽是偏旁，却代表的是来测字的老乔。请注意一点，老乔是测字的主体，在“规”字中却是偏旁，看来他不受人重视。

再请回头看“规”。“规”字中的“夫”字一捺成了一点，这是蹩足的模样。男人“蹩足”，不但不受人重视，而且一时不顺，一生都不顺，近日想谋一份工作当然也在不顺之中。

“夫”字拆开，是“人”的头上加两横（也可以看成“大”的头上加一横，“大”也是人，指义一样），上面说了，“夫”字中“人”一捺变成了一点，说是蹩足，其实除蹩足之外，也示“人”已不全（所谓人不全，不单是指身体，也包括其他如心智、人格及人生短促等），“不全之人”，头上还带有枷（两横）。这老乔，要么遭过大难，要么闯过大祸。

为什么用“遭过”“闯过”这样代表过去的词，而不用“将遭大难”或者“将闯大祸”这样代表未来的词呢？这是因为“夫”字头上的横（枷）书写时是起笔而非末笔之故，末笔是“点”，有“枷”而后得“点”，先遭大难或先闯大祸然后才有“人不全”！

再者所谓恭敬近于谀谄，想必是吃过大亏之后形成的习惯。我因公务去过劳改农场，见到的劳改犯人都用这种恭敬近于谀谄的态度对人，由“人不全”到“头上带枷”，再到遭过大难，最后到恭敬近于谀谄，判断他很可能“进去”过，他一生的“蹩足”也应该出于这个原因。因此他的谀谄是习惯，不是奸佞的本性。

再说“见”字。繁体“見”是“目下儿”。他写的是简体“见”，上面的“冂”（音窘）是“目”字去掉三横而成。“规”字很有意思，左边是“夫蹩足”“人不全”、右边是“儿压下”、“目不全”，老乔的命运可以说差到了极点。

“人不全”上面已经说过了，下面说“目不全”。目字不全成了“冂”。“冂”的字形像门（它确是门的象形，五代时文字学家徐锴说它是天地阴阳之门），字义是很远的郊野。那么“冂”就成了遥远的“郊野之门”。拆字时，一般把它解为坟墓或监狱。这么看来，他真有可能在牢中待过。

再说“儿压下”。“见”字中，“儿”在“冂”下，《说文》说得很明白：“儿，人也。”儿也就是人，这还是老乔。孔子说：“人在下，故诘屈。”诘屈即曲屈，不好的东西都被老乔碰到了。

细看“见”字，不但“儿压下”，且“儿”字中一撇特别伸长进入“冂”中。这是“人”之一大半已入“坟墓或牢狱”之中的寓意，看来老乔以后的命运有很难逾越的关口。

老乔要小解，那时我家的房子没卫生间，要到楼下的公厕。我趁他下楼小便的机会，问同事老郭：“老乔原来是做什么的？”

老郭说：“说来话长，他是我老婆的舅父，刚从牢里出来不到一年。”然后详细地讲述了老乔的身世。

老乔1948年中央大学肄业。抗战胜利后，因不满当时国民政府的腐败，加入了中共地下组织。1946年反内战的学潮，他是策划者之一，特务们因此盯上了他。

老郭说："通过我爱人外祖父的关系，他才逃出了虎口。解放后不知怎么一弄，1955年成了'胡风反革命集团'的成员，判刑18年，到大西北劳改，可谓九死一生。去年刑满释放，孤身一人，无家可归，就寄住在我家楼下的煤棚中，靠卖黄泥度日（当年城市居民烧煤，散煤需适量拌入黄泥）。今年大家都烧蜂窝煤了，不再需要黄泥，往往一天他一挑黄泥也卖不出去。"

"因为连续几天没有看到他，我爱人放心不下，撞开煤棚一看，他自缢在床头，大约也是因几天没吃饭的缘故（没饭吃），力气不够，绳结不牢才救了他一命。"

我把"规"字拆字的内容告诉了老郭，并说，老乔的前景不是工作上的问题，而是生命堪忧。我仔细地解说了"门"的内涵和"儿"（人）身一大半已入"门"中的寓意，因为老乔刚从牢中放出，那么再入牢门的可能性不大，"门"就只有墓门的解释了。老郭听后，除了叹气之外，别无他法。

《说文》说："规，有法度也。"试问法度何在？所谓的法度，那时都见鬼去了！

老乔小解回来，低头坐在我的身边，端详着自己写的"规"字。似乎知道目前的绝境已无解决的办法，眼眶湿润，强忍眼泪。起身走时，我塞给他三斤粮票。他收粮票时感激而又略显矜持的复杂眼神，几十年过去了，至今还留在我的眼前。

几天后，我遇到老郭，他说老乔走了，去了新疆，据说那儿好找工作。

现在以及未来的朋友，千万别埋怨我的同事无情无义，连自己老婆的舅舅也不收留，那年代，每个人都在思想与生存中煎熬，他让一个劳改释放犯在煤棚中住了快一年，已冒了极大的风险。

20世纪80年代，“胡风反革命集团”平反，我想起了老乔，就问同事老郭。老郭说，当年他就死在去新疆的路上了。

这“门”老乔终于没有闯过。他的一生都生活在苦难的年代！常说“佳人多薄命”，佳人，一般狭义解为漂亮的女子。20世纪五六十年代，是文人多薄命！

# 二十一、末（末）

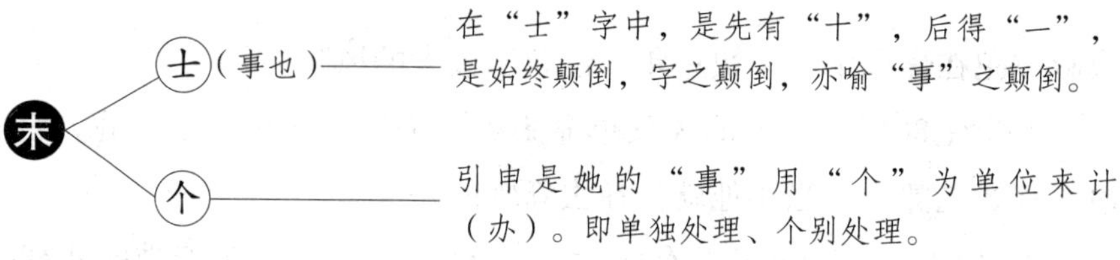


1974年，某厂有一批合同职工合同到期，上级指示，其中符合条件的转成正式工，不符合条件的辞退，一般不再使用合同工。一个女青年是合同职工，看到周围的同事都已先后转正，唯她一人没有消息，心急来预测未来，翻书得“末”字。

首先简要地说说木、本、末、朱、未这些字的关系。木表示的是一株树的整体；“本”是树根；“末”是树梢；“朱”其实就是株，是树身（干）；“未”是昧的本字，是指树上枝叶重叠、阳光难透、幽昧暗黑的部分。也就是说，这五个字，都与树有关。所以说这些，是说大家同在一棵树上，同是一个厂里的合同职工，就像这五个字一样。那些如“本”“朱”的同事转正了，甚至连阳光不透的“未”——比她差很多的同事也转正了，唯她这在最高处的树梢“末”还在风中摇曳——转正事定不下来，心急自然难免。

树梢在树的最高处，这女青年在合同工这一群中，应该是很优秀的——据她自己说，她年年被评为先进个人。

要知，树梢在树的最高处，固然可以尽沐阳光雨露，但它也是树木中最脆弱的部分。大风一吹，容易折断的首先就是树梢。一个弱女子，处在树巅，“本、朱、未”都可安然无恙地战胜狂风——转成正式职工，唯她不易，所以她转正难。

能不能转正呢？不妨把“末”字拆开。沿用老例，过去拆字一般把“末”和“未”都拆成“一木破天”。若是如此，她应该早转正了，不至于等到今天，仍在为转正奔波。拆字之难，就难在亦须审时度势。在这种情况下，再把“末”拆成“一木破天”就肯定不合适了。事实上，“末”也可说是由“士”与“个”两字组成。

《说文》说：“士，事也。”请记住，“士是事”——下面我们将用到这结论。《说文》接着解释道，“士”字“从一从十”，即《说文》把“士”拆成了“十”与“一”。尽管“十”有完美的意思，如果一个字，是“一”在前、“十”在后，那结局可能是完美的。因为数是“始于一、终于十”的，数有始终，寓意事亦有始终。

但是在“士”字中，是先有“十”，后得“一”，是始终颠倒，字之颠倒，亦喻“事”之颠倒。这不是好“事”——往往是事多磨难。在“凭”字篇中也有“士”，所以“凭”字篇中我的老友多灾多难。

再看“末”字下面的“个”。“个”是计数的单位。以她而言，她就是一“个”计数单位——一个人。引申是她的“事”用“个”为单位来计（办）。即单独处理、个别处理。

总括“末”字测字结果：一是她处树巅，大风中易折；二是“末”中的“士”，即以“事”论事，事多磨难；三是她的这桩“事”，最后将会是“个”案处理。

大约一年后，我再遇到她时，她说她仍在那工厂工作，仍是合同工。问起原因，真令人哭笑不得，原来合同工转正政审调查时，发现她有一个叔叔在台湾，这在当时是坏得不得了的社会关系。而她的个人履历表中没有填入这条，认定她刻意隐瞒，是一种十分不忠实的行为。虽然单位（工厂）因她工作积极、表现好，转正的事总算通过了，但上级部门坚决不批——咎莫大于不忠诚。她叫屈连天，她说她压根儿也不知道有个叔叔在台湾，家里的人从来没有告诉过她——上级组织不相信这样的辩白。但作为特殊情况，个案处理，仍同意与她续签合同，保留合同工工作。

直到几年后，政治宽松，她才转正。

# 二十二、程（程）

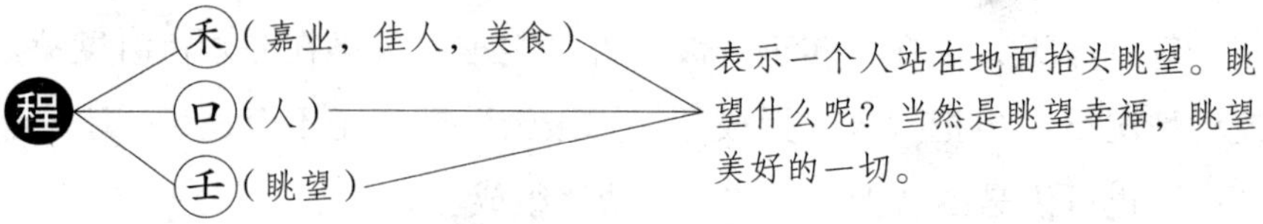


1975年夏末，下乡支农，同事老郝的弟弟就在那地方插队，托我带点钱给他弟。到达支农点的当天傍晚，我去知青点看小郝，闲聊后，小郝请我测时运及婚姻，翻书得“程”字。

程姓的朋友在介绍自己的姓氏时，一般会说“禾口”程，多么简单明了的概括，“禾、口”确是“程”字的主体。

“程”字实际上是由三个字组成：禾、口、壬，壬是音。

先说“禾”。《说文》把“禾”解释为“嘉谷”。“嘉谷”，若把它看成财物，它是财物中的珍品；若是展望未来，它自古以来就是吉祥幸福的象征，在我国的国徽中，就有禾穗一支。因此，无论于事业或于婚姻，得“禾”都是可喜可贺的。

“口”，既是指人之口，也可引申为人本身，这不用多解释。

“禾、口”，至少有四种预兆：第一种，得嘉业，这由嘉谷可知。第二种，并得一佳人，因“禾”字拆开是“千人”。古人很有意思，记数时，用一条短的麦穗代表百，用一条长的稻穗（长的稻穗当然是嘉谷）代表千，刻龟甲时，一个直立的“人”上加一就是“千”，所以一千就是一人。或问，既然一千就是一人，应是他本人，哪来佳人？别忘了，“禾”中还有一“人”，故说得一佳人。第三种，禾、口也就是嘉谷“入口”。引申是口福，即有美食。第四种，“禾、口”合起来是“和”字。“和”是顺、谐的意思，看来这小郝无论事业或婚姻，将来都会不错呢！

再看“壬”字，注意，“程”字中右下不是“王”，而是“壬”。“壬”字在“望”字中有介绍，它表示一个人站在地面抬头眺望。眺望什么呢？当然是眺望幸福，眺望美好的一切。

而“壬”和“口”合起来是“呈”字。“呈”是呈现、呈出。看来他眺望的美好未来已经呈现端倪。

小郝这小伙子，过去我见过一面，但仅是打过照面而已，并没有认真审视过他，今日细看，虽在朦朦胧胧的灯光下，也看得出他长得很周正，眼睛明亮，很吸引人，这类青年可能讨年轻姑娘们喜欢。

正说着拆字的结果，一个小姑娘挽着个小小竹篮走了进来，看到小郝叫道：“小郝哥，给你送好吃的来了，是我姐要我送来的！”——我还没有说到拆字中有口福的内容，口福就来了。

知青们听说有好吃的，羡慕之余，都围了过来，不管三七二十一，抢过竹篮，揭开盖布，原来里面是半篮熟花生和一碗猪肉蒸糯米饭。这在当时穷困的农村，算是打牙祭了。大家你一把、我一把，半篮花生顷刻告罄。小郝忙叫：“给我的客人留一点！”提过篮子一看，猪肉蒸糯米饭还在，花生没有了。知青们看看我，不好意思了，纷纷从衣服口袋中把花生掏给我，我连声谢绝，推说要去安置铺盖，起身告辞。小郝送我出来，我开玩笑道：“回去吧，一会儿糯米饭也没有了！”

回到住户家，原来住户就是生产队长，他正在等着我开饭呢！一看，那挽着竹篮送花生的小姑娘也在。我望着她笑笑，她也望着我笑笑，我们吃的荤菜也是糯米蒸猪肉，我算客人，生产队长就做了特别的安排。

坐在我对面的是一个留着双辫的漂亮女孩儿，队长介绍说是他妹妹，这女孩儿客气地朝我点点头说：“菜烧得不好，不嫌弃就请多吃一点。”我抬眼看这姑娘，聪颖始于发际，不似务农的女子。我猜这姑娘大约就是要小姑娘送花生和糯米饭的“我姐”了。

第二天，小郝来了，告诉我那女孩儿是他的女朋友，两人系高中同校的先后同学，她后于他三年。因是农村户口，他家里人一直反对，他请我回去后做做他哥的思想工作。

一年多后，偶然在单位的大门口遇到小郝和那位姑娘。小郝仍在农村当知青，那姑娘已被推荐上学，是某大学的工农兵学员。小郝说，他哥现在已经改变态度了。

1977年，恢复高考，小郝也顺利地考入了大学。

三十年河东、三十年河西，他的命运真如“程”字所寓。因主要内容涉及的是命运的改变，故将“程”录入命运篇。

# 二十三、谗（）

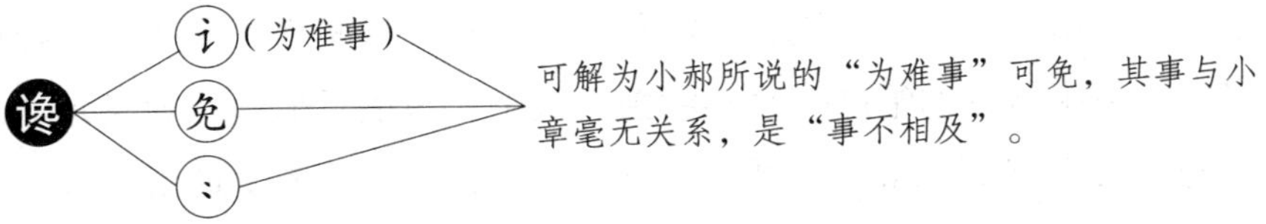


还是支农时的事。一天傍晚，知青小郝带来一位消瘦的青年。小郝介绍说：“他姓章——文章的章，是我的同学，也是好朋友，同在这里插队当知青。”寒暄之后，小郝说小章最近遇到了件为难事，具体何事，他没有说明。因事关前途，就请我为小章测测命运，翻书得“谗”字，小章望着小郝苦笑道：“拆字得‘谗’，真是命里注定。”

他书写的是简体“谗”。《荀子》说“伤良曰谗”，即无中生有地说别人的坏话为“谗”。这样的人的确有，也许就在我们的周围。

明末小说家冯梦龙在《警世通言》中记录了这样一件事：秦桧构陷岳飞，主意尽出于其妻王氏，王氏在东窗下为桧谋划。谁知人世间欺人的罪孽，阴间不饶，阎罗审秦桧，带出东窗事（东窗事发）。王氏死后入地狱，割舌下油锅入石磨，永远不许转世为人，只能为畜为虫。阎罗也许没有，但人的良知不能没有。

“谗”字拆开，左边是“言”字，作为偏旁简写以后成了一点一横竖提（讠）。右边上面是“免”，下面是两点。

《增韵》把“免”解释为“事不相及”。“谗”字中“免”字之下的两点，按汉字的书写规则，它是“免”字的省书，这样，“谗”字的右边可视为“免、免”。两个相连的“免”，那是“事不相及”的重复。加上“谗”字右边的“言”，“谗”就可解为小郝所说的“为难事”可免，其事与小章毫无关系，是“事不相及”。

稍稍多一点笔墨，说说简体“言”字，因为在以后含偏旁“言”的字中还要用到。“言”现在已简化成了一点一横竖提（讠），这种提是汉字改革中新创的笔画，它不能独立成字，只能近似地认为它是“乙”字的变形。京房（京房，汉元帝时博士，系《京焦易》的创始人。）在释《易传》时说：“乙，屈也。”屈就是委屈。这从“乙”字的屈曲不能伸直的字形也可看出来。如此说来，小章的“为难事”，很可能也是他的委屈事。因这提只是近似于“乙”，故不能断定是否真是委屈事，但与小章“事不相及”是可以断定的。因不能断定是否真受委屈，我便问小郝，小郝说：“正是冤枉。”回问，“有没有可能洗清白呢？”

我说：“从‘讠’（言）字看，应该有。小章的辩白是‘讠不成言’，‘讠’不能独立存在——他人不相信小章。同样，对方的言辞也是‘讠不成言’，也不能独立存在，即也不可信，这是一；其次‘讠’上有一点（丶），这一点是可以独立成字的，它既是‘主’字的省字，又是豆油灯灯芯的火苗。它的寓意是‘主’已露头，即冤枉小章的事主会有现形的可能；豆油灯的火苗虽只有数步之光，然而在黑暗中有此光照明就足够了——小章被冤枉，就如处黑暗中！”

小郝转头问小章：“怎么样，干脆我把事情的经过说了吧！”小章点头同意。

原来，在知青中也分帮派，他们这一派的人少。上个月小章请假回家（回城），天刚亮就走了。公社设在附近的只有十几只鸡的“种鸡场”丢了两只母鸡，另一派的同学说是小章偷回家去了。事情闹到公社，公社的人来了，还专门派人当天赶到小章家查看，结果没有发现鸡及鸡毛之类的东西。因无实据，这事就不了了之，小章虽没被打成破坏生产的现行反革命，但至今仍背着“小偷”的骂名。

我支农一个月，出了一个小案子。几个知青躲在山沟里烤狗肉，狗是从本队一农民家诱捕（偷）来的。这几个知青顺手还摘了一些附近集体田中刚熟的玉米。农民把这些情况报到公社，公社勘查发现，烤狗肉的山里既有狗毛，还有经风雨飘打沾满泥土的鸡毛，说明以前还在山沟里烤过鸡吃。此案一出，小章的罪名基本洗清了，原来偷鸡的是另一派的几个同学，却栽赃给了小章。

那年代，知青们可能几个月不知肉味，偷鸡杀狗也属正常，不应该的是制造仇恨，嫁祸他人。秦桧之妻王氏是女子，因诬陷岳飞，阎罗尚不原谅，大丈夫干此事，阎罗的“刑罚”就更重了。

回头再看看隐藏在后面的繁体“讒”。它左边当然是繁体的“言”，右边是两个“兔”字相叠。古人以为，兔子唇裂，兔子说话，是言无好言、语无好语，这就是“讒”言。

“讒”言中的言能独立，说明“讒”言有人听，小章要完全消除“讒”言的影响，恐怕也难！

# 二十四、操（）

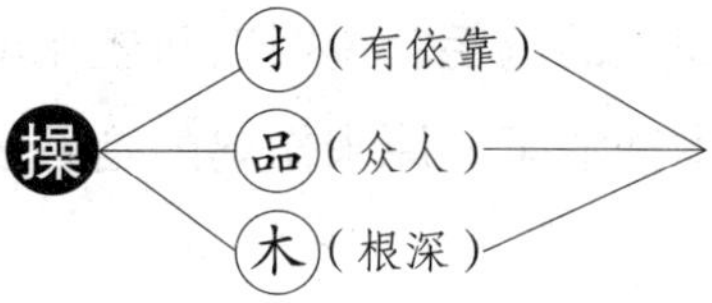


外面有“手”扶，内在有根深扎，他不至于“倒下”，即眼下不会被撤职罢官，但“木在品下”，也绝无提升的机会。

仍是支农时的事。一天中午，生产大队的支书来我的住户家（我住户是生产小队的队长）布置工作，然后，以命令的口吻吩咐小郝的女友打酒杀鸡，他要在此打“牙祭”（白吃白喝），并听说我善拆字，也吩咐我为他测时运，翻书得“操”字。

这位支书颐指气使的行为给我入眼的印象极差，当时我心中暗想，这是条恶棍。因我身在他的地盘，又顾及队长的面子，这才勉强同意为他拆字。

拆字最忌感情用事，我调整了一下心情。按习惯，为陌生人拆字，我要先看看他的面相，他见我紧盯着他，倒不好意思起来，说道：“小时候读书，老师也是这么看我的。”言语之间，又透出善意，这才使我觉得，这人善恶难以把握。

支书四十来岁，发际低垂，智商可能不是太高；眼大而睛黑，准（鼻）平且圆，眉粗但不乱，又不像一条恶棍；他下巴长厚，应该人缘极好，是厚道之人；一对薄薄的招风耳，也应该是个苦命之人。他的面相与他给我的第一印象反差很大，这疑难且留给拆字决定。请看“操”字。

《说文》把“操”解为“把持”。这还真符合他支书的身份，把持一个大队，福祸千余人，确是一方的土地爷。

“操”字拆开，有扌、品、木三个部分。左边提手（扌）是偏旁，不是“操”字的主体，官员（支书他说自己也算一级“干部”）拆字，字中有“手”（如“看”字），好坏一般无定论，具体要看拆的字的结构；但得偏旁的提手（扌），那是绝对好，系有“手”相扶、有所依靠。有依靠，是朝内有人好做官的景象。

“操”字的右边上部是“品”字。所谓“三口为品”，前面说过，口代表人，“品”就是众人。因此《说文》说“品”是“众庶”。他有职在身，相对而言，他不能算成“众庶”，他是“官”。

“操”字三部分，“扌”是偏旁，不是操字的主体，是扶助他的人；品是“众庶”，也不代表他；那么能拟人代表他的，就是“操”字中余下的“木”了（测命运，往往需将字中某部分拟人，视为拆字的主体）。“操”字是“品在木上”，即置“品”（众庶）于高处，这位支书可能对他属下的社员很好，但“品在木上”，木无向上的发展空间，是木为品所累，即为“众庶”所累而不能升迁。官员为百姓所累，当年这样的人（干部）是不多的。

在“木”字的象形字中，一撇一捺代表的是树根，把“木”字拆开是“人撑着十”，人愿撑“十”，那“十”当然是美好的“十”（关于“十”，在开篇的“兢”字中已做了交代，这里不再重复）。而他书写的“操”字（本书没有录入他书写的“操”字），其中的一撇一捺特别肥长，寓意根扎得深，根深树难倒。这支书可能真如他面相中下巴肥长一样，人缘极好。

我直接地告诉他，“操”字拆开整字的寓意是：外面有“手”扶，内在有根深扎，他不至于“倒下”，即眼下不会被撤职罢官，但“木在品下”，也绝无提升的机会。他点头说：“是这样。”

由“操”字看，他是个不错的支书。

我读大学时，参加过“四清”运动，我所知道的大队干部，不少是土皇帝。而眼前的这位支书，从他表露出来的言行，也像活土地，但他能抬“众庶”于己之上，不是鱼肉乡亲的土霸王。

但为什么言行如此跋扈？第二天，我问小郝，小郝说：“别看这位支书举止粗鲁，他是‘阳狠阴善’，其实这人心好，保护农民也保护知青，从不整人，知青偷个鸡、杀条狗，只要知青内部不闹出去，他都会闭眼带过，不去追究；事情闹大，也仅当面叫骂一顿而已，过后风平浪静。他的一句口头语是‘多栽花、少栽刺’。社员种自留地，他总设法隐瞒下来；不准养鸡养鸭，我们这个大队除他家没养以外，家家都养。要不是他妹夫在县组织部当部长，公社早把他撤了（‘扌’起作用了）。他在社员家里吃饭喝酒，过几天他一定会回请，从不占社员便宜。他家没养鸡鸭，没私开自留地，因此比其他社员家更穷。因无力回请，平时他极少到社员家吃饭，昨天可能看到你来了，大约是想为请你吃饭寻个由头，才来队长家吃饭的，不信过几天他一定会请你。”果真过了三四天，支书又来了，说谢谢我拆字，请我和队长一起吃晚饭。

我常自许稍能识人，且以非吾类者吾不交（朋友）处世。这位支书，虽非吾类，人却不坏。识人真难，从此事之后，我不再以人之一言一行来断人。

# 二十五、当（當）

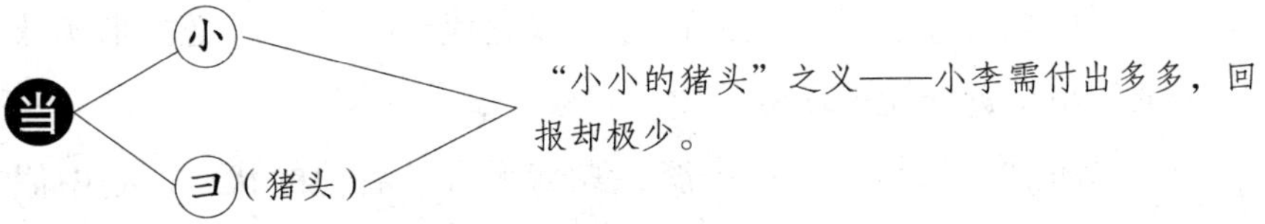


知青小李是小青的好朋友，同在边疆农场插队，他与小青父子来的目的，是想通过小青引荐，为最近能否返城（户口迁回）测字。我当然“义不容辞”，满足他的要求。

翻字得“当”字，他写的是简体“当”。

在拆简体“当”之前，先看看繁体“當”字，因繁体“當”字是简体“当”字之母，现代文字学家傅东华先生说：“當，从八从向从田。”也就是说繁体“當”可拆成“八、向、田”三个字。但一般从俗拆成“尚、田”二字，这样，将繁体“當”拆开，无论拆成“八、向、田”，或者拆成“尚、田”，小李暂时还只能在农场与土地为伴，户口迁回可能一时无望，因为“田土、田土”，田与土两字往往连用，“尚田、向土”都说明小李还要继续与土地打交道，它与“堇”字篇中的“革土”寓意是不同的，它无“堇”字篇中的“革言三就，有孚”，也无“堇”的黏性。

不过，他书写的是简体“当”字。上面说了，繁体“當”拆开，他返城的希望非常渺小，那么简体“当”是否有转机呢？

简体“当”字，它的上面可视为“小”字。下面的“彐”（音既），现在一般只作部首，但它的原意是“猪头”。猪（请注意这里并非骂人，而是就“彐”这个字而言）的一生为人类做贡献，当然也包括猪头。所以简体“当”字拆开，就成了“小小的猪头”之义——小李需付出多多，回报却极少。而“当”字仅有一个字形与它相近的字

“刍”。“刍”字，我在前面说过，以它代“当”，那是如米换糠。这样看来，小李近期无返城的希望。

小李听到分析后，神情惨淡，默默无言。看他的状态，心中似乎有无限多的苦楚。

原来小李父亲早故，靠在百货商店当营业员的母亲的微薄工资，将他们兄妹二人拉扯成人。1968年后，兄妹二人先后下乡插队，前年初，小李母亲中风偏瘫后退休，无奈，他和妹妹只得轮流请假回来照顾妈妈。这样一来，一年有半年的时间不可能到农场劳动，农场领导意见很大，说：“个个儿都像他们这样，我这个农场只好收摊。”虽然小李母亲所在的单位与当地派出所都给农场出具了证明，说明了情况，并且同意小李回来顶替他母亲的工作（当年，国营单位工人病退，子女可替代其编制指标，虽有世袭之嫌，但工作岗位短缺，这也是无奈之举）。真是县官不如现管，农场领导说小李表现不好，拒绝为小李办回退一事，小李真正充当了做无偿贡献的“猪头”。

其实，那农场也以同样的理由为难了小青，因小青有“革言三就”，方能“有孚”，达到目的。

我不想去评论农场领导对人性与人权的理解，当时的社会就是这样无情！

《说文》说：“当，田相值也。”相值就是等值、等价。小李“当”在农村，岂非命乎？

# 二十六、并（）

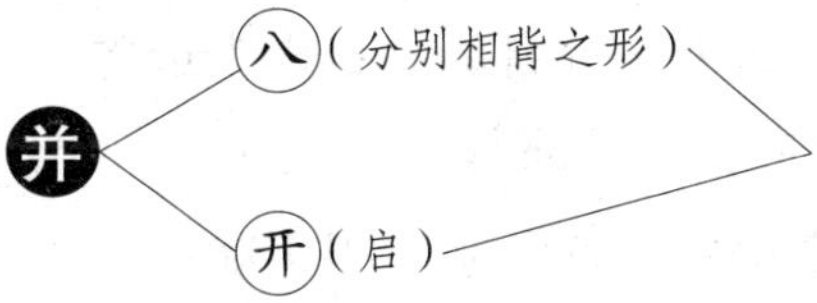


“相背之形已启开”，成无可挽回之势；这都说明，这次招收代课教师，他难选上。

知青小孙说他们公社要从知青中选拔小学代课老师，文化考试他得了第一名。管文教的公社副书记说，选拔的是优秀人才，原则上按考试成绩排队。小孙怕的就是“原则上”这类的讲话，心存忐忑，故来测字。翻书得“并”，他写的是“並”这一字形。

20世纪70年代中，离家别亲、上山下乡的知青是一个生存十分艰难的群体。有办法的人都已回城，没门没路的仍在困苦中煎熬，来拆字的孙姓知青，在政治决定一切的年代，他属于后者。

“并”字若测婚姻，按正常书写，表面看来，是难得的好姻缘。因“并”字由两点、两横、两竖组成，两头（即两点）相靠，处处成双，横与竖又相贯，成夫妻比肩齐眉、相亲相爱之象。其实这一切只说明，两人有同眠之缘、无白头之分，最后的结果是分道相背而行，原因出在“并”字头顶的“八”上。注意，这是按正常书写而言，若头上两点有连笔，情况就不相同了。

小孙是测就业，并头并肩，处处成双，理解自然不一样。这是处处有人与他相比较、与他比拼竞争。事实上，“并”字的雏形也是两个人站在一排比较高矮的象形字。

按“并”的这种写法，它可拆为“八、开”二字。

先说“八”，近几十年来，俗把“八”与“发”并列，有“八”就高兴得不得了，以为要发了。这还真正不好理解，要是生病住院也是有“八”的日子，那还要发吗？我所查阅到的各种书籍典故，都没有把

“八”和“发”牵扯到一起的情况。古人讲究喜庆，也极少选含“八”的日子。说“八”是“发”，大约是音同的缘故，事实上，“八”和“发”的读音并不相同。《说文》在解释“八”字时很干脆：“八，别也，象分别相背之形。”纵使“八”字的写法有种种不同（例如“并”字之头即是“八”的写法之一），但总不外乎左右相背的形象。所谓相背，是指“八”字中一撇一捺方向相反。

不是说得“八”就不好，例如“共”字中也有“八”，因“共”字不能拆开，情况不一样，那是合力而为，基面扩大，好得很。

“八”虽然又有“分”，又有“别”，但绝不是他与知青生活“分别”，别忘了“相背”，与事背道而驰，与愿望反向才是相背。

小孙将“并”写成了另一形式“並”。“並”字拆开是上“八”下“亚”。“并”或“並”，无论下面部分写成“开”或者“亚”，与“八”相合，指义都不好。若写成“开”，是“相背之形已启开”，成无可挽回之势；若写成“亚”，次一等为“亚”，“相背而又次一等”（注意，没有次一等的相背这种说法）。指义就更明显了，这都说明，这次招收代课教师，他难选上。

文化考试得第一名，反而第一名是“次一等”的，那个年代，命运的玩笑往往就是这么“开”的，这也“并”不奇怪。

他没被选拔成代课老师。

小孙1977年考取师范大学，毕业分配正好分到我附近的中学。有一天遇到他，谈到往事，我问他，是什么原因使他成不了代课教师，是否是政审不合格。他说，说是也不是。他的家庭虽不红也不太黑，父母都是教师，但关了几年“牛棚”，没能力帮他。所以作为知青，他一直进不了城，这是第一。第二，是因为自己体质弱，身瘦个儿小，很难完成每日额定的工分。

他说：“公社管文教的书记说我劳动表现不好，必须继续留在生产队锻炼。开大会时还举例：‘大前年春天挑草肥，每天额定10担，某某最多的一天也只完成了9担，这种人怎么配当老师呢！’不让我当老师就算了，还把我臭骂了一顿。其实这只是借口，真正的原因是书记的侄女那年正巧中学毕业，落户到我们生产队，招代课老师的目的就是为了她。”

最后他半开玩笑半认真地说：“说到那年挑肥，我从‘天刚蒙蒙亮，远方的姑娘未起床’一直挑到‘日落西山红霞飞，战士打靶把营归’也只完成了9担。说我偷懒的原因是半路上老看到我歇担休息，其实我是实在挑不动啊！”

“并”的始义是比高低，他与公社书记的侄女拼比“高低”，真不“自量”耳!

# 二十七、堇（）

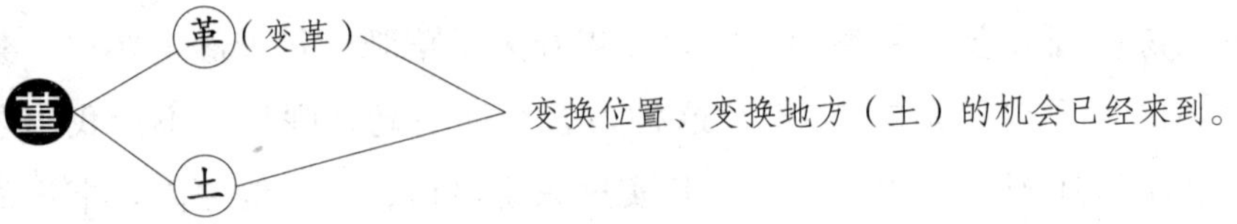


1975年底招兵，青年报名踊跃，尤其是下乡的知青，由于招工无望、回城路绝，参军是他们最好的选择。同事的儿子小青，也是知青，因病回家小住，得知招兵消息，准备火速赶回数千里外的插队农场，行前他父子及小青的一个同学小李一道前来测字，翻书得“堇”字。

“堇”，可拆成“廿、中、三”三字。“廿中三”，若喻参军，是二十个人中只有三个能成，这概率已经很小了，而当年有些地方，特别是青年集中的知青农场的实际情况，可能比这概率还要小很多。

1968年，小青初中毕业，刚满十六岁，一段语录，把他送到了几千里之外的边疆，开始那一阵子他怀着革命的理想，衷心为改造边疆贡献自己的青春，到如今，革命的热情早已熄灭，也明白了那理想只是乌托邦似的单相思。他说：“我二十多岁了，不再幼稚了，没时间再唱高调了，老的理想破灭了，现在新的理想、新的希望是通过参军，然后回城。”——转一个大圈，他要回到他出生的地（原）点。他的新的理想——回原点的希望能实现吗？

再拆“堇”字。“堇”也可以拆成“革、土”二字。“革”即变革，“土”是万物之源。他是知青，已经“面朝黄土背朝天”地在万物之源的土地上“革土”六年。现在，“堇”字拆开，又是“革土”，他说：“我不再想去‘革土——修理地球’了！”那么“革土”的命运是否还会继续呢？

其实，把“革土”理解为“修理地球”比较片面、狭隘。“革”是指变革。所以《易经》第四十九卦革卦中说："革，已日乃孚。""已日"是指变革的时机，过去在用干支纪日时，"己"排第六，既是"甲、乙、丙、丁、戊"之后，又是"庚、辛、壬、癸"之前，有前后交替、发生变更的意思，"孚"是信誉、相信。"已日乃孚"翻译成现代语言是变革的时机已经成熟。

由此看来，小青参军有希望。

那么"革土"的广义解释是：变换位置、变换地方（土）的机会已经来到。为了谨慎，不妨再进一步用革卦中的动爻来解说。

方法是用革卦中的"革"字求动爻。"革"字九画，每卦的爻数都是六爻，字的笔画数九除以爻数六，余数为三，即革卦中第三爻是动爻。第三爻的爻辞说："征凶贞厉，革言三就，有孚。"征是征伐，厉是激烈。具体到他参军一事，这句爻辞的意思是，要想化险（凶）为夷，必要有所行动，但行动不可激烈，虽然困难会很大，要反复多（三就）次，最后能达到期望（有孚）。

用《易经》测事，决定于动爻。第三爻在卦的中位，是卦中最重要的爻，第三爻动，若凶则不可救，若吉（有孚）则不可否。根据革卦中"九三"的爻辞推定：想想办法，参军一准能成。

后来同事告诉我，小青终于参军了！他说："为儿子参军，几经折腾，辗转托人，方才达到目的。"

原来同事弟弟的连襟的堂兄是小青插队农场所属县的武装部政委，这"关系"虽然拐了好几个弯，但有这层关系，武装部将小青参军名序前移，因小青"革命意志"衰退，经常回家"休病"，农场知青大队发难，不同意小青参军。政委不好出面，但给他们介绍了一位关键人物，即政委当班长时他班里的一名战士，现在是农场武装部干事，负责招兵工作，同事带上"打点"用的超重的烟酒糖果，千里迢迢，火车、汽车、马车，秘密地赶到农场，找到这位干事，干事带他去见了农场场长、书记，终于打通了关节，干事和他又找到基层分场，酒醉之后，基层分场场长签字，不再需要通过知青大队，直接招入。知青大队知道后，再有意见，也是迟了——生米已成熟饭。

“革言三就，有孚”，非谬言也。

“堇”，也是黏土，附着力极强，黏着甩不掉。农场武装部干事黏上了，甩不掉，只能依事而行。

# 二十八、戊（ ）

戊
- 戈多一撇——“犬”持大斧或“犬”的头上悬着一柄大斧。
- 成字少丁——腹中空空是“既无才又无学识”，一个无才无学识的人身处上层，怎能有理想的结果呢？

1975年春，主管局黄副主任来我们单位做报告，大谈路线斗争及他与王洪文的战斗友谊（王那时是中央副主席，正是当红的时候）。与我要好的同事示意，要我算算这位主任的仕途，得“戊”字。

黄副主任“文革”前是我们系统的工人，“四人帮”之首的王洪文是他当兵时的战友，凭这关系，他鲤鱼跳龙门，一跃而成为局“革委会”副主任，常至各单位宣讲王的“造反”经历。

“戊”字是“戈”字多一撇。撇（丿），《说文》说是“右戾”，戾字拆开是“犬伏户下”。暗思，黄副主任宣讲“王副主席”的“造反”经历，有“犬伏户下”之嫌。

我在后面的“乃”字篇会说到撇（丿）是“犬伏户下”，那“犬”是代表赌徒们上门惹是生非的狗。这里内容不同了，这里的“犬伏户下”是保卫主人的狗，虽然同是一撇，但含义大异。

“戈”是长柄大斧，引申是武器。撇上是戈，这有两种寓意：

一、“犬”的头上悬着一柄大斧，“犬伏户下”看似安全，其实也是在战战兢兢中过日子——随时怕那大斧掉下要了他的性命。那时的“路线斗争”，也确实如此。今日在台上唱戏，明日可能下台成囚。这种情况实在是看得太多了，多少人上台唱过戏，如林彪、如陈伯达即是。“大斧悬头”，别看他现在威风八面，将来还不知是个什么下场呢！

二、“犬”持大斧，乱砍乱杀，多数情况下会伤及无辜。这样的

“犬”既不可接近，也不能得罪。敬而远之可也！

“戊”也是“成”字少“丁”。《说文》说：“成，就也。”“丁”是人，是男人。“成字少丁”，是他的事（业），有难成之象，这位黄副主任似乎以后很难有好的结果。

基于当时的政治形势，以上的这些内容我也不敢对坐我身旁的同事讲，不是不相信他，而是怕祸从口出。我只说了一句：“主任不是人人可当的！”语气稍带涩味，暗示他从反面理解。

1976年秋，“四人帮”倒台，这位主任也随之下台。

“戊”，它是一个腹中空空的字，即“戊”腹内无笔画。与戊相近的字，如成、戌、戍字的腹内都有笔画。腹中空空是“既无才又无学识”，一个无才无学识的人身处上层，怎能有理想的结果呢？

# 二十九、盘（）

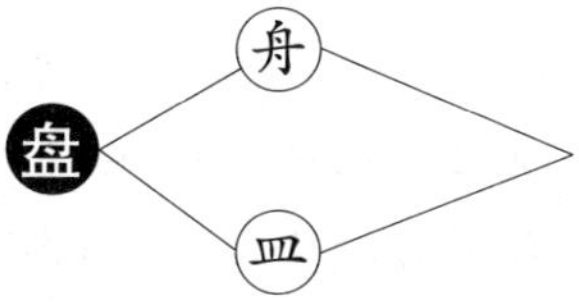


“舟在皿中”，不利出行。只有船沉水底才有这种可能，即“皿碎船沉，船在皿上”。

1976年，我同事的儿子九年制高中毕业（“文革”中所谓高中毕业实际上连初中的文化程度也没有），那时无大学可考，孩子又已满16岁，刚好够上山下乡当知青的年龄，居委会天天派人守在他家，动员孩子下乡。他有一个姐姐在唐山市工作，他想让孩子去唐山避避风头。因路费不菲的原因，他不能同程陪送。一个没离过家的孩子要出远门，自然不放心，故来为孩子出行平安测字，翻书得“盘”字，他写的是简体“盘”。

要不要他儿子去唐山，他处在犹疑不决中，这一点我到最后再作解释。

简体“盘”，拆开是“舟在皿中”，不利出行。

皿，《说文》说是“饭食之器”，即盛饭的器具。舟就是船，皿小舟大，最小的船压在皿器上，这皿也会被压碎。

什么时候才会出现“舟在皿上”这种情况呢？只有船沉水底才有这种可能，即“皿碎船沉，船在皿上”。无论这孩子是“皿”还是“舟”，他这次若离家，都不能全身而归。

似乎以上的解说很生硬，其实不然，不妨看看下面的“舟在皿上”的另一种情况，诸君就清楚了。

我见过一个朋友家中的一件摆设。一叶小舟，艄公游客俱全，就摆在一个大碟（皿）中。这也是“舟在皿上”！皿没有破，舟也不会沉。那不是“全身”永在吗？那怎么解释呢？

其实这是谬误。这有两种情况：

第一，摆设不能离室，离室则说明这件摆设已经损坏，不是“舟”损就是“皿”破。“舟已不在皿上”，这时只有丢弃的份儿了。同事的孩子要远行，有如摆设离室，也是“身”不得全之象。

第二，皿也没有破，舟也没有坏，但将这件摆设送人，试想，送出去的东西是不会再回来了啊！以此喻我同事的孩子，那更是直截了当，他不会再归！

所以无论怎么理解，以“盘”字测孩子去唐山的命运，结论都是不宜出行。

而且“皿”字有血字形，出行见血，自然不吉。

我劝同事打消让孩子去唐山的念头。同事也觉得北方乱乱的（当时因悼念周恩来总理而引发的“天安门事件”刚平息不久），他也不放心，于是决定不让孩子去唐山，而让他到乡下的外婆家躲躲居委会的同志们。

1976年7月28日唐山大地震，我同事姐姐一家遇难，他悲痛之余，也很感谢我，说阻止了他搭上一个儿子。其实真正应谢的是他自己，他若不犹疑来测字，怎能有此机缘呢？

前面说了，儿子出行，他处在犹疑不决中，关于这一点，看看繁体“盤”就清楚了。

繁体“盤”的上面是“舟旁加殳”成“般”。“殳”中有“又”，这“又”就是“手”，因此，“般”字的雏形是一只手拿篙撑船的形象，仅用一只手拿篙撑船，船既有移动的可能，也有打转儿的可能。因此“盤”最初的含义是回旋不前的意思，故说他在犹疑之中。

我还特别向他说明一点：“皿”字与“血”字同源。皿是盛饭的工具，也是祭祀时的用器。血是像水一样可以流动的东西，但它量少，不能用水的形式来表示。作为象形字，血的形象很难画出来。古人想到了祭祀时的牲血，牲血是用皿来盛的，于是就在皿上加一点来代表血，故说“皿”与“血”同源。

听了这点说明后，他才下定决心不让他儿子去唐山的。

# 三十、丘（）

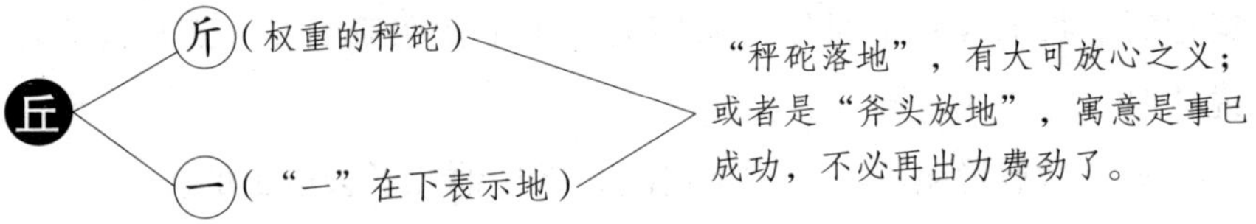


1977年底，某国营大厂招工，这是一个军工厂，条件很好。我同事的弟弟是知青，想进该厂。他来预测，翻得“丘”字。

“丘”字拆开，上面是“斤”，下面是“一”。

“斤”，既是用来砍柴的“短把”斧头——斧头把短，使用方便，挥动自如；“斤”也是权重的秤砣，秤砣权轻重，明察毫厘，所以有“斤斤”一词，引申是明白、清楚。

“丘”字之下是“一”，在下是表示地。那么“丘”就是“秤砣落地”，有大可放心之义；或者是“斧头放地”，寓意是事已成功，不必再出力费劲了。无论是“秤砣落地”还是“斧头放地”，都指示得明白、清楚，他进这工厂不成问题。

只是“丘”字起笔为一撇，与“凭”字中始笔之撇还有所不同，它占据了整个字头。撇（丿），我在前面已提到，预测事时是不顺，预测人（事）是“犬伏户下”，那么占据字头的一撇，以它寓事，是事（在此即招工进厂之事）起始时有阻力，且这阻力有盖头盖脑的劲度。但从“丘”字整字看，终了却无问题，这不但是因有“挥动自如”的斧和“秤砣落地”的寓意之故，还因“丘”字一撇之下的四画横竖分明，又紧成一体，毫无间隙可乘的原因。

后来得知，我同事的弟弟的确进了那军工厂，不过中间有一段插曲，它和当年国家处境有关：“文革”刚刚结束，百废待兴，国家正在艰难时期，十余年积压的庞大劳动力，要一朝解决，谈何容易？为能进厂当上一名工人，知青之间，竞争激烈。何况这个军工厂是国营大厂、名厂。连自己的子弟想进也难，社会上的青年一般若无来头，想也别想。

我同事虽无来头，但他弟弟争气，是地区知青模范，为给他弟让出名额，厂里拉下了一位车间主任的儿子——盖头盖脑的阻力即来于此。这位主任不服，四处托人，因此进厂名额几经变换，最后才敲定他弟弟榜上有名。

也是冤家路窄，他弟弟偏偏分配到这位主任的车间，那关系自然难处了。其实这一点，在“丘”字中也有交代。因他未问及，我就不曾提到。

按“丘”字的籀文，是两个“背对背地站在地上”的人的形象，自然是关系不协调；“丘”，也是两座小山头的象形，有互不服气的含义。

# 三十一、冬（）

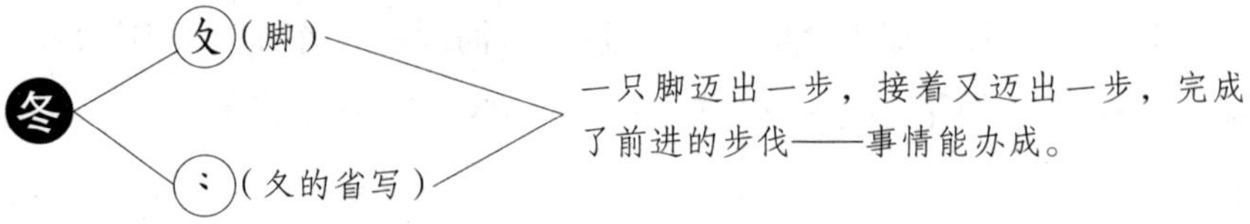


仍是1977年工厂招工的事。同事的女儿也是知青，他家里子女多，生活困难，希望女儿早日参加工作以减轻生活压力。翻书得“冬”字。

“冬”字是个形声字。它的原始字形是一条弯曲的小绳，在绳的两端各打一个结，用来表示一件事情的终结。一年的终结是冬，于是就以一绳二结来表示冬。

一绳二结，即一头一结，那事情的了结就有两种截然相反的结果：一是好，二是坏。具体到他女儿招工的事，是行还是不行，似乎不好判定。其实不然，因为冬后是春，春给万物以生机，因此他女儿进厂参加工作最后能敲定，只是较迟而已！就如“冬尽春来”。

以他女儿进厂一事而言，他现在处的时序还是“隆冬”之时。这就是说，事情虽然能办成，但其中困难不少，即如寒冬；而且时间拖得较长，要到招工结束，他女儿才能接到入厂的通知。

这是因为“冬”是万物蛰伏之时，寓意办事难。所以说“困难不少”，需“冬尽春来”，方有好的结果。故说时间会拖得较长。

上面是根据“冬”字一绳两结、“冬尽春来”来预测的，若把“冬”字拆开，也可以得到相同的结论。

“冬”字的上部是“夂”（音趾），也就是脚，具体而言是人的一只跨出去的脚。所以《说文》说它是“从后至也，象人两胫”。

“冬”字下面是两点，根据汉字的书写规则，字下的两点是“夂”的省写。因此这两点表示的也是脚（夂），一只脚迈出一步，接着又迈出一步，完成了前进的步伐——事情能办成。

两个半月后，别人早已进厂了，他的女儿才收到招工录取的通知。后来他向我讲述过其中的艰辛，末了他说："真可以写成一本书！找一个极普通的饭碗，想不到有这么多名堂，她上班一年的工资，还只够我送礼的花销呢！"

# 三十二、甫（）

甫——“甫”字中一竖，可以分成五个部分，“门”中占三，看来这位大叔，大半生都不太顺

1978年夏，我出差到汉中某部队，部队驻地远离市区，天热路长，见道旁有个卖西瓜的凉棚，于是买了半边西瓜，坐进凉棚内歇脚，边吃边与卖瓜的大叔聊天，闲谈中发现这个大叔《诗》《书》纯熟，学问笃厚，吾欲附其尾，恐犹不及。心讶西北多奇人，我问他姓氏，他说姓“甫”，并用瓜刀在地上写了个甫字，其中一竖虽长却曲。我即用“甫”暗测其命运。

“甫”字不能拆开，按理，一般字不能拆，内在变数不会太大，大叔现在卖瓜，以后命运的变化也不会太大，即这大叔以后难得有好的境遇。

“甫”这个字很有特色，一竖上下直通。先看与它字形相近的两个字：用和再。“用”字中一竖上不破“冂”，“再”字中一竖是上不破“天”（一横在上为天）、下不破“地”（一横在下为地）。而“甫”中一竖串通上下，其上冲“天”而出，又有一点在旁（一点表示小小的火光），看来这位大叔非一般卖瓜者流，必有过小小的“出人头地”的日子；只是入“门”太深（甫字中，一竖大部在“门”内），小小的“出人头地”的日子短、大大的落难的日子长（关于“门”，前面篇目中多有解释，这里不再重复）。

明末周亮工（栎园）为病人测病情吉凶，卜得“申”字，病人书写的“申”字，整体很刚劲，但“申”字中最后一画（竖）的中部带有燥（枯）笔，周亮工对病人道：“你不必强撑，快快回家休息。”旁边坐

的朋友待病人走后问拆字结果，周回答道："丹田已燥，其人必死于来日申时。"后来果然如此。引用这个故事，只是想说明笔画在拆字中的重要性，尤其是竖（申字中一竖也是上通下达），往往代表的是来测字的人，何况是贯穿整字的长竖——那么"甫"字中的一竖代表的就是这位大叔。大叔所书"甫"字的竖虽长但弯曲，这说明他人生不顺。

"甫"字中一竖，可以分成五个部分，"门"中占三，看来这位大叔，大半生都不太顺——既包括现在，也寓示将来。

暗暗拆完字后，我想引导他讲讲自己的身世，看看是否与所测相合。他苦笑了一下，不愿多言，只说了一句："有什么好说的呢？要是我死得早，木已拱矣！"翻译成白话是："死得早的话，坟旁的树木都有碗口粗了！"

三天后，我原路返回，又经过那西瓜棚，大叔不在，换了个小后生在卖瓜，我又买了半个瓜，又借机坐进了凉棚，问那后生前几天卖瓜的老人是他什么人。后生说，那是他爷爷，今天下田收瓜去了。他见我与他爷爷相熟，就与我聊起了他爷爷。他爷爷早年在西安读书，正是抗战最艰苦的阶段，国民政府呼出"十万青年十万兵"的召唤，他爷爷毅然中止学业，投笔从戎，追随孙立人将军，加入远征军，到缅甸抗击日寇，后来随部队辗转至印度。1945年日寇投降，他爷爷全身而返，脱下戎装，再度求学，参加了地下党组织。解放后分配到汉中某中学教书，担任学校党总支书记，后来调到县教育科当科长，1960年被划成"右倾机会主义分子"，不过也没有过多为难他。但到了1965年的"四清运动"，解放前的事情发酵了，原来查出，他曾参加过"三青团"，但此事他一直没有交代出来。"四清"中查出，自然没有好的结果。于是将他开除出干部队伍，遣送回乡，监督劳动，至今十多年了。"我为爷爷不平，为国家做事有什么错啊！"看来这小后生涉世不深。

这个大叔后来再无缘相遇！

“甫”字一竖大部在“用”字中，为什么不把“甫”字下面部分拆成“用”字呢？因为“用”本身表示的是“钟鼎之身”，钟鼎是国家重器。“竖在用中”，引申是（竖）为国家服务，大叔在卖西瓜，明显不宜。

# 三十三、麻（麻）

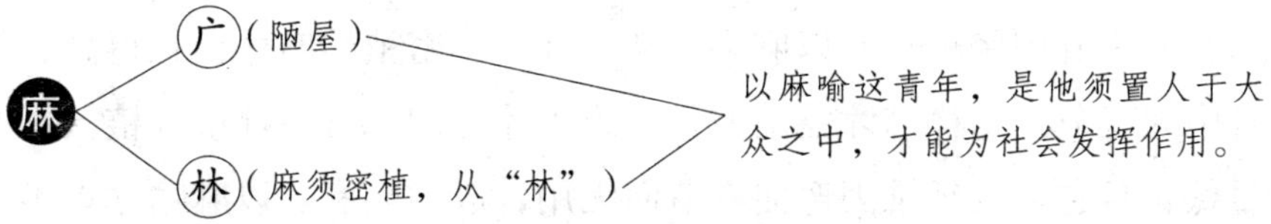


1978年秋，一天清晨买菜，见一位个子高大、衣衫单薄的青年坐在菜场外的石凳上，那时全国正在放映印度电影《流浪者》，我心有所感而暗暗为他测命运，卜得“麻”字。

麻，现在的城里人很少看到它。这是一种丛生性植物，过去，农民将它种在房前屋后，所以“麻”字从“广”。《说文》说“因广为屋”。按《说文》的说法，“广”是一面有墙的简陋房子。那么“麻”就生长在人家的屋檐之下。以此喻人，是寄人篱下的苦命人，这青年可能居无定所、随遇而安，至于事业，更无从谈起。

古时的丧服都是用麻布缝制的，故有“披麻戴孝”的成语。以此推之，这青年的父母，至少有一人已经不在人世。

麻收割后，取其皮纤维做布、绳等等。因麻纤维粗，只能制成低档的纺织品，如麻袋、麻布。也就是说，麻不能纺织成高档的衣料。一般以为，麻无大用，以此喻人，是人无大作为。注意我说的是“一般”，因为这是麻为人们所熟知的一个方面。

不为人知的另一个方面，是麻的用途超过了我们的想象。我国唐宋二代，凡拜将相的诏书，都是用白麻纸或者黄麻纸（据说，翰林拟诏用白麻、中书拟诏用黄麻）写成。特别是大将出征，（拜将）坛前宣读的就是用黄麻纸写好的诏书。

那么这青年是“麻布”还是“黄、白麻纸”呢？

眼前看来，他是没有大用的“麻布”。为什么这么说，还需提到麻。原来麻需密植，所以麻字亦从“林”。密植的麻才会长得高、直，且中间无节。这样麻才能高产，纤维也才有用。若单株或稀植，不但产量低，且它的皮纤维因弯曲有节而无用，成为弃麻。以麻喻这青年，是他须置人于大众之中，才能为社会发挥作用，如果他一个人离群索居，则如单株种植的麻，会“弯曲”生长，对社会无用，为社会所弃。看这青年目前的状况，是个离群索居的流浪汉，如此下去，就如曲长的麻，不可能有出息。若把他放在“大众之中”，就像将麻夹直一样，还是有前途的。例如参军，就可将他夹直，若参军又处战争之中，这青年或有作为。

因卖肉的铺子还没开门，我就坐到他对面的石凳上，他朝我很有礼貌地点点头，自然我用更客气的笑容来作答，因为我为“麻”字想了解他。

时序已是深秋，早上偏凉，我见他衣衫单薄，便问他冷不冷。他说习惯了，不冷。于是我们就攀谈起来。

陌生人，我有先看看其人长相的习惯。这青年高大壮实，国字脸、大鼻头，眼小但有光。手以及面部干净无污垢，看上去很威武，不像常见的流浪汉。

他说他是安徽人，一个同乡在此地卖艺（杂耍），他来投靠不遇，只得逗留于此。想在菜场附近的码头做临时搬运工，筹集回家路费，可人家不收，他问我能不能帮帮忙找个临时的工作。恰巧，我岳母在运输公司做会计，这码头也在她公司辖内，要不要人，我不清楚，我要他在此等等，到上班后再说。

我买好菜，等到八点，去找岳母，如此这般地说了，岳母说只要人可靠，她可以去与搬运队长联系，我说我看这青年可以。

这样他进了搬运队当计件的临时搬运工。因他身壮又肯卖力气，重件难活儿都由他承担，为人又和善，只一天，就在搬运队站住了脚。队长对我岳母说，小陈——这时我才知道他姓陈——吃得亏，于是留下了他。

一来二往，我知道了小陈的身世，他真是一个苦命的青年。

1960年全国大饥荒，他父母饥饿难耐，双双吃了观音土，结果双双腹胀而死（麻为孝服，以吊先人。我前面说了，他的父母中至少一个不在人世，谁知两人同时而殁），那时他才一岁多，襁褓中失怙、失恃，是人生的大不幸。所幸的是家住百里之外的舅舅收养了他——真正是寄人篱下。

上面说了，以麻喻人是苦命人，他自幼失去父母，苦命自不用说。其实“麻”之苦，还在于麻收割之后，收割后的麻秆要沤于水滨，直至秆芯腐软，然后取出反复捶打，再剥皮抽秆方能得到有用的麻（纤维）。所谓“苦后得麻”，就是说的这情况。以此喻人可联系两点：一是人刚成年之时——这里要说明一点，不是等到开花结籽后麻才收割，而是麻长成即收，以此喻人是人刚成年之时——更深的苦难方才开始；二是小陈也许和麻一样，要通过反复地捶打，才能有利于社会。

小陈的成长确实如麻。在野菜当饭的生活中，他度过了童年。前年刚满16岁，不幸舅父舅母又相继走了。一个刚成年的孩子，到了如麻收割的季节，苦不堪言的日子开始了。因他是外乡人，舅父所在的生产队拒绝分给他口粮，舅父的子女也不容他居留，无奈，他回到了自己的家乡。家乡虽然愿意接纳他，但那是个穷地方，出一个满工（即10个工分）才8两粗粮5分钱。他又无房无产，连盖的被子、吃饭的碗筷也是亲朋送的。熬了几个月，实在无法，跑了出来。

当时正值“文革”后期，他从皖流浪到沪。他说，流浪虽苦，但很自由。他在上海郊县待了近半年，说那是他最快乐的时候。他受雇驾过船、打过鱼、烧过窑，只要能糊口的事他都做。一天帮人挑红砖路过集市，恰遇民兵检查证件，他哪有什么证件？于是被作为“盲流”人员

“收容”。送到收容所，一番拳打脚踢之后，接着是鞭抽水淋（那时是冬天），实在受不了，只得说出了家乡的地名，第二天，把他押上囚车解回了老家——真是割后之“麻”，捶打后再抽芯去皮！

在老家待了一年多，每天出工之后回家都要饿肚皮。架不住饥饿，又跑了出来，上海不敢去了，为寻找老乡组织的杂耍团，就到了此地。

参加搬运队大约两个月后，他来找我，说接到堂兄来信，家乡冬季招兵工作已经开始，他想回去报名参军。

这两个月，他赚足了路费，多余的钱，还买了烟酒，要送给我。我怎么能收他用血汗换来的钱所买的东西？他上火车时，我把东西放到了他的座位上，请他转送给他的堂兄。

火车开动了，他突然探身窗外（那时没有空调车，车窗可以开启）大声对我说：“我已经同（搬运）队长说好了，参军不成，我还会回来！”

他没有再回来——当兵了！

他参加了第二次保卫国家疆土的对越自卫反击战，立了军功，推荐入炮兵学校学习，成了一张上等的黄麻纸。

# 三十四、宿（）

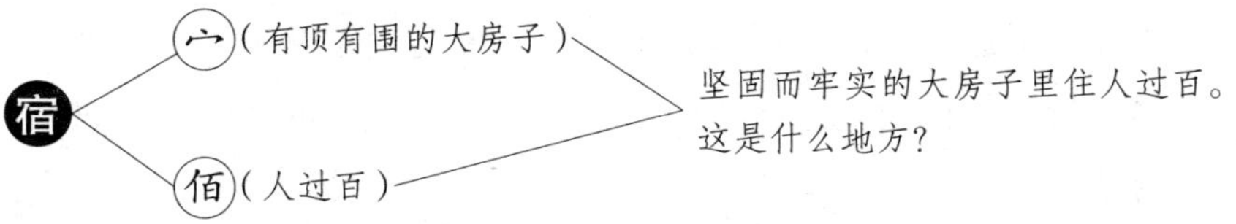


这是很早以前的事。1979年底，我到某地出差，在火车上遇到一位青年军官，与他同行的还有个十四五岁的少年，军官就睡在我对面的下铺。刚修好不久的新线，可能绕山的路基不太好，火车走得很慢也很颠簸。进入夜间行车，少年早已在中铺入睡，军官耐不住寂寞，拥被半躺，与我拉起了家常。他要我猜猜，这少年是什么人，萍水相逢，漫天猜职，怎能估中？故暗自以字占之，得“宿”字。

看“宿”字的结构，它的上面是一个宝盖头“宀”（音绵）。这里要联系到“广”字。在解释“广”字时，说“广”字是一面有墙壁的大房子；“宀”字就不同了，它是上面有顶、下面四周都有墙壁的大房子，与“广”相对而言，这房子坚固牢实。

“宿”字，宝盖头“宀”的下面是“佰”，“佰”是百的大写，拆开是“人、百”。这样用“宿”拆字的寓意就很明了了：坚固而牢实的大房子里住人过百。这是什么地方？“宿”字虽有“家”字头，但百人所卧之处，绝不是家。我所知道的，只有三种可能：一、是年轻人向往的军营；二、是学校，修炼之所；三、是大家避而远之、如堕地府的监狱，系森严之处、望而生畏之域。

这少年应是这三种之一的牢实而坚固的大房子内的人。

看这少年才十四五岁，不到入伍年龄，且又未着军装，懒散的样子不像军人；那么只有另两种可能：要么是学生；要么是严实的大房子内的人，即囚犯。

我说出了这个结果，军官大吃一惊，说这少年既是学生，也是犯了“错误”的人。他问我怎么猜中的，我当然不说由拆字所知，只推说是瞎估而已。

这位军官告诉我，这少年是他们军分区司令的儿子。他说：“你可别小看了他，他虽是初中学生，但手下有几十号人，一声令下，这几十号人，木棍铁条、砍刀斧头，打仗勇敢得很，上个月就在我们军分区院内，把一个新兵打成了重伤。”

“军分区大院内，谁也不敢惹他，连参谋长都躲着他走。一个心高气傲的新兵，站岗时扣押了他手下的小兄弟，这还了得，第二天他就指挥人马把新兵狠揍了一顿，致使新兵脑震荡住院。说起来也凑巧，这新兵也有来头，是省军区副政委的公子，也是省城一霸，副政委为教育他走正道，特批他到部队当兵锻炼。被打成重伤后，我们司令两次到省城请求处分。”

这少年见事态严重，连夜逃到外省，半个月前因偷东西被当地公安抓获，架不住公安刑讯，只得交代了自己的来历。“因此我才有这趟苦差事：把他押回。我两夜都不敢合眼睡觉，怕他逃跑。”军官打着哈欠说。

# 三十五、登（登）

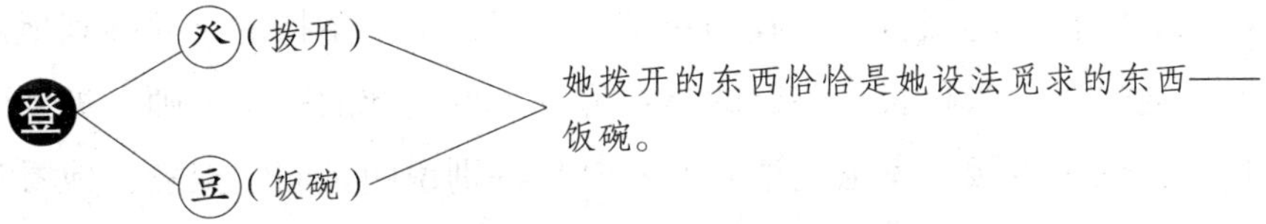


1968年，有代课老师转正的消息，僧多粥少，名额有限。在某县中学代课多年的一位女老师来测字，翻书得“登”字。

《说文》说：“登，上车也。”《玉篇》说：“登，上也，进也。”看来这是个吉祥的字，求职应得、求财应发，不过我们还需拆开看看它内在的情况。有的字看起来吉，其实内部结构不相协调，这种字从测字的角度看，叫“外吉内咎”；有的字则相反，是“外凶内秀”。“登”字是一个典型的“外吉内咎”的字。

“登”字的上部“癶”（音拨）现在已不独立使用，仅作部首。它是两足张开的象形，原意是把脚伸出去，把足旁的东西拨走（因此它读音也是拨）。她想“登”，想“上车”，就必须把脚旁阻碍她上车的东西拨开。要拨开的是什么？要拨开的是“豆”。对“豆”的最通俗的理解是食物，其实它也是盛食物的器皿的象形字。所以《说文》说：“豆，古食肉器也。”无论取哪一种含义，都与“饭碗”有关，她拨开的东西恰恰是她设法觅求的东西——饭碗。

代课老师转正，就是觅一个有同等待遇的“铁饭碗”，不再受人歧视和白眼。她用脚去拨弄“饭碗”，举止不当，可能事与愿违。

我把用脚拨弄“饭碗”的这层意思告诉了她。她沉思许久，讲了一件令她很尴尬的事。

她说：“不久前，几个老同学在饭店聚餐，其中一个同学的先生在县教育局工作，也同来参加聚会。偏巧，在饭店碰到了县教育局主持代课老师转正的张科长，我的转正试讲就是由他主持的，并顺利地由他签字通过。同张科长在一起的是在另一个乡代课的一位老师。见到张科长，我低头哈腰、卑谦地请安问好，且特别说明是同学聚餐，他看到他教育局的同事（即我同学的先生）和我在一起，与他同事微笑问好后，回头问我：‘是这样吗？’他的目光明显告诉我：他怀疑。但因请我吃饭的同学及其他几个朋友就在身旁，不好多做解释。我知道他一定误会了，他以为我找了教育局其他人的关系，所以来饭店请客吃饭，而忽略了他，把他撂到了一旁。我和他握手时就心跳忐忑，不知如何解释。确实我也不知如何解释，害怕越描越黑。害怕他误会，结果还是误会了。当时他的问话就让我背脊发冷，一种不祥的感觉直袭我的心头。我和他告别时，说改天请他吃饭，他淡漠地摇手拒绝。”

她“癶”（拨）的正是饭碗。人的命运往往就是这样，一件小事可以改变人的一生。

后来她是否转正，就不清楚了，因为我再没遇见过她。

# 三十六、凭（）

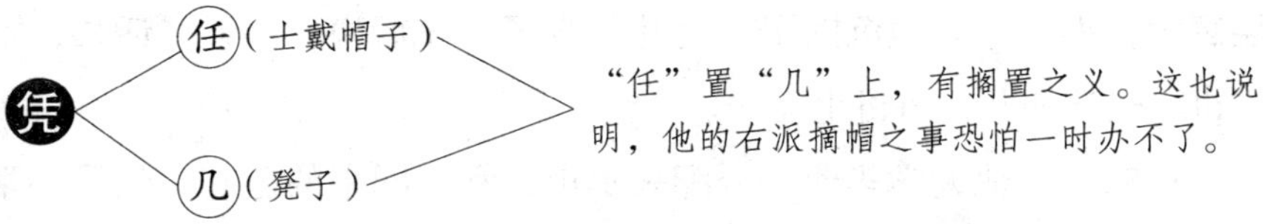


我的同事也是我忘年的朋友（他比我约大15岁），1958年被划成“右派”。1976年“四人帮”倒台，不久后以“阶级斗争”为纲的治国方略结束。1980年，“右派”们相继平反，他来预测自己能否摘“帽”，翻书得“凭”字。

“凭”字拆开，上面是“任”，下面是“几”，“几”是椅子。

这儿要特别说几句：我们在后面的篇目中要提到“望”字，“望”的下面不是“王”而是“壬”，含意是“人站在地上眺望远方”，即“望”字下面的“壬”从“土”，不是“王”是“壬”，其实平时我们倒不必那么去较真，但拆字就不同了，必须分清才行。

“任”字中也有“壬”，不过，它和“望”字中的“壬”是大不相同的，它不是“人站在地上眺望远方”，它来自“女子怀孕”时的形象。所以加女就成了妊，加人便是“任”。因此它从“士”不从“土”。有“士”就有始终——《说文》说：“士，事也，数始于一，终于十。”故说有始终。有“妊”就有希望，但胎在腹中，事多磨难。明了这两点，下面的分析就好进行了。

重复一句，任字中的壬从“士”不从“土”，即事有始终。

“士”，也就是读书人，具体而言，当然是我这位老友。“士”上加一撇成“壬”，前面说了，这里的“壬”是女子有妊的象形，孩子是未来、是希望。因此总体而言，他“右派”摘帽平反应该没有问题——事有始终。但妊娠总有痛苦，解怀之时尤甚。我把“解怀之苦”的这一层寓意告诉了他。他沉默了一会儿，叹了口气后说："说来话长，本不当讲，既然如此，讲讲也无妨。"

1953年，他大学毕业，分配来本市，和他同来的还有一位另一学校的毕业生。那时大学生很少也很宝贵，组织上着意培养他们。1955年要提拔一名知识分子当科长，就在他们二人中遴选。"结果选中了我。"他说。两个同时毕业的学生成了待遇差别很大的上下级，那位同学很不服气。

老友工作之余，喜欢浏览百家之言，年轻不谙政治风险。

胡适是他的同乡，也是他的同宗（我这老友姓胡）。他床头曾放过胡适写的书籍——胡先生已被划定为极端反动分子。1957年反右，这事被和他同时分来又曾同室居住过的那位同学揭发——"我还是他的入党介绍人呢！"——老友特别补上一句，可知他心头之痛。不久他被划成右派，被开除党籍、撤职降薪、下放劳动改造。那时他刚结婚，还算好，妻子贤惠没有离他而去，算是不幸中之大幸。那位经他介绍入党而揭发他的同学，因举报有功，"阶级界限"分明，立刻被提拔坐上了他以前的位置。之后扶摇直上，现在是副市长、"历史遗留问题处理办公室"主任。我的老友所以担心右派帽子摘不了，就因此故。

回到"凭"本字。前面说了，"凭"字的下面是几，"几"是凳子。"任"置"几"上，有搁置之义。这也说明，他的右派摘帽之事恐怕一时办不了。

不久，市里所有的右派都甄别完成而且平反了，他的结论也下来了，大意是："胡适是最反动的文人，某某追捧胡适的错误是客观存在的，在中央未对胡适结论更改前，某某结论暂缓。"

真正是"解怀之苦"。

"害人之心不可有，防人之心不可无"，难怪古人如此说。大约确实是"害人之人处处有、时时有"的缘故吧！

胡适先生若地下有灵，不知又有何感想，又能写出怎样的文章！

我的老友向上级申诉，一手不能遮天，据说最后胡耀邦总书记过问了此事，老友终于平反——事有始终，并调任省劳动（人事）厅副厅长——产下了一个健康而漂亮的孩子。

# 三十七、田（）

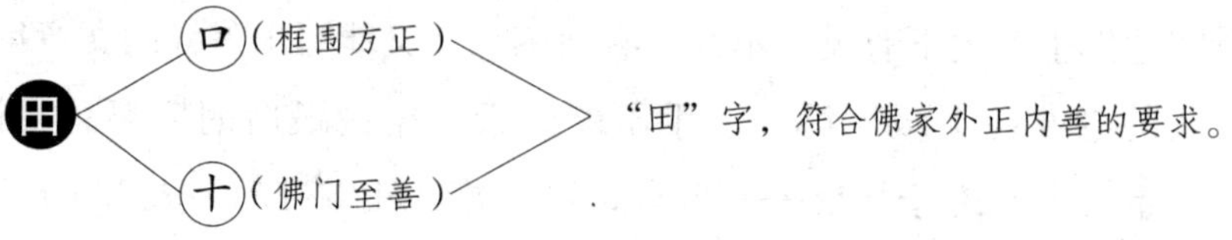


20世纪80年代，一位老太太为女儿来测命运，翻书得“田”字。

老太太说，她女儿叫清清，真正是人如其名。生活中，清清清心寡欲，好洁好静，年近三十，无任何男女朋友。下班后，就把自己关在房中，观看佛家书籍。休息天，常常让她陪同，到附近寺院参拜，一到佛寺，清清就好像变了一个人，与尼姑们谈笑自若，相得甚欢。最近，清清还把常穿的衣服也捐了出去。老太太怀疑清清有出家的打算，但不好把话挑破，因此来测字。

俗人测字得“田”字，要么成圣人，成不了圣人则一生困顿；僧人测字得“田”字，可以修得如来之身。

“田”字方方正正，它不但外面方正，里面也方正。在有框围的所有字当中（例如困字），只有“田”字内外方正；在所有汉字当中，也只有“田”字内外方正。或说“回”字也内外方正，但请细看“回”字，它是框围之内有“口”，世上的是非大多出于口，世上杀生后的荤腥又大多入于口，有“口”哪还有方正可言？而且“回”字，《说文》说是“曲”，我们在“鄙”字中讨论过。

高僧高尼献身佛门，弘扬佛法，在外自然须行为秉持方正，才能成为俗众的典范，赢得大家对佛的尊敬；修行的人，内行（品行）更应方正，时时持戒于心，才能修得正果——修行内外持正。“田”字，外面框围方正，自不用说。而“田”字之内是“十”字，我在前面讲过，它既可表示极善，也可表示至恶。“田”字是“十”不出框围，世间的一切好事坏事我佛心中自晓，佛门修行得正果，善自来于心、恶自舍于身。那么“田”内之“十”对于佛门而言，自然是至善。因此“田”字，符合佛家外正内善的要求。

《说文》说：“田，陈也，种谷曰田。”陈就是“阵”，说明这女孩儿好佛的心阵已成，佛“谷”已种，恐怕难得挽回。她若从佛，有可能修得正果，成为一代佛子！如果一生在俗，可能就无任何作为。因为“田”字四周紧固，外无笔画，也就是围框之外，无任何发展空间。这也是为什么俗人测字得“田”，一生困顿的原因。

俗人测字得“田”，也能成为圣人。“圣人”者，是以天地为围框，情况自然不同，这不需细论。

老太太听到我讲她女儿清清可能与佛有缘的话，不禁哭了起来。她告诉我，三年困难时期闹饥荒，丈夫得了水肿病，转而肝肿大，医院拒治，不久就死了。因没有父亲，清清从小懂事。母亲上班，她管家。前些年母亲退休，她顶替进纺织厂做挡车工，工作虽累，但从无悔怨。不过她从小好佛，平时寡言少语，唯在佛像之前，可以一坐半天，口中念念不断，也不知说些什么。问她，她总说是许愿。想不到她真想皈依佛门。最后老太太说：“她如果这样，我干脆随她一起舍身依佛，我也好佛，她去佛前修行，我去佛前养老。”

有人好佛，弄神弄鬼；清清好佛，出自心“田”。难得！难得！

# 三十八、梳（梳）

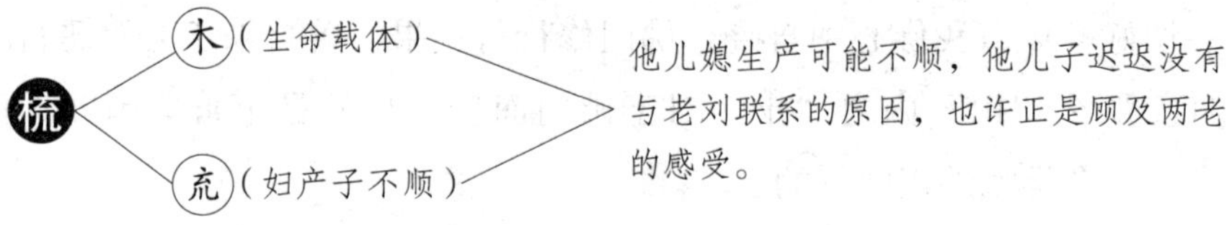


这字与“隶”字篇有牵连。“隶”字篇中提到的老头儿，后来慢慢同我混熟了，他姓刘，我顺口叫他老刘。他知道我好拆字后，就请我预测他儿子的近况。

原来他儿子在某矿山工作，每月按时给两老寄五元钱的生活费，近来连续两个月没有寄钱也没有来信，寄出的信也无回音。老刘仅此一子，他和老婆担心叨念，终日心中不宁。老刘不识字，即指垃圾筐中半截铝合金梳子预测，并说就取梳子的“梳”字。

“梳”字中有木。木，在五行中是唯一有生命的载体，一般指的是活生生的树木，引申是他儿子如树木一样健康地活着，两老不必担心。

“梳”是闺中之物。老刘指半截梳子测字，作为闺中之物的半截梳，物已不全不去说它，又当垃圾弃之，这主闺房中有不顺畅的事存在。我问老刘，他儿子是否结婚，他点头说：“已结婚好几年了，前一段他来信说，儿媳怀孕了，我和他老娘正盼着抱孙子呢，可他几个月无消息，不知现在儿媳生了孩子没有。”

“梳”字右边的㐬（音流），它的原形本是妇女产子不顺的象形。联系到半截梳子和他儿媳怀有身孕，以此推之，他儿媳生产可能不顺，他儿子迟迟没有与老刘联系的原因，也许正是顾及两老的感受。但事情不能长期隐瞒，因此他儿子应该不久有信来。因为“梳”，是梳头用的，引申有理顺之义。

当我再见到老刘时，他告诉我，他儿子来信了，儿媳难产，矿山医疗条件差，好不容易才把大人保住，小孩没了。

# 三十九、荧（ ）

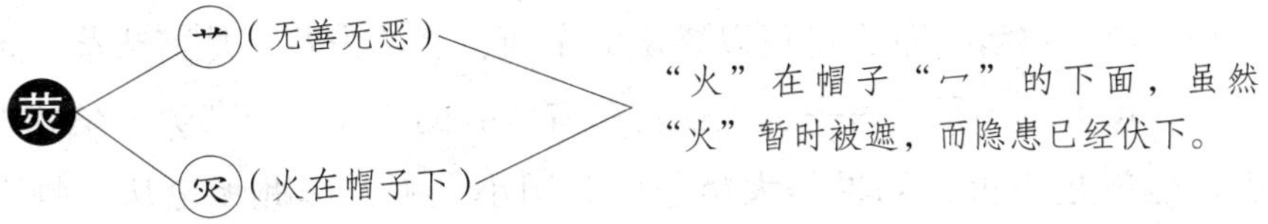


一朋友好钓鱼。20世纪80年代初，某星期天的早晨，他提饵持竿路过我家，欲预测“钓运”，翻书得“荧”字。

“荧”字上面是草字头（艸），下面是“灾”字差一点——今日垂钓虽然无“灾”，但是离“灾”仅差一“点”。

我在“突”字篇将会讲到，“突”字字形似灾字，要“突”必成“灾”。那是因“突”与“灾”字相较，多了笔画，是说较一般的“灾”还要多一些内容，是故难免大灾。所以“突”字篇中的杨山果后来因急急发排——“突”遇山洪暴发，木排冲毁，九死一生。

“荧”字中，上面的“艸”字头我们在前面说过，它是“双十相连”，善恶难成气候，可以不去管它，只看“荧”字下面部分就可以了。“荧”字下面，比“灾”字少一点，故说可以免灾。

钓鱼为何涉及灾？这事还需细说。原来，20世纪的80年代，没有现在专为钓友们设的钓鱼场一类设施，所谓钓鱼，大多是偷鱼。我这位朋友钓鱼的地点是山后的水库，水库今年开始禁钓，他去钓鱼，也成了偷鱼，为此还被罚款几次。若以价值而论，已大大超过了他垂钓的渔获。但因爱好使然，他也不以为意，只要有闲，他必去水库边“静坐”。今日无“灾”，是说他今天不会被罚。罚虽免了，只是他钓不到大鱼，但收获的小鱼会不少。

我们虽不需对“草字头”的从善从恶进行分析，但以“草”本身喻事是可以的。草是数多而株小的植物，以此喻鱼，是鱼条数不少，不过都是小鱼。再者，草也是可以燃烧的东西，有草为薪，是寓柴草已备，这是有鱼可烹的景象——也是他钓鱼有所获的佐证。但“荧”是烛光之火，也就是小火，如果是大鱼怎么会用小火呢？因此无论从“艸”而言，还是从“荧”本义而言，都说明他只能钓到小鱼。

把“荧”字全拆开，其中有“冖”（音密），它原是帽子的象形。“荧”字中，“火”在帽子“冖”的下面，虽然“火”暂时被遮，而隐患已经伏下。我直言相告：“今天可免灾，但无以后。”

他写的是简体“荧”字，如果写的是繁体“熒”，情况就不相同了。繁体“熒”，上下都是“火”，是“灾”可免、受气不能免，而且也钓不到鱼。

繁体“熒”字，既然上下都有火，为什么不说他钓鱼很“火”，能钓到大鱼呢？他去钓鱼，是因爱好所使，等于是偷鱼，偷鱼者能火得起来吗？且“熒”字三个火字，火已太盛，偷鱼不能消化如此太盛之火，故断为受气之“火”。

傍晚他垂钓回来又路过我家，他说，因怕罚款，就在一个隐蔽的地方下钓，没有被守水库的小子发觉，不过钓到的都是小鲫鱼，数量不少，有三十来条，他一定要留几条给我。于是我烹鱼温酒，二人对饮，话家事、国事、天下事，具体说些什么，现在已经茫然不记得了。

# 四十、历（厲）

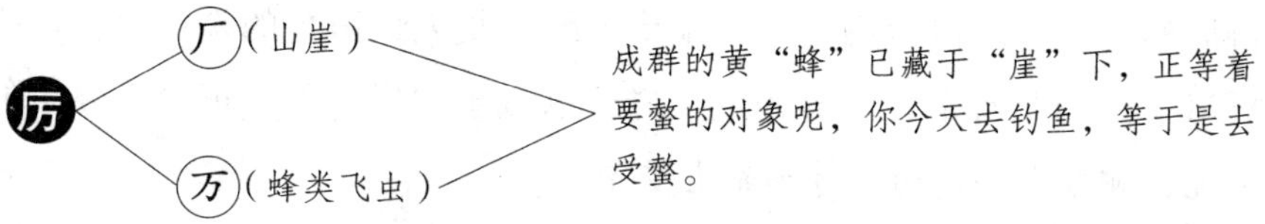


“荧”字篇是预测我朋友钓鱼的事。预测“荧”字后，大约过了两个星期，仍是这位喜欢钓鱼的朋友，因“钓瘾”发作，又准备去水库垂钓，又来预测钓运。上次他翻书得“荧”字，钓了不少小鲫鱼。这次翻书得的是“历”字。

“历”，本来是磨刀石。用石磨刀，刀磨快了，但磨石受损了。这是快了刀，损了石。虽然受损不大，但磨石损失的部分，是不能再复原的了。因翻书得“历”字的是他，这“磨石”就是他，当然受损的也是他，且他受损的内容不可能再“恢复”。引申是他今天去钓鱼，绝不同上次，这次不但难钓到鱼，而且恐怕会咎有余（鱼），因此我劝他不要去了，万一被守水库的人逮着，罚款受气，真没意思。不如在我家小酌，天南地北闲话古今痛快。他回说：“等我的鱼回来下酒。”边说边笑着要走，我拉住他，要他至少听完“历”字拆开的内容再走不迟。

上次拆“荧”字时，我就说过，将无“以后”。是否如此，拆开“历”字便知。

“历”字拆开，上面是厂（音岸），这个字，我在前面已多次提到，它是山崖的象形字，现在工厂的厂字只是它的借用字而已。

我对他说：“君子不立危墙之下，你却欲处山崖之中——这钓鱼的风险实在太大。”

我接着加重语气说道：“‘历’字的下面是‘万’字。这可是一个吓人的字，虽然现在只把它当数目字用，其实它是蜂类的总称。因蜂是群居的飞虫，所以就用“万”来形容蜂。蜇人最厉害的是黄蜂，黄蜂喜居崖下。如此看来，成群的黄“蜂”已藏于“崖”下，正等着要螫的对象呢，你今天去钓鱼，等于是去受螫。”

且简写的“万”是“方”字无头。《说文》说：“方，并船也。”两船相靠而行而无船头（方字无头），岂有不相撞之理？因此我再次劝他免行。他拉我到窗口，指着楼下坐在路边持钓竿的两个男人说：“那是我的钓友，三人成众，有黄‘蜂’等我，我也不单帮。现在打道回家，遭钓友笑话。谢谢你，我小心就是。”终于劝阻不住，他扛起钓竿走了。

我这朋友五大三粗，有些力气，拳脚功夫也不错，仗着这一点，他不怕守水库的人，才敢多次去水库钓鱼。

他走时，我曾与他相约，返回就到我家喝酒聊天。酒已买好，菜已上桌，可是等到天黑不见他来，心想必定出事了。于是急急赶到他家，他爱人还以为他在我家喝酒呢！

一星期后，我才见到他。原来那天他们三个去钓鱼，被水库几十个人围住，扭送到水上派出所，拘留了三天，罪名不用多说。

此后他不再钓鱼了。

前面说了，“厉”是磨刀石。刀快石损，磨刀石所损的部分是不能再恢复的。他洗手不复垂钓，即如磨石之受损部分。

# 四十一、升（）

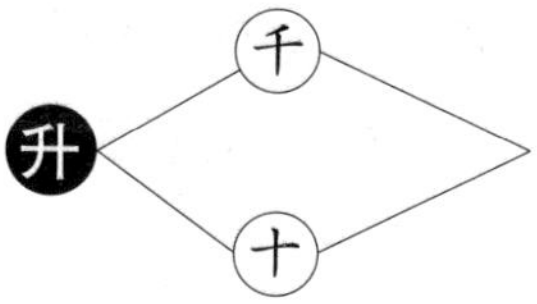


“由千到十”。引申是夫妻分居“千”里确是太远，“十”里左右，引申是距离大大拉近，也算将就了。

这是预测工作调动。1981年3月，同事带一亲戚来，说他亲戚夫妻两地分居，妻子带着两个孩子在老家乡下教书，孤单无援，生活窘迫。申请将妻调来，数年不见动静，故来测字。翻书得“升”字。

当年，农村户口进城，叫农转非。同事亲戚爱人的户口属乡镇，这种情况，虽不隶属农转非，但由乡镇调入城市，同样也难。

“升”字是个喜吉的字，尤其是汉字简化后，“升”与“昇”一般通用。它既是“升斗”的升，也是“上昇”的昇。不过纵使有喜上升，也无斗（音抖，一斗十升）石（音担，一担十斗）之多，仅升合（一升十合）之喜。也就是说，喜吉是有，但不足庆（贺）。

将“升”字拆开，左边是“千”、右边是“十”。千和十都是数字，所以“升”字拆开的寓意是“由千到十”。“千”这个数字不小，“十”这个数目不大。引申是夫妻分居“千”里确是太远，“十”里左右，引申是距离大大拉近，也算将就了。这样看来，他爱人调动可以成功，只是调到一起难，稍稍有段距离，应该没有问题。由“千（里）到十（里）”，这也符合上面所说的仅“升合之喜”的含义。

同事亲戚问：“大约何时调动可成？”

我说：“‘升’字的笔画少，字也不偏拗，是一个很平常的字。以此推之，应该说时间不会太长，也不会太难。”

同事亲戚说：“难啊！几年都不见动静。”

既然如此，我们不妨再看看《易经》中的升卦。

"升"字四画，根据动爻的求法，四除以六余数为四，即升卦的第四爻是动爻。升卦第四爻的爻辞说："王用亨于岐山，吉，无咎。"《象传》说："王用亨于岐山，顺事也。"

若按字面来解释，王是周文王，亨是享用。这里的亨是指祭祀神灵、天地享用的牺牲。过去，小的祭祀月月都可进行，大的祭祀每年一次——一般都在秋收之后。测字时是3月，还没有到秋收的季节。按小祭祀推之，是本月即可成功；按大型祭祀推之，最迟今年秋后调动可成。

祭祀是要献上牺牲的。过去牺牲的内容是牛、羊、豕；现在可以五花八门，越多越高级越好，所有的祭品，"神灵"都愿意"亨"用。不献牺牲祭品，"神灵"无物可"亨"，它就不"灵"了，"吉无咎"也好，"顺事"也好，当然也就不存在了！

我问他亲戚："你献上'牺牲'了吗？要今秋调动'顺事'，是在有'亨'的前提下啊！"

春节团拜时，同事告诉我，他亲戚的爱人已调到郊区的一所小学教书。他说："亲戚为爱人的调动辛苦了几年，最后以两段高级毛料作为'牺牲'，解决了问题。"

那时生活水平低，两段毛料，大约相当于一个工人两个月的工资。

# 四十二、深（ ）

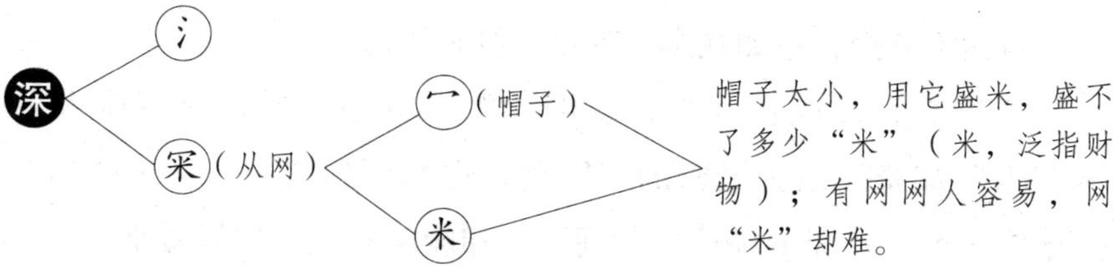


20世纪80年代，政策已经渐渐放开，允许私人开门行医。老朋友梁先生父子，是祖传中医医生，医术精、医德好，尤善治疑难杂症。他们想开一家私人诊所，普惠街邻。但一方面担心个体行医困难，业务难以开展；另一方面担心政策有变。因此来测未来，翻书得“深”字。

开私人诊所，梁先生虽怀善心，不过毕竟不是慈善机构，离不开商业性质。在商言商，纵是良医，也离不开利。“深”字，左边是“水（氵）”，右边是“罙”（音迷）。字中有水存在，看似大好，至于能不能流入梁先生父子家中，那就是另外一回事了。

“罙”有冒进之义。政策虽然渐开，但在城市，对于私诊，几十年被禁，人们还不习惯，也不信任。更主要的是医药费用无法报销，各国营或者集体单位，都不会承认私人诊所的医药票据。纵使水（氵）源滚滚，流入他家也难。这是从当时的实际情况而言。就“罙”字本字来说，也是一样。

“罙”字拆开是“宀下米”。“宀”的字形本是帽子的象形。

帽子太小，用它盛米，盛不了多少“米”（米，泛指财物）；用它遮掩，也遮掩不了多少“米”。再者，“罙”旁的水（氵），打湿帽子容易，流入帽内蓄存可难。并且用打湿的帽子掩米，易使米霉质变，那时叫苦也来不及了——其中的寓意甚多也甚深，就不多做解释了。

而且，就“深”字本字言之，凡在游泳池游泳过的人都知道，水深两米，即为深水区。梁生父子，自开诊所，即如下水游泳，遽涉深水区，自然不安全，不如在岸上观察一段时间稳妥。

《说文》又说："罙，从网。"从拆字上看，有网网人容易，网"米"却难。因为最密的"网"，也网不到"米"，更"网"不到"水"（氵）；而最稀疏的"网"，却能网到人。这样看来，他父子更不宜"冒进"地入"网"。

我问梁生，现在的公立医院很牛，干了几十年，临近退休，为何要跳出来。他说："我所在的医院的确很牛，但个别同行，行医而不业医，我不从流，就得罪了同事、领导；从流却又于心不安，我祖宗有训'救国者宰相，救人者郎中'。古时读书人常说'不为良相，便为良医'。我，无能为良相来救世，既然已经做了医生，救人就有不可推卸的责任。至于如何去救人，其中大有讲究。我儿子虽从小跟我学习中医，为了系统地掌握医学理论，他考入了医科大学，去年毕业，分到我们医院，天长日久，我怕他习于流俗，忘了祖训，有负祖宗，那时哭都来不及了。"

既然"罙"有冒进之义，而"深"字中的"水"又不能蓄存，因此，我劝他暂时放弃私人行医的念头。梁生听了，觉得有理，于是暂时打消了自己开业的打算，直到1995年，梁生退休，才自开诊所，治病救人，以扬祖训。

# 四十三、鄙（）

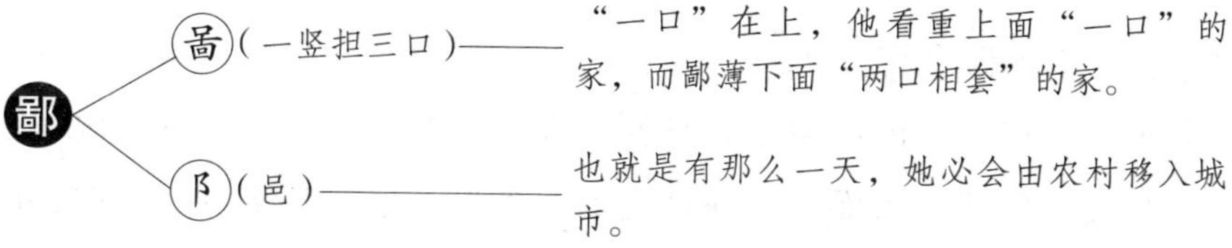


为支援农村集体经济，我们单位将部分产品的零件委托给郊县的社队企业加工。1977年秋，我奉命去加工点查看生产情况和处理一些技术问题。到达的第二天清晨，起床漱洗后，我站在“招待所”前面的禾坪上迎接朝霞，欣赏山村的宁静清幽。突然常驻此地的同事老汪叫我，他的身后站着个抱孩子的年轻女子，我走过去，老汪介绍道：“这是小赵老师，她想请你拆个字。”我问她测何事，她说想测家庭的命运，随即翻书得“鄙”字。

见到“鄙”字，我心中微微一抖，用它测家庭命运不是好字。

按照习惯，给陌生人测命运，我须先看看她的长相。小赵老师是个很年轻的女孩子，那时我也年轻，不好意思多瞅她，只趁她书写“鄙”字的瞬间，扫视了她一眼：她发黑额润，眉长鼻秀，双耳贴脑，耳垂丰厚，肤色白里透红，虽咬唇凝眉，有愁苦之相，但掩饰不住她那天生的美丽。“鄙”字命中带滞，而看她的气质，又不似命运长期蹇涩的人。

“鄙”去耳（阝）为“啚”，音义相同。所以“啚”是“鄙”字的主体，不妨先以“啚”代“鄙”拆之。“啚”与“品”字一样，也有三个“口”，但与“品”字不同。它是上面一口，下面二口相套，中间一横将上下之口隔开。字中只有唯一的短“竖”以连上下。

先说“竖”。竖，拟人也就是小子。竹林七贤之一的阮籍看不起刘邦，在评价刘邦时说：“世无英雄，遂使竖子成名。”所以后来一般把“竖”作为男子的蔑称。在本书不少的篇目中，也往往将“竖”比拟成男子，这里先做个交代。

再说“口”。前面说了，它就是人。因没需要，没有具体说明它是男还是女，仅泛指人而已。在特定情况下，“口”其实专指女性，所谓“男丁女口”，“啚”字中的“口”就是指的女子。

交代了这些，回到“啚”字所测的事情。小赵老师来测家运，除关系到她的命运外，肯定也涉及她的婚姻。

“啚”字，“一竖担三口”。因三口分成上下两部分，这男子，即她的丈夫，很可能有两个家，从“啚”字字形看，“一口”在上，他看重上面“一口”的家，而鄙薄下面“两口相套”的家。“两口相套”，她手中抱的孩子很可能是女孩儿，问之果然。“两口相套”是“回”。《说文》说“回”是“曲”的意思，无论是命运还是婚姻，“曲”对她和她女儿来说，都蹇涩。难怪她面带愁容。

上面说了，一口在上、二口相套在下，她丈夫重视的是另一个女人，轻视的是她和她的女儿。“啚”中短竖是她丈夫，她这丈夫不但可以蔑视为小子，而且还是个应鞭挞的坏东西。

再说“鄙”字的偏旁“阝”，“阝”是“邑”的变体。邑是城市，她在农村而得邑，表面看起来很难解释，其实不难，前面拆字的内容，是以“啚”代“鄙”。但她翻书得的是“鄙”，其中有“阝”，别看她目前在农村，未来的某一天，她终将归“邑”，也就是有那么一天，她必会由农村移入城市。

我对她说：“‘鄙’字中的三个‘口’字，上面的‘口’虽与你隔绝，但对你以及你的家庭非常不利，至于婚姻，我一向是劝和不劝散的，而你的情况，我茫然不知，不好发表意见，只能请你自己拿主意了。不过，你也不必愁苦，你现在虽在农村，从‘鄙’字上看，将来的某一天，会有进城发展的机会。关于这一点，我并不是在安慰你，完全是据字而言。”

她道谢后，抱着孩子走了。傍晚，送来一小篮橘子，说是自己家里种的（当地产橘），刚下果，请我和汪师傅尝鲜。

晚上，我和老汪一面品橘，一面谈到了她。老汪说："她是本地人，高中毕业后在公社农中代课，因为长得漂亮，追求她的人很多，她就是嫁错了人。这事说起来话长，前几年知青下乡，因知青点还未建好，几个知青就临时住在她家，其中一个姓汤的知青，拼命追求，她为情所折，最后嫁给了他。生了个女孩儿，已经两岁多了，这汤某的父母算是老干部，不过重男轻女的传统思想特别突出，媳妇是农村户口，本已不高兴，再加上得的是个孙女，说是绝了后（当年无论城市还是农村，都不准生二胎），不许小赵再进家门。按政策，在农村已经结婚的知青户口不能再返城，1975年，这对老干部想尽办法，让汤某回了城、进了厂。谁知这汤某是个浪荡子，进厂不久，就和厂里一个女子好上了，虽未结婚，但这女子早已住入汤家。小赵不服，告到市府，市府调查，汤某父母说是他们认的干女儿，这事就不了了之。去年，汤某以感情不和为由，起诉离婚，因小赵在哺乳期，法院不受理。前不久，汤某又起诉，学校的老师、周围的农户、公社领导和县妇联，都很同情小赵的遭遇，但又都劝小赵离婚，这样的浪荡子、这样不讲情义的家再待下去也没意思。"

最后，老汪说："关键是她生了个女孩儿，要是男孩儿，儿子浪荡，老子会管，小赵就不会是现在的处境了。"

一年后，我再到这加工点时，小赵老师已转为公办教师，到市党校进修去了。村民说，她的不幸引起了相关部门的关注，着意培养她，她才有今天的机会，当然也离不开她自己的努力。

又过了大约两年，偶然得知，小赵已留在市郊区教育局工作，汤某的后妻因同汤某一样浪荡，婚后不久就离婚了，汤老夫妇后悔不已，于是又到处找关系，要撮合小赵与汤某复婚，不顾小赵愿意与否，强行把小孙女接入家中抚养，以此来打动小赵的心。

绝情结发妻、抛弃亲生女，陈世美真是代代有。现在又要复婚，这汤某连陈世美都不如，枉为人一生！

此事虽与婚姻有关，但主要是演示人的命运的变化，才有婚姻的悲欢，故录入命运篇。

# 四十四、车（車）

车——简体“车”字像“牛”字之上加了一横。牛角套枷，这牛的行动就失去了自由，引申到人，是主牢狱之灾。

1983年，人民公社体制不复存在，农村劳动力富余，一远房亲戚在家无所事事，想外出闯荡，行前特意来我家预测出行的吉咎。翻书得“车”字，他写的是简体“车”。

先说一桩故事。明朝神宗末年，福建惠安人郑仰田善预测，他就曾用“车”字预测过一同年复职之事。

明万历二十二年，东林先生顾宪成革职还乡，郑仰田与顾为同年。一日，顾宪成邀郑至家小酌，因离用餐时间尚早，郑与顾一起观看两位朋友下象棋，只见一方吃下对方一“车”（音居），顾宪成随即取“车”在握，对郑仰田说：“君试用‘车’字测之，我可复职否？”——原来明末魏忠贤阉党专权，无情打击、迫害居正不阿的官员，顾宪成也被挤出庙堂。但他还想为国出力、东山再起——郑说：“车已出局（出象棋棋局），哪有复入的道理？除非他们再敲枰取（棋）子。”于是两人继续观棋，待棋局决出胜负，已是酉时，顾宪成家人连呼吃饭，大家只得收枰入席。郑对顾说，“棋无下局，君今生亦无望再入仕途！”后来虽然魏忠贤被诛，但朝廷却没有再起用东林先生。

现在我也用“车”字来测事，是预测我亲戚的平安与前程。

先说繁体“車”（这里读为车）字。繁体“車”是象形字，它的上下两横代表车轮，一竖是车轴，中间的“曰”是车的坐垫。明显可见，一轴穿两轮及坐垫。

简体“车”字，二轮不在一条车轴上，坐垫也没有了。二轮不同轴，运行难自如，引申是有不顺心的事发生；没有了坐垫，只有站的份儿，引申是凡事会艰辛困苦。

再者，简体“车”字像“牛”字之上加了一横。且这一横是加在“牛角”上，等于“牛角”上了“枷”。牛角套枷，这牛的行动就失去了自由，引申到人，是主牢狱之灾。由此，我劝他不如暂时放弃外出的念头，在家虽然穷一点，但一家团聚，乐在天伦之中。

然而致富的冲动使他不顾其他，他还是别离故土，远走他乡。

一个农民，平时很少单身出门，自然不知在外的风险——在火车上他的挎包被偷了，下车时已身无分文。

那时还没有身份证制度，户籍更无联网之便。他外出唯一的身份证明是乡政府开具的住宿介绍信，这张介绍信也在挎包之中，被小偷一起偷去。

下得车来，他一来无住宿的证明，二来身无分文，无奈之下，只得白天沿路乞讨、夜晚随遇露宿，步行慢慢向家乡方向而来。一天行乞到某市，不幸被当地收容所收容，戴上手铐，关了几天，最后押上囚车，送回了原籍。

事情到此，应该是结束了，但远非如此。他回家没几天，又被派出所带走。罪名是他在流浪期间，潜入一个军工单位，偷走了大量钱物和重要军事器材，匆忙中留下一个挎包，挎包里有乡政府开给他的证明和他的部分衣物，民警抓他时为了谨慎，还特意带警犬来辨别气味，让警犬闻闻挎包再在众人中“闻”出他来。

无论如何申辩，都无法证明自己的清白，因在流浪之中，没有人知道他的行踪，但他犯罪的物证（挎包）却在民警手里。

那时科技落后，没有DNA、电子眼、测谎仪等现代刑侦设备，加上法制极不健全，在疑案难定时，让犯罪分子认罪的主要手段大约是靠刑讯逼供。在此种情况之下，他认罪了，只是因为他始终提供不了军工器材的窝藏之处，因此几年来一直未判。

四年多后，也是老天开眼，真正的盗窃犯因犯有其他罪行落网了，审讯中附带供述了偷盗军工器材的事情和经过，还交代了埋放的地点，并带民警一同去指认后取出。

至此他才得申冤，获释的那一天，在离开牢房时，警察留下一句话："这次算你走运，以后不要再出来乱跑了！"

简体"车"字，上面像"亡"字，一竖（即他）穿入其中，焉有不受"亡"影响的道理？！

# 四十五、等（）

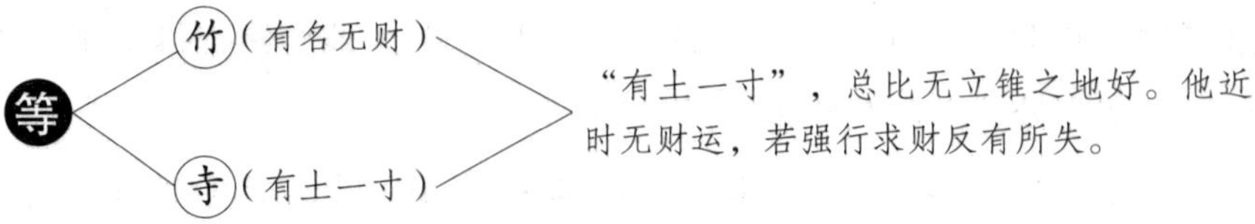


20世纪80年代中，一位中学老师来测近时财运，翻书得“等”字。这位老师是我邻居读中学的儿子的班主任，姓周。在邻居家邂逅相识。

“文人不言利”，这是中国知识分子几千年来清高的标志。周老师不羞于谈财，说明经济在现代社会中的重要性。

“等”字拆开，上面是“竹”，下面是“寺”。

“松竹梅兰”四君子，是清高者的寄托，“竹”就是其中之一。中国画中往往用竹来表示雅，竹旁也往往有高士或敲枰，或观书，悠闲自在。但在现实生活中，雅不能当饭吃，周老师与你我大众一样，都是俗人，柴米油盐，处处离不开钱。不过他拆字求财，却偏偏遇上了让高士雅翁醉心的“竹”，这是有名无财之象，求名可，求财只怕空空如竹心，他近时无财运。

事实上，20世纪80年代，教师和其他各行各业的知识分子一样，名高而价贱，“卖身”一月，也就几十块钱。当年流行一句俗语：搞原子弹的不如卖茶叶蛋的。

“竹”字的雏形是两片竹叶的象形。一片竹叶就成了“个”，轻飘的两片竹叶，抵不上两“个”最小的鸡蛋的价值。求财连两个鸡蛋都求不到，何谈其他？

“等”字的下面是寺字。“寺”，它既是官衙（参见《说文》），也是出家人清修之所。学校，既是教书育人的地方，也是自我修行、洁身自好之士会聚的庙堂，它不是聚财的场所。在个人修身上，学校还真有“寺”的性质。

很有意思，“竹”字把周老师推入了好名不好利的高士之列，“寺”字又点出了他确实在为人师表的学校。虚拟与现实、“竹”和“寺”都说明周老师只能得虚名，不能得实利。据周老师自言，确实是这样，他年年被评为优秀教师，年年戴大红花。

“寺”字再拆开是“土、寸”。学校虽不是聚财之地，但我仍建议他不要离开。“有土一寸”，总比无立锥之地好。他近时无财运，若强行求财反有所失。名与利有时不可得兼，不要因利的驱使而妄动，不如如字所寓——“等”。

前面说了，读书人羞于谈钱财，也许这观念已陈腐。现实摆在周老师面前，他一大家子人，上有父母，下有儿女，还要资助一个弟弟读书，每月才几十元工资，生活拮据自不待言。

周老师说：“我每周要上20节课，要批改至少300本作业，还兼班主任。我并非图虚名，有这么多事要做，工作总要负责，也要做完。我也想设法从事第二职业，可是一天或者一周下来，我再也抽不出时间和精力去做家教等兼职了。学校看中了我这一点，年年给我评先进，我知道，给我的虚名是用来警示其他老师的，其实我何尝不想出去赚点外快补贴家用？！”

2000年后，教师待遇大幅提高，若周老师没有离开学校，那应该是“等”到了。

# 四十六、解（）

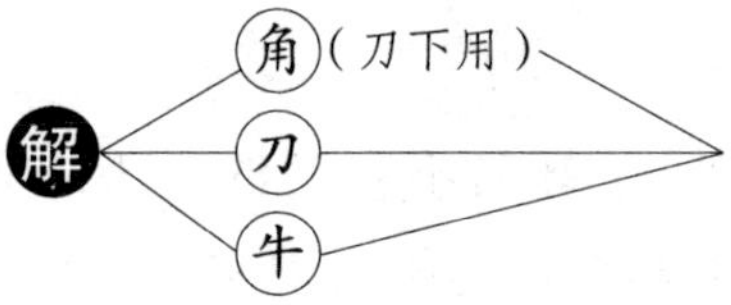


牛在刀下，这牛还有活路吗？一个字拆开左右上下俱凶，这是咎否到了极处。

同事老潘的弟弟小潘好赌，虽已成家，但不顾家。凡有所得（钱、物），都用在牌桌上。存款输掉了，住房也输掉了，妻子离婚走了，女儿读书他亦不闻不问。一日下班后，与我偶然相遇，要求测当日的赌运并要借钱，被缠无奈，只得应之。付给他一百元后，测字翻书得“解”字。

“解”字拆开，左边是“角”字，右边是“刀、牛”二字。

“角”字再拆是“刀、用”两字。《三国演义》里有这样一段故事：诸葛孔明六出祁山，最后一次（第六次）兵至北谷口，大将魏延为前锋。五丈原孔明禳星，魏延闯祸怕诛，心悸梦见头上长角，即请行军司马（相当于现在的参谋长）赵直占之。赵直知魏延有反叛的打算，想了半晌诈魏延道：“此大吉之兆，麒麟头上有角，苍龙头上亦有角，此乃变化飞腾之象。”魏延大喜，反意遂决。赵直出营遇尚书费祎，告知此事，且说：“角的字形，是刀下用！今头上用刀，其凶甚矣！”后魏延果被杨仪诱杀——“解”中有“角”，凶可至杀身，引申是大祸将临！

再说“角”字。角，本来是兽角的单纯象形。所以《说文》说角字“从力从肉”。说这一点，是想说明，“角”字头上不是“刀”而是“力”，下面不是“用”而是“肉”。表面看来似乎凶象已无，其实不然。《说文》说：“力，筋也。”筋引申就是肌，那么“角”就成了“有筋（肌）有肉”了，筋肉都现，与“刀下用”有什么差别？没有差别。如此看来，“角”不是“刀下用”，就是“筋肉毕现”。无论怎么拆开都是凶象。祸上眉头，不可等闲视之。

再看“解”字的右边，拆开是“刀、牛”二字。牛在刀下，这牛还有活路吗？同样也是凶象。一个字拆开左右上下俱凶，这是咎否到了极处。因此，我劝他今晚千万不要去赌，赌则必成“刀下用”与“刀下牛”，以致“筋肉毕现”，会输得脱身都难。

第二天上班，碰到同事老潘，谈到昨天他弟弟测字之事，老潘哀声说：“他已经跑了！”原来他弟弟昨晚去赌，输了十多万元，赌徒们索钱，他弟弟假称回家取房产证抵押，乘机逃之夭夭。今早一群赌棍围住他家要人，直至报警后警察赶来他们才陆续散去，扬言若不代他弟还赌债，就要灭了他全家。

同事说起其弟，真是一肚子的苦水。小时候读书不争气，长大了希望他好好做人，他却迷上了赌博。现在输得光身一人，说是寄住在父母家。老潘说：“什么寄居在父母家？其实就是住在我家，因父母与我住在一起。”

“一天晚上他输急了回家，我们正在看电视，谁知他扯下电源与天线，抱起电视机就跑。交水电费的钱，放在桌上，转眼就被他拿走了。父亲气极了，有一次拿条铁棍，守在门口不让他进门，他年轻力大，夺过铁棍，反打了我父亲几棍，为了赌，他就有这样的忤逆。”

老潘说：“现在我们真不知该怎么办，报警只能防一时，这伙赌徒与我弟一样，都是无赖，不知哪天哪时上门闹事，一家人都生活在恐惧之中！”

测字虽得“解”，却是无法解脱。所以蒲松龄在《聊斋志异》中说：“天下之倾家者莫速于博，天下之败德者亦莫甚于博。”

自此之后，小潘下落不明，生死不知。好赌博的君子应该从“解”字中得到教训，想在牌桌上求“解”脱，那是永远无法“解”脱的！

# 四十七、乃（𠄎）

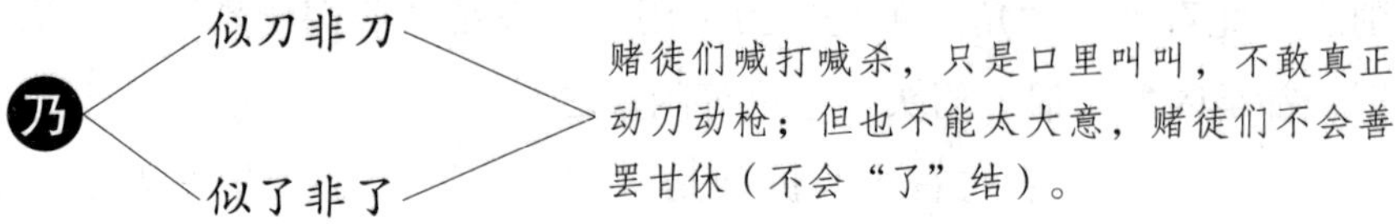


这字的内容是承接“解”字的。同事老潘说完他弟赌博，一晚输掉十多万元，躲债逃跑，赌徒们追寻到家恐吓家人的情况后，亦想测字，即测他弟的孽债何时可了，翻书得“乃”字。

北宋宣和年间成都人谢石善拆字。当地有个叫文觉的读书人不服，老想捣乱，一天，以“乃”字求测，实际上是为难谢石。因“乃”字仅两画，不能再拆开（笔画越少的字越难拆）。谢石也知道他的意图，随即揶揄道：“你枉读了这么多的书，连这一点你也不知，‘乃’字系‘及’字少一画，‘乃’不能成‘及’，你只能成‘乃’（赖），不能得‘及’，以此详之，你一生不能（科举）及第。”谢石一语成谶，终其一生，文觉落魄。

我的同事当然不是为难我，他是随机翻得的“乃”字。

要拆“乃”字，只能取其字形。以字形而言，有好几种看法：

一、“乃”字起笔是一撇，笔势似“刀”（即撇的形状像刀），收笔是横折弯钩，字形似“了”，这是“似刀而非刀、似了而非了”。“似刀而非刀”，我劝老潘不必太害怕，赌徒们喊打喊杀，只是口里叫叫，不敢真正动刀动枪；“似了而非了”，但也不能太大意，赌徒们不会善罢甘休（不会“了”结）。

二、“乃”字起笔一撇，《说文》说：“丿，右戾也。”“戾”是“犬伏户下”，引申是赌徒们（犬）会常来他家（户）骚扰他；“乃”字收笔（横折弯钩）成“弯腰曲背”之形，这是受屈辱之象。因此，我也告诉老潘，要有忍气吞声、逆来顺受的这种思想准备，我说："这伙人是无赖，你不惹他他还要赖你，你（弟）惹了他们，那不更会要赖吗？"

三、前面说了，"乃"字的一撇字形似"刀"，刀是武器，而细看"乃"字，这刀的刀把在老潘手上——"乃"字收笔像"了"（字），老潘是想将此事"了结"的人。刀把在手，没必要害怕。

综合上面三种看法，结论是：一、那帮无赖还会来闹事；二、不必害怕，老潘握有刀把。

"乃"字，本是个承上接下的字（例如某事"乃"某某所为，这就是承上接下）。他弟的赌债寻他追讨，这是反了过来——"承下接上"，明显不合事（字）理。再者，所谓亲兄弟明算账，赌债也不应由老潘来还！遗憾的是，赌徒们要明白这些，就不是赌徒了。

小潘赌博，不但害了自己——有家不能归，也害了家人——过不上安宁的日子。好赌者应以小潘为鉴！

不过这事后来总算基本解决了。原来老潘的太太婚前是省武术队的队长，有一天半夜，赌徒们又在窗外叫骂（他家住的是平房），潘太太忍无可忍，开门交战，放翻了几个。赌徒们方知潘太太的本事，轻易不敢再来叫骂了。

好！治恶"乃"须用恶！此"乃"用刀握有刀把之故。

# 四十八、在（）

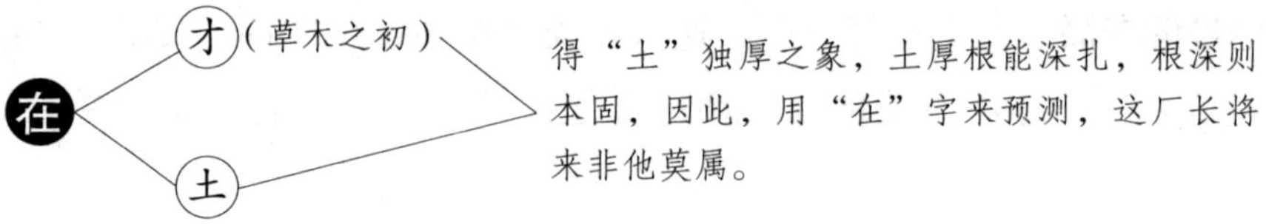


这字与“缺”字有关。1980年秋，当生产科长的老同学又来了，说是他们厂厂长下台，他被任命为代理厂长，“代理代理，说话不起”，他想辞掉不干了，要我预测是否可行，翻书得“在”字。

我告诉他，大可不必如此。因为“在”字中有双“土”，这是得“土”独厚之象，土厚根能深扎，根深则本固，因此，用“在”字来预测，这厂长将来非他莫属。

为什么说“在”字中有双“土”呢？

“在”字拆开是“才、土”两字。也就是说，“在”字中，有一个明显的“土”存在。

再看“才”。《说文》解释得很明白，说“才”是“草木之初”。

前面我们说过，一横在上为天、在下为地。“才”字中间的一横代表的却是“地”，《说文》将“才”字中这一横特别做了说明，说它是“地”。这是“才”字与其他中间有一横的字的区别，因此说“在”字得双土。籀文将“才”字表现得更加明显：地上（即“才”字中的一横之上）是草木的嫩芽，也就是《说文》说的“草木之初”，地下（即“才”字中一横之下）是草木的嫩根。

既然他有得“双土”的优越条件，为什么要辞掉不干呢？我劝他安下心来，发挥才干，不要顾虑其他。

半年后，“代理”二字去掉了，他被正式任命为厂长。

# 四十九、客（客）

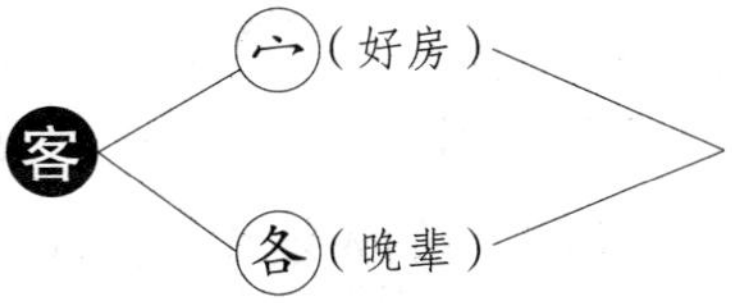


他行止不依赖别人，也包括不依赖子女，老人做“客”于自己女儿家。

20世纪80年代末，我出差到某县城，早晨散步，见一条小街上，家家门前摆满了各类竹制小家用器具，竹椅、竹桌、竹篮等琳琅满目。一屋椽下，坐着位老人家，见我驻步观看，就主动起身与我闲话，他一一介绍各种竹器的优点。老人和善而且贤惠，我买下张小竹椅后，坐下与他攀谈，暗测他的家运，卜得“客”字。

我出差此地，是“客”无疑。但我不是被测的主体，主体是老人家，为其拆字而得“客”，我心中一惊，于是问老人：“这是您自己家吗？”他说是女婿家，前几天来看外孙，早晨无事，顺便帮他们照顾生意。我又问他：“您老在这儿长住吗？”他说：“我有自己的家，就在三十多里外的乡下。”

我这才放下心来。若他说这是自己的家或有长住的打算，拆字得“客”，寓意将十分不吉。幸好他与我一样，确实也是“客”。

“客”字拆开，上面是“宀”，下面是“各”。“宀”，俗称宝盖头。它是上面有顶，四面都有墙壁的房子的象形。此喻房子宏大结实，说明这老人家境殷实；“宀”读为绵，“绵”是长久，这老人也可享高寿！

老人家的身体应该很好。因为“各”字再拆开，上面是“夂”（音致），“夂”的原型是代表健步而行的脚；“各”字下面是“口”，既指吃饭的嘴，也指人，即这老人。“各”字中有代表他可健步而行的“夂”存在，故说他身体很好。

这里需要说明一下。在“变”字篇中，因“又”（手）在“亦”（腋）下，判断是其人已身首异处。“各”字中，“口”在“夂”（脚）下，为何反而说他身体很好呢？一个活生生的人就在你面前，你能说身首异处？事实上，若身体不好，腿脚不健，怎能步行（那时乡下的交通不畅，甚少代步的工具）三十多里山路（那儿多山）来女儿家做客？

且“各”，《说文》说是“有行有止之不相听也”。看来他行止不依赖别人，也包括不依赖子女——“各”字中，“口”在“夂”下，“夂”下之人，引申膝下之人，即晚辈——生活独立，这样的老人，真正难得。

闲谈之中，他自我介绍，说今年七十有八，姓孔，系孔子南支子孙，当年因环境窘迫，读书不多，自愧对不起祖宗（老人心地之善良可知，善人必有善报），有两子一女、四个孙子孙女，托国家和祖宗的福，两个儿子都大学毕业，在外省工作。他的家在山区，适宜培植木耳，他就“养了一大棚”，现在离出木耳还有一段时间，故抽空来女儿家看看刚考上大学的外孙。

中国人有一个做“客”的标准，即所谓“八十不餐、七十不宿”。老人做“客”于自己女儿家，应不在此列。

# 五十、石（）

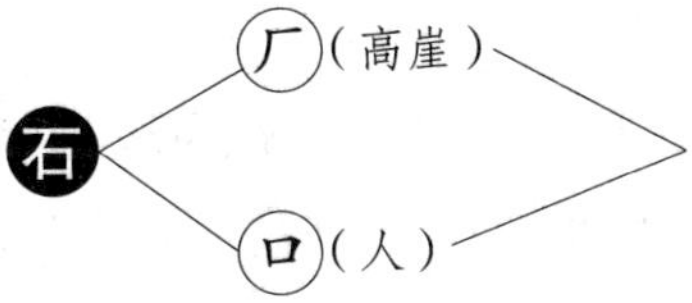


“人在高崖之下”，先生后日必不登天都峰。且“石”又可读成“担”，一“担”（石）挑两箩，先生有“担”在身，怎能负重登峰？

1985年夏，全家游黄山。行前，去过黄山的同事告诉我，一定要登上天都峰看看，否则算是白去一趟。

登山的前两日，宿屯溪休息。临近黄昏，我去买登山用的胶鞋，见路旁树下一道士盘腿而坐，面前铺着一张报纸，走近一看，报纸上横、竖都写了字，围成一圈。竖写的右边是“吾筹游资”，左边是“君结善缘”。横写的上面是“看相拆字”，下面是“任尔留银”。字用毛笔写成，书法纯熟苍劲。细看这道士神情淡定，眉宇气质，不像江湖卖术的人。且字又写在报纸上，“看相拆字”似是临时的无奈之举，不似江湖卖术者所为。我想试试他拆字的功夫，也想借此机会学习一下。于是就以我的姓氏“石”字，求测后日我是否会登上天都峰。

这命题很难，登不登峰由我决定，不是他能左右的。他倒不介意，端详了我一会儿，笑着道：“看来先生也会拆字！”我回答道：“仅知晓一点皮毛，哪里算得上会拆字？”道士哈哈大笑道：“那么先生想必知道汪龙之事！”语气中略带嘲笑。我又仔细看了他一眼，说：“知道。但我决无留难道长之意，字可拆就请道长拆之，字不可拆就权当我与道长开的玩笑。”

明朝时安徽人汪龙善遁甲之术，求解惑的人很多，日日门庭若市。太守怕汪龙聚众生事，想设计杀掉他。这个故事我在前面已经说过，这里不再重复，道士所指“汪龙之事”即此事。

我放下几元硬币，正准备离开，道士叫道：“先生稍留，这事（登天都峰之事）可知。”我蹲下来，听他说道：

“‘石’字上面是‘厂’，下面是‘口’。‘厂’者高崖①，此即天都峰也；‘厂’下是‘口’，‘口’者人也②，‘人在高崖之下’，先生后日必不登天都峰。且‘石’又可读成‘担’，一‘担’（石）挑两箩，先生有‘担’在身，怎能负重登峰？

“所谓‘担’者，不是先生挑有重物，是指先生此行必携家眷同来，一‘担’两箩，家眷一定有妇、有幼两人。所以说有‘妇’，是因‘石’字中有‘口’，‘男为丁、女为口’，故说有妇女；观先生年龄，四十上下，岂无子女！故说有幼。妇幼难登险峰，妇幼不登，先生怎会独自登之？故断先生后日必不登峰。”

他拆得十分有道理，且娴熟汉字。但我全家来黄山，事先同事“不登天都峰，等于白来黄山一趟”之说已深深扎入心中，因此登天都峰是早已计划好的事。

第二天移宿黄山脚下，养精蓄锐，准备登山。第三天清晨出发时，全家雄心勃勃，必要登临。天气很好，旭日东升，红霞万里。可是爬至天都峰下，老天说变就变，大雨忽至，雾锁峰顶。又见登峰之路是一条以铁索为栏、陡峭而窄狭的石道，半截还在云雾之中，儿子年幼，妻子这时打了退堂鼓，不愿携儿履险，商量再三，只得放弃。

这位道士，与我在衡山见到的行脚僧，有天壤之别！

道士真高士也！三天后，我回屯溪，遍寻他不见，遗憾一生！

① “厂”在此读为“汉”，原字不是指我们现在工厂的厂，是指上面有平顶的山崖的象形。天都峰上，即有平顶，《说文》说：“厂，山石之崖，岩人可居。”所以道士以“厂”来喻天都峰。

现在工厂的厂字是汉字简化后“厂”（汉）的借用字。

② 《说文》说：“口，人所以言食也。”它也是象形字，引申就是人，所以有“人口”一词。

# 五十一、矛（㣎）

矛——“矛”字三钩，且横钩、竖钩相连。是徐先生横竖都在“逆境”之中的原因。

1985年，我同事带他的一个朋友徐先生来，徐先生在单位混得不太如意。想换换环境发展，来预测前程，翻书得“矛”字。

“矛”字如“隹”字一样，不能拆开。其缘由在“隹”字篇已经说过，这里不再重复。我们说“隹”与“佳”字形相近，但与“矛”字形相近的字就没有了，因此只能分拆“矛”字的笔画。

“矛”字五画，其中三画带钩——起始一横钩，一点之后又一横钩，继而一竖钩。在“也”字中我们说过，“也”字三画，其中二钩相交，因此“也”字的结论是有咎。

“矛”字三钩，但可分成上下两层。上面一层是一钩一点，下面一层是横钩、竖钩加一撇，而且横钩、竖钩相连。

《说文》说：“钩逆者谓之钩。”倒行为逆，这是徐先生横竖都在“逆境”之中的原因。他说他以往的处境不顺，那他（换了环境）以后，处境可能会更不利。

前面说了，“矛”字是上下两层，如果上面的一层代表的是他过去（当然也包括现在）的处境，那下面的一层代表的就是他的未来。

过去或者现在不必说了，我们只看未来，即只需分析“矛”字下面那层的笔画就可以了。

“矛”字下面的那层笔画为三画，三画中两钩，是“横竖有钩”且相连。这里两钩相连，与后面“子”字篇中的两钩相连又不同，“子”字中两钩相连可独立成“了”字，所以“子”字中两钩既有互斗又有互依。“矛”字中两钩相连不能独立成字，这只有互斗没有互依，说明他未来的处境将更不顺，逆境更明显。

徐先生命运不济，无论怎么变换环境，都会被压抑。因为“矛”字下半部分的字形似一个无头（或说是头被安歪）的“才”字，且这“才”字一横还带钩，一横带钩之才系逆才，或说无用之才。

头被安歪或无头的“才”，是“才不得伸”或纵使有施展的机会也难得人识——其“才”难被社会认同和接受。

“才不得伸”的结论是在有“正才”的前提下得出的。而“矛”字中似“才”字中的一横又带钩，这样的“才”至多算是“歪才”。徐先生境遇艰难的症结可能在此——他无正才。这样的“才”，当然是无头的难申之才。

同事告诉我，徐先生学历不高，“文革”时初中毕业，但人很聪明，多奇思、好异想，有时近乎疯狂。而奇思异想往往又不切实际，据说他设计了一架飞机（船），可载三千人，内有足球场。把总图——零部件图尚未完成——交单位技术科，要求审定认可，又要求厂长同意试生产。此事当然通不过，于是徐先生闹情绪，要求调走，厂长立即批准——“矛”下两钩相连显现出来了。但目前徐先生尚未找到接收单位，厂部通知他，三个月内不走，将停发工资。

徐先生真正是处“矛”之中。

# 五十二、病（病）

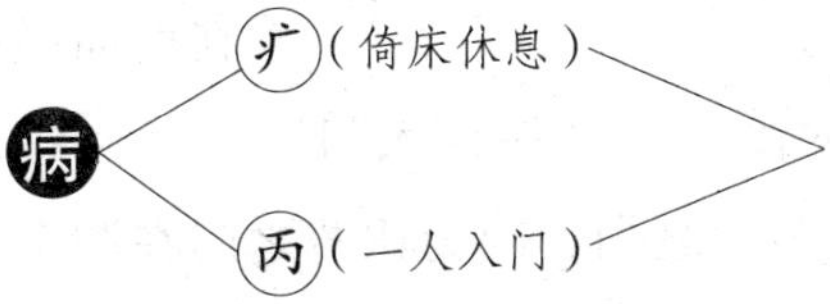


以此喻省、市二级象棋比赛，他在市一级比赛中能脱颖而出。在省一级的比赛中结果不佳，取不到名次，只有回去“睡觉”的份儿了。

20世纪80年代初，为丰富职工文化生活，省总工会通知，下半年将举办全省工会系统象棋比赛。市总工会先行，许诺竞得前三名的棋手除代表本市参加省大赛外，还发给优胜证书及奖金，所在单位的工会也可获得奖旗和奖金。小盛是县区一级的象棋冠军，有资格参加市里的赛事，他所在单位的工会主席老李代小盛来测市、省二级比赛的结果，翻书得“病”字。

老李见到“病”字，气馁了一半。我多次碰到过这样的情况，来拆字的朋友，凡翻得有“疒”字头的字，往往以为不吉，其实并不尽然，本书选入“病”字，也是为了说明这点。

“病”字内外两层，外层是病旁“疒”（读音为那），里层是“丙”字。以此喻省、市二级象棋比赛，外层为省，内层为市。

有人质疑，以为内外两层所喻应该反过来，市级比赛启动在先，省级比赛在后，“病”字的外层“疒”书写在先，应该代表市赛，里层“丙”落笔在后，应该代表省赛。其实仔细想想就明白了，省赛虽在后，但启动在先，正因为如此，才有基层的市赛。无省赛，即无市赛，因果关系分明，这样“病”字二层的外内关系也就清楚了。

先看内层的“丙”，即市一级比赛。“丙”字的雏形取自植物种子发芽迸裂时的形象。小盛代表县区一级参加市级的象棋比赛，就像“种子迸裂”一样，脱壳抽芽而出，由此推之，他在市一级比赛中能脱颖而出。

再把“丙”字拆开，是“一、人、冂”。“冂”，我在前面说过，它就是门。那么“丙”字拆开后的寓意是“一人入门”，请注意，这“门”并不是参加比赛之门，而是名次之门，因为比赛之门在测字之前他已经进入了，即他取得了参加比赛的资格，从下面的分析中也可以证实他入的是名次之门。不过，他虽能取得名次，但不能夺冠。这有两条理由：一、“冂”内的人字一捺成了一点，这是蹩足的模样，蹩足，就是不能尽如人意，参加比赛，拿不到冠军，当然是不尽如人意；二、《说文》说“丙”是“人之肩”，肩在人的头、颈之下，因此小盛拿不到冠、亚军，名次应该排在第三——季军。

进一步分析，小盛只能在市一级比赛中取得名次，省级比赛，他将名落孙山，这也有两条理由：

一、我在“规”字篇中说了，“冂”是墓门，入“冂”即如入墓。所谓的墓门，并不是一定会死人，事情的终结也如入墓。

这里具体指的是小盛“棋入墓门”。即他象棋的成就也就到此为止了，只能在市一级取得名次，再没有向前发展的机会。

二、由“病”字外层的“疒”，也可以推知小盛象棋的成就到市一级止步。前面说了，“疒”代表的是省一级的比赛，而“疒”的原型是一个人一席床，表示这人身体不适、倚床休息的形象（所以《说文》说“疒，倚也”）。象棋比赛，较智不较力，与“身体不适”何关？“身体不适、倚床休息”是寓意小盛在省一级的比赛中结果不佳，取不到名次，只有回去“睡觉”的份儿了。

不久后，市级比赛结束，小盛真获第三名。工会主席老李高兴得很——工会办公室终于挂上了第一面由市总工会奖的三角形锦旗，这充分体现了老李领导的工会工作的成绩。市里拨下的奖金虽然不多，也足够工会组织本单位新一届象棋比赛的费用了，此后一段时间，工会工作热火朝天起来。

为了能在即将举行的省级比赛中拿到名次，小盛成了李主席重点培养的对象。又经李主席力争，从即日起，至省象棋比赛开赛前的这段时间，小盛每天只上半天班，其余半天用于研究棋艺。

小盛也更加投入了，《聊斋志异》中有一篇《棋鬼》的故事，那段时间，小盛虽不是“棋鬼”，但也可以说成是“棋痴”。三句话中，必有一句与象棋有关，睡觉梦呓，句句都有象棋。工会李主席也常陪着他研究棋艺，工会的其他工作都压了下来。

下半年，小盛参加省级象棋比赛，结果铩羽而归，真正如拆字所寓，他的象棋前途入了“墓门”。自此后，李主席对他失去了兴趣，不再陪着他玩象棋了。

# 五十三、滚（）

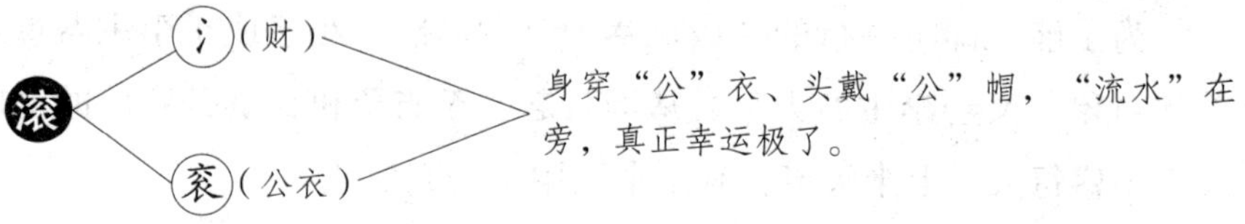


20世纪80年代中期，同事带一男子陈先生来测前程。朋友介绍说，陈先生是某机关的科长，单位执行定编，他可能会在编外。领导要派他去负责经营机关设在深圳的“窗口”，因存在经济风险，故来测字，翻书得“滚”字，陈先生写的是“滚”这一字形。

先不看滚字左边的三点，只看右边的“衮”(读音仍为滚)。《集韵》说：“衮，天子服也。”也就是说，“衮”是皇帝的服饰。皇帝没有了，但不能说没有“皇族”，引申而言，“衮”是“贵族”的装束。这位当科长的陈先生，其实穿戴的是“贵族”的衣帽。

交代完了这一点，再看“衮”字拆开的情况。在“率”字篇中，我说“率”字中间的“幺”字之上有压顶的大帽子（亠）——因幺是小，相对而言，亠就成了大，所以说是大帽子——“亠”与“幺”组成的字是“玄”，玄是黑色，那是顶大大的“黑帽子”。那么“衮”字中，“公”字之上亦有帽子“亠”，虽不能说大，却是顶“红帽子”——戴在“公”字头上的帽子当然是红的。那年代，黑帽子虽然没有了，但红帽子更加炫目。这帽子（亠）与“八”组字是“六”字，“六”原本是“隆然高起”的意思，即是不会沉没的陆地的“陆”字原型。以它寓意，是陈先生不会沉没也不会“沉默”。“衮”字中，“六”下是“厶”，“厶”是私字的本字，那么“六、厶”就成了“高高隆起”的“厶”。拆字至此，我不禁拍掌叫绝，这“滚”中之“衮”真正有意思极了。

再看“衮”字。“公”字加“衣”或者“公”在“衣”中就是“衮”字。这样说来，不但帽子是红帽子，衣服也打上了“公”的烙印，即衣服也是红衣服。这位陈先生，帽子是红的，衣服也是红的，一身红透，机会难得，不必犹豫，大胆前去，无任何经济风险，有的只是利益。

请注意，上面提到“红”，是“当红”的红，不要曲意解释为其他。

而“滚”字，它是“衮”旁再加三点。三点为水，多次说过，水代表财。“滚”——身穿“公”衣、头戴“公”帽，“流水”在旁，真正幸运极了。

至于“滚”及“衮”字的另一种写法是“滾”与“袞”。是变“厶”（私）为“口”，这时情况就大不相同了。“滾”与“袞”字，虽然贵族的衣冠仍在，也不会沉没（因“六”仍在，即他不会消失），但其中已没有了“公与厶”的内容，只有唯一用来吃饭的“口”一张。没有“公与厶”的内容，即是“无公无厶”，无公即无依靠，无厶即无“作为”，这样，其寓意完全与“滚”与“衮”相反了。

陈先生写的是“滚”而不是“滾”，“美好”的命运一开始就已经露出了端倪。

# 五十四、刍（）

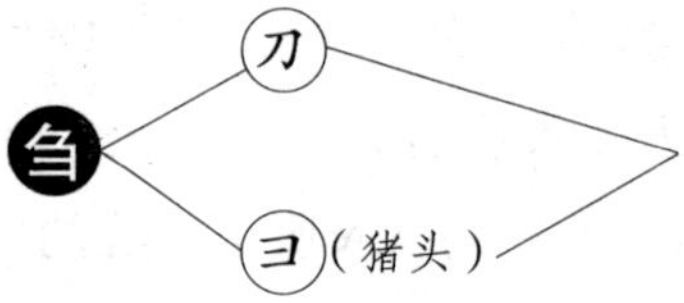


本来闯荡江湖，一般得“刀”是好事，但“刀”架在“彐”（猪头）之上，就不是那么回事了。

小左，我的同事，是一个技术很不错的钳工。他平时心雄志大，总说趁现在年轻，要干一番事业，不愿当钳工终老一生，有这种上进心的青年也许不多。不过因他操之过急，以致事与愿违。20世纪80年代末，刮起开发海南风，引发“下海”的人流潮。他也跃跃欲试，他的太太最爱凑热闹，鼓动着要一起“下海赶潮”，行前来测运气，翻书得“刍”字，他写的是简体“刍”。

简体“刍”字，下面的“彐”（音极）现在只作部首用，其实它是猪头的象形字。这里我并没有辱骂他夫妻俩之意，完全是据字而言。猪头猪头，喻义是既蠢又丑还想称雄。“彐”字之上是“刀”字，本来闯荡江湖，一般得“刀”是好事，武器在手，至少可以壮胆。但“刀”架在“彐”（猪头）之上，就不是那么回事了。因此我劝他放弃此举，因是同事，我秉直而言，不要去当猪头，不要受宰割之痛。

他太太说：“不怕的，去闯一闯世界，总比坐在家里等机会强，你看看历史，刘邦、李世民不都是闯出来的吗？”我无话可说，一个女子，有这样的胸怀，其志也可嘉！

夫妻俩去海南，一个星期后，欢天喜地地回来了，当天晚上，小左到我家，揶揄我道：“你拆字要反面听才行啊！”看来字没有拆准，想做好事没有做好，受他的讥讽也是应该的。

我问他到海南的情况，他眉飞色舞地说：“真正运气好，碰到一个从北方南迁的军工企业，缺的就是钳工，招聘人才的吕主任看了我的简历后，立即同意接收我，并希望我能挑重担，担任钳工车间副主任。他边说还边掏出了那个单位发的工作证，职务一栏填的是车间副主任，单位的红印是‘中国人民解放军……工厂’，来头不小，这样的大单位谁敢怀疑有假？”

小左说到这里，话题一转，说这单位搬迁，资金紧缺，新职工都需集资入股，每人一万元，款到即上班。

小左说：“我也怕上当受骗，吕主任说‘你们的心情完全可以理解’，因此特意开车带我们去单位的工地转了一圈，十多栋厂房正在建设中，车开到一栋即将竣工的厂房前，吕主任说这就是钳工车间，下车后，指着我对施工的负责人介绍：‘这位就是车间主任，以后一些具体要求你们要听他的，他说了算。’我们这才放了心，这不是骗局。临别时，吕主任希望我们能尽快来报到上班，为筹建钳工车间献策献计。”

那时的骗子还不多，手法这样老道的更少。

当时一万元可不是个小数目（万元户就是那时的新名词），两人两万元对一个普通工人来说，可是天文数字。小左无论如何也拿不出来，于是好话说尽，经吕主任请示后，领导念人才难求，方同意每人2500元，但必须10天内汇款，款到即可上班。并暂定钳工车间副主任的工资是每月1200元，只高不低，他爱人每月800元，加起来一个月2000元，相当于他夫妻当年一年的收入。

5000元，小左想两个人两个半月就赚回来了，划得来。但纵使区区5000元，小左也拿不出来，于是到处借钱，有人劝他当心上当，有人羡慕他的运气。大家议论不一。

钱汇出去后，不久收到回函：上次同意集资款为每人2500元的是个别领导，经集体研究，每人集资款10000元不能再少，如确实有困难，可考虑退款，退款时间另行通知。仍是盖的“中国人民解放军……工厂”的红印。

小左去哪儿再找来15000元？只得要求退款，三年过去款仍未退回，据小左说，那单位已经倒闭，要等清算后退款才有希望。

小左背一身的债，再不敢高谈阔论了。不久我调离，后来是否退款就不太清楚了。

回头再看“刍”的繁体“芻”。繁体“芻”本是两个草包相叠的象形字，所以《说文》说“芻”是刈草。这一点，从“芻”字的结构就可知：“勹”是“包”字的省字，“屮”（音彻）是嫩草。小左夫妇可能已经成了人家割刈的两包嫩草。

# 五十五、卷（）

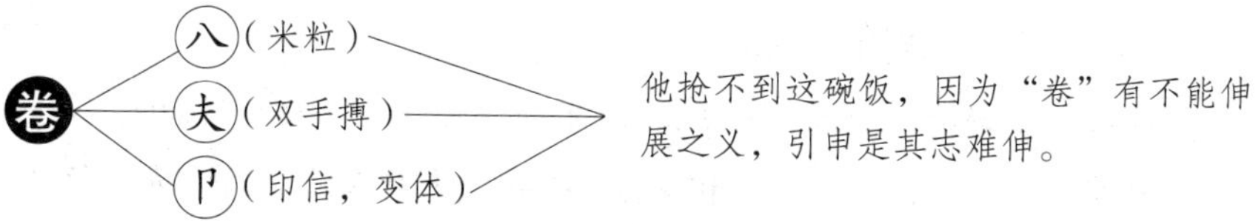


20世纪80年代，我同学混名叫老右的来测升迁，翻得“卷”字。

“卷”字可以分成上下两个部分，而且两部分各有来历。

“卷”字的上面部分拆开是“八、夫”。“八”，我们在前面的字中讨论过，有违背之义，具体而言，是与升迁相背，“八夫”两字合起来，是很多人，即与他竞争（升职）的不少，因此他升迁难——这是从“八夫”的字面而论。

若深一层，以出处而论，在“卷”字中，“八夫”是“双手搏饭”的形象。其中的“八”代表的是米粒，“夫”字是由双手变化而来（事实上，与“卷”字字头相同的字，如券、豢、眷、拳等都与手有关），这与“夫”本字的起源大不相同（“夫”本字表示的是成年男子）。“双手搏饭”，其中的“搏”其实是抢的意思。他抢不到这碗饭，因为“卷”有不能伸展之义，引申是其志难伸。

老右是某国有企业的技术副厂长，厂长调他任，职位空缺，近四十岁的人，想谋一个正职当当，不再听人摆布，也是人之常情。不过我较了解他，老右除肯干外，工作能力也很强，卸任调离的老厂长非常器重他，事实上，大量技术问题的解决，的确也非他莫属。几年前，厂长力排众议，提拔他为技术副厂长，调离前，还特别书面推荐老右继任厂长。

老右的缺点是个性犟，不会阿谀拍马、曲意迎合他人，一生秉直不作假。因此，书记不看好他，公开说，当年提拔他，只是为了调动他的积极性，并非是组织信任他。

不久，上级的任命下来了，原来的人事副厂长，升任厂长，老右仍是副职不动。所谓人事，也就是关系。人事副厂长的确不负于“人事”，处事灵活，不似老右僵硬，与上级以及本厂书记的关系都好。据说，这次起用人事副厂长，书记起了关键作用。书记曾放言，若其中几个车间的主任由他安排，他就推荐谁任厂长，人事副厂长一口应允，老右不摇头，但也不点头，于是书记动了火。上级考虑书记与老右无法协作，于是放弃了老厂长的建议，老右升迁的希望也就破灭了。

回头看“卷”字。“卷”字的下半部分是由“卩”（音节）变形而来，所以“卷”字从“卩”。“卩”的原始字形是一个人身体三折的跪姿。屈膝折腰而跪下乞求，这一点老右无论如何不会做，也做不到。所谓跪下乞求，是迎合领导，这是升官者的法宝。这一点，老右做不到，自然失去了升迁的机会。

其实，“卩”字还是印信或符节的代号。所以《说文》说：“卩，瑞信也。”“卷”字中“㔾”是“卩”的变体，“卩”已变体，哪有印信握手的可能？所以“卷”字无论上下两部分，都寓示了老右竞争的失败。

他的升职败就败在他不低头的性格上，性格决定命运，果真不谬。

# 五十六、饶（饒）

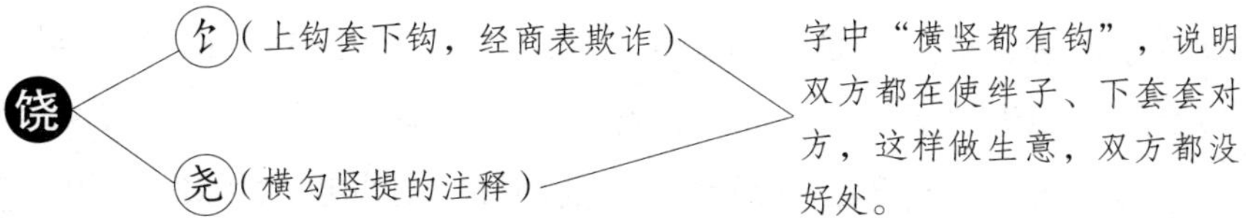


1988年，全国涌起经商潮。本地一女商人——自称是公司的总经理，与外地某企业签了一单生意，为此来测利好，翻书得“饶”字，她写的是简体“饶”。

“饶”的左边是“食”字，作为偏旁，简化以后成“饣”，“饣”不能独立成字。那么简化后的“饶”字就不能拆开。字不能拆，那她所测的事（利好），就可能存在问题。

“食”，《玉篇》解为“饭食”，《说文》解为“一米”。无论是“饭食”还是“一米”，对生意人来说，引申都是钱财。这单生意，她有没有得“食”？从“饣”来看，还不单是“有没有得食”的事了。

“饣”的笔画是起始一撇（丿），一撇之后，是“上钩套下提”。起始一撇，表示不顺，前面篇目中已多次提到，这里不再重复。“上钩套下提”，就不单纯是不顺利了：上钩是横钩，下提是竖钩，这是“横竖都有钩”，字中“横竖有钩”，若论婚姻，算是有缘分；若说经商做生意，是欺诈。即买卖双方互相欺蒙——一方要横钩，一家玩竖提，各使心思要让对方上“钩”。这样的生意，最后只怕是两败俱伤，她得不到“食”，对方也得不到“食”。

再说“饶”字右边的“尧”，它也简化了，但能独立成字。《说文》说：“尧，在兀上，高远也。”这里的高远，是指做生意的手法“高远”。“尧”字也不能拆开，这喻手法虽“高远”，但难实现。

“尧”字虽不能拆，但它的上部似“弋”又似“戈”。“弋”是绊脚的小木桩，“戈”是长柄大斧。这应是生意双方使出的“高远”的手段，也可视为“饣”中要横钩、玩竖提的注释。

我明确地告诉她，这单生意你没利好，对方也没利好，字中“横竖都有钩”，说明双方都在使绊子、下套套对方，这样做生意，双方都没好处。至于什么样的绊子和套子，我就无须去了解了。

据说，她的这单生意，后来闹到了法院，判决的结果我不清楚。不过从“尧”字而言，“尧”下是“兀”，《说文》说：“刖足曰兀。”刖足是一种刑罚，可能双方都有所罚。

再看看繁体“饒”。左边的“食”是“人下良”，右边的“堯”上面是“三土成垚”（垚音摇）。“人下良”哪来欺诈？“三土”相叠，是真正的“高远”。若测婚嫁，是你嫁我娶，幸福一生；若测买卖，是双方诚笃无欺，大家都有得“食”。现在都不写繁体饒了，买卖双方的诚信自然也没有了！我们说，繁体是简体之源，以做买卖而论，简体“饶”把老祖宗的优秀品德都丢光了！

# 五十七、篡（）

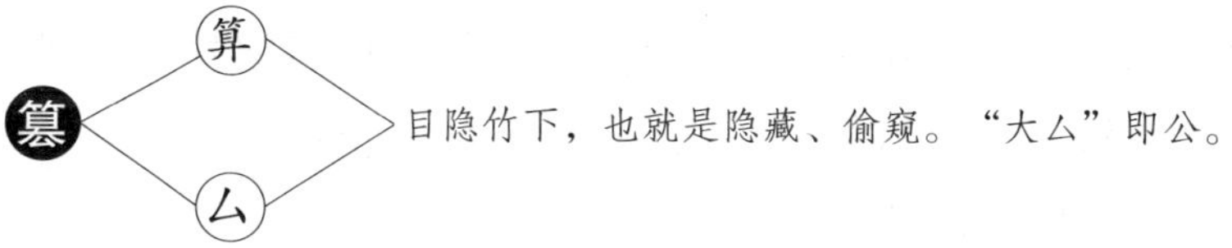


1988年，我的一位老熟人、工程师老金来测运气，讲话吞吞吐吐，不似平时痛快，也不愿明言测的具体内容，只说打算南下寻觅机会，想预知吉凶否咎。这种情况，一般不理，因是老朋友，只得勉强为之。他翻书得“篡”字。

他说话吞吐，必有难言之隐。不妨先将“篡”粗略地看成“算”“厶”（厶是私字的本字）两字来大略推之。“算厶”，详它的含义，应该是说大体上为公，就某一方面或某种程度而言，也为了个人，是既公既私。多年的老朋友，纵使公私不分，他亦不妨明言，现在假公济私的人多得很，那些以各种名目捞钱的有几个不是假公济私？一个小小的工程师公中杂私算得了什么？

到底是什么事，他搞得这么神秘，欲言又止的？我也好奇，不妨把“篡”字全部打开，看葫芦内到底装的是什么药。“篡”字全部打开是：竹、目、大、厶。

上竹下目，即是“竹下目”，目隐竹下，也就是隐藏、偷窥。看来他要问的事本身是遮遮掩掩的，不宜公开。如此或可谅也！

“大厶”即公。粗略打开是“算厶”——应是大体上为公。细细打开又得“大、厶”——“大厶”即公。看来细细地将“篡”字打开与粗略地打开结果是统一的——他主要是为公。

我说：“从拆字而言，你是为公事南下，既然是为公，说话尽可大大方方，不必遮遮掩掩，反成欲盖弥彰之势。”

我说："不管你去办什么事，从拆字看，你的目的难得达到。因为'大厶'合起来是'厺'字，'厺'是'去'字的异体字。办事得'去'字，事情怎能办成？"

他看到我不太高兴，才说了他真正南下的目的：由他主持设计并投产的某种家用电器，品质次于同行，工厂效益不好，他的面子上也不好看，因此他想南下到生产同类产品的厂家"偷师"。

他说："此行确如你拆字所言，算是亦公亦私，既为解决工厂困境，另外我也好脱身。但我心存忐忑，故来预测以决行程。"他嘱咐我为他保密，我应诺。

我说："这目的可能达不到，因为就'厺'（去）字而言，它下面的'厶'（私）本是由盛东西的篓（凵）变化而来，东西入篓就成'私（物）'，'厺'上面的'大'本是由盖子的'盖'衍生而成，因此'厺'的原意就是盖藏，把东西藏起来不用就成了'厺'。引申到你的'偷师'，那人家必有防范，把关键的技术'盖藏'起来不用，那你怎么能偷学得到呢？"

后来他果真没有达到目的。这事已过去了几十年，保密期早已失效，他也"脱身"移居境外，因此我才将它写了出来。

# 五十八、屯

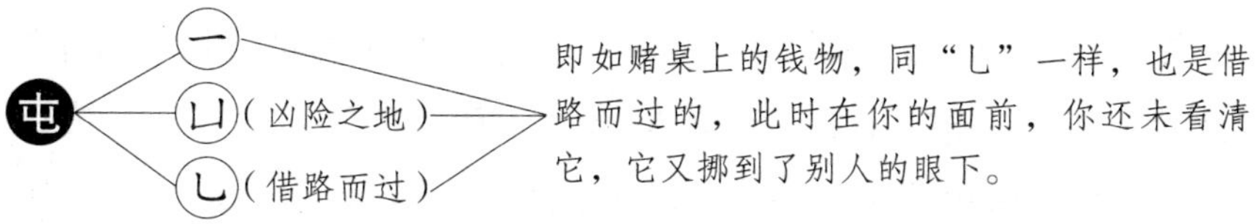


青年同事小朱有赌博的恶习。朋友告诫不理，父母（也是我的同事）累苛不听。一年春天的一个星期天中午，他瞒着家人，偷偷溜了出来，又准备去赌一场，先来预测当日的赌运，翻书得“屯”字。

他翻到“屯”字后，我细详多时，想这个青年也许可教。借这机会如果能帮他戒赌，也算不辜负同事一场。因此，许久许久我不予回答，我总不能鼓励一个后生去赌博。他催问两次，我方说：“我提一个条件，如果我拆字中了，你今后戒赌，并且，我还许你一份好婚姻。若拆字不准，以后你赌博不关我事，我也不再劝你。”他击掌应诺。

“屯”字四画，却可拆成三个字：一、凵、乚。“凵”（音坎）的字形如陷阱，因此“凵”是凶险之地，幸喜有“一”在上将“凵”盖住，他不至落入“凵”中永世不得翻身——他今晚不至于输；《正字通》注释说“凵”是受物之器，即它也是盛东西的器物。既然如此，以赌论之，若“凵”内无物，是绝无赢的可能。“屯”字中“凵”内除有“乚”（音隐）借路而过之外，没有其他笔画。借路而过“凵”的东西，本来不能算是“凵”内之物。即如赌桌上的钱物，同“乚”一样，也是借路而过的，此时在你的面前，你还未看清它，它又挪到了别人的眼下。不过，虽然“乚”是借路，但因“乚”有隐藏、藏匿的意思，或可能在“凵”中有小小藏匿——他今晚有赢些许的希望。但是不多，而且还有个条件，因“屯”还可以拆成“凵、七”两字。“七”是数字，那么条件是：只要他赌的时间不超过七点，则可小赢七十到七百元之间。这是因为“乚”路过于“凵”，或可稍稍将“乚”的部分隐匿于“凵”中。事实上，“乚”虽路过，却有部分落入“凵”内。又因“乚”与一横组字为“七”，无论是时间还是数目，过“七”则可望矣！

因此我再三叮嘱他，记住赌到七点即离开，或可赢到这数目。

第二天他笑嘻嘻地来了，问所许婚姻的事。并说了昨天推牌九的情况：晚上七点之前，手气不错，的确赢了好几百块钱，七点之后，手气突然转差，每局必输。他想起了我的嘱咐，七点半借故离场，一清点，还赢了五百元。他问我为什么是这样，我反问他：“答应戒赌的事还作数吗？”他说保证作数。

我告诉他：“七，还有切断的意思（参见“七”字篇），也就是到此为止之义。藏匿（乚）‘凵’中之‘物与时’也应到七为止，所以只能赢到七这个数与七这个时（辰），两者过七则再无赢的希望。”

我特别加了一句：“昨天‘屯’字中的‘七’是赌到七点为止，你今生从赌也应到此为止，再赌后患无穷，有深渊‘凵’在等着你。戒赌不但从此可以远离陷阱‘凵’，还可娶到好老婆。”

他又问：“你昨天说过，‘凵’也是盛物的东西，为什么七点之后仅是深渊而不盛物了呢？”

“所谓十赌九输，也就是说，赌博，输的概率非常高。以四人搓麻赌钱为例，以一敌三，其他不论，每次输的比例至少是四分之三。”

我据此又反问他：“以此推之，‘凵’应是深渊（输钱）还是盛物（进财）？何况‘七’点钟一过，（乚）即已切断，‘屯’字无‘乚’仅存‘凵’，‘凵’是空筐，其内空空，哪还有赢的可能？”

他追索好姻缘。我说：“你若能当着你父亲老朱的面写个保证：保证一年之内不赌，我自然有好婚姻给你。”经过昨晚赌场的较量，他觉得我预测得还算准，已经有几分信我了。也真写了个字据，保证一年不赌。虽然没有当着他父亲的面写出，但同意交他父亲老朱保管。

老朱见了这字据，非常高兴：“能多几年不赌更好。”

我告诉他：“七从一，有一才有七。一年不赌，赌瘾自然切断了。”另外，我建议老朱尽快托人给他介绍一个女孩儿，这女孩儿能管住他不赌。

《易经》的第三卦是屯卦。《序卦传》说：“屯者，盈也；屯者，物之始生也。”小朱是一个刚涉世的青年，如“物之始生”，严管严教只是一个方面，还要多引导。例如一株小树——屯，本是草木初生的情景——要它长直长好，单纯修枝剪叶还不行，它若歪长，找一根直竹竿，紧紧绑上，帮助它长直。对于小朱，单纯的苛责无用，给他找一个好女孩儿管住他，也就像给一株长歪的小树绑上竹竿一样。

具体我们来看屯卦。他翻得的是“屯”字，转到《易》就是屯卦。用《易》圆事，主要是看动爻。所谓动爻，是指有变化的爻。将字引入《易》中，动爻的求法是：字的画数除以六，所得余数即动爻数。“屯”字四画，除以六余四。所以屯卦的四爻是动爻，四爻的爻辞说：“乘马班如。求婚媾，往吉无不利。”对于小朱而言，这里有两层意思：第一，是他出于父母、朋友压力，也想戒赌，但意志不坚——盘旋逡巡谓“班如”，他现在处“班如”之时；第二，四爻的爻辞还说明一点，是他未来的婚姻一定很不错，很好。当然，这中间还有许多的内容，因本书是以拆字为主，在《易》理上就不多做探讨。不过仍需交代一下：屯卦中第四爻是阴爻（— —），是阴爻居阴位（第四爻是阴位），屯卦的卦主是小朱，他是一个男子，得到的是阴居阴位的卦画，也说明小朱是个意志不坚的人。而与第四爻相呼应、相配合的是屯卦的初爻（这一爻在婚姻中就相当于夫妻之爻），初爻是阳爻（—），是阳爻居阳位（初爻是阳位），以初爻喻人是位正志刚。所谓“夫妻”之爻，是说与小朱相呼应、相配合的人，是“求婚媾，往吉无不利”的女子，她是小朱未来的妻子，在屯卦中反串成“阳居阳位”的初爻。这寓意很明显，寻一个刚强的妻子来管住柔顺的丈夫。前面我说“这女孩儿能管住他不赌”，就是从屯卦的四爻中来。

老朱又问我：“你约他一年不赌，我担心一年之内他寻不到这样的一个好媳妇啊！”

我说：“这个你不用担心，他这个对象应该很快能找到，因为屯卦是上“坎”下“震”，他的对象在下卦的震卦中（初爻），震为雷，不但能震慑住人——被震慑的人就是小朱，雷也疾速无比，故有‘迅雷不及掩耳’的俗语，所以应该很快就会有能管住他的女孩儿出现。”

其实，小朱除有赌习外，其他条件都不错，人聪明，长得也英俊，学历本科。家境很好，他是独子，父母都是高级工程师。只要约束他一年不赌，女孩儿会纷至沓来。

不久，真有一位中专毕业的女孩儿看上了他，这女孩儿泼辣，小朱愿遵从她的“家法”，自此洗手，不再呼雉呵卢。

# 五十九、范（）

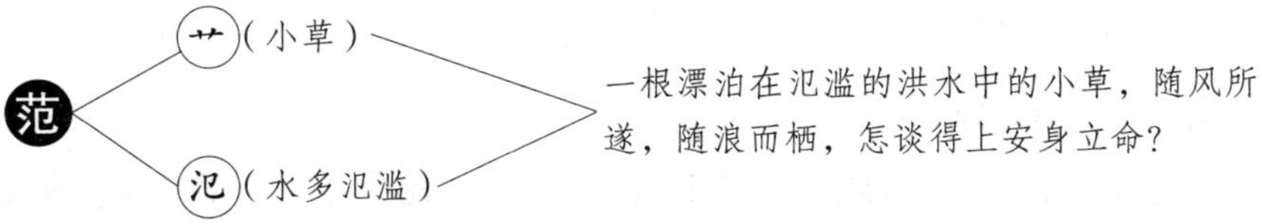


20世纪80年代末，国家从经济发展出发，提出开发海南的战略，我的同事小叶，雄心勃勃，要去海南趁“潮”，行前来问时运，翻书得“范”字。

“范”字上面是草字头（艹），下面是“氾”（同泛）字。“氾”就是水多，水多为氾为滥，所以氾滥总是连在一起的。当年的海南，的确是人多，人多达到了“氾滥”的程度，小叶还想去成为其中的一员！

而无论为水为物为人，“氾滥”都不是好事。

他去海南赶“潮”的重要目的是求财求职，求财得水可能是好事，但水多到为氾为滥的程度，事情就走向了反面，那绝对是坏事；而求职，水多难出头。看来他的这两个要求都不能舒展。

“范”字头上有草（艹），我们不需分析这草字头的善恶，但他去海南，真如一根漂泊在氾滥的洪水中的小草，随风所遂，随浪而栖，怎谈得上安身立命？因此海南绝不是他安营扎寨的地方。不过，水氾草聚——读者可去观察涨洪水的江河，风浪所驱，水草枯叶总是汇聚在水流较缓的港湾。以此喻人，水草相聚如人之相随，“草儿们”汇集到了一起，交叉互叠，是结识朋友的好机会，他这次去海南，虽求财不能、求职不遂，但一定能遇到好朋友，误撞误中，也是好事。

小叶年近三十，还没有女朋友，这次可能是个机会。

我把“范”字拆开后的几层意思告诉他，他听到有可能遇到意中人，于是收拾好行装，第二天就走了。

半个来月后，他回来了：瘦了一圈，黑了八度。谈起海南的经历，他说："真不想回来啊！"

他说，海南骄阳似火，买顶草帽要价15元；小解一次1元；一碗面条，上面仅有三根细如稻草的肉丝，也是15元；睡窝棚似的旅店一晚20元。要知，20世纪80年代末，大家的工资一月平均还不到100元。如此种种，几天下来，他的"荷包"空了一半。想回来却无钱买票，幸亏运气好，在售票处碰到了他大学时的一位同系不同专业的女同学，她也是来趁潮的。读书时虽接触不多，但他乡遇故人，格外亲热——两株"草"聚到了一起——彳亍街头、食于小店，说不尽的回忆、展不完的未来。两个"王老五"，几天下来，形影相随，感情真如"范"字中的"氾"——咆哮奔腾的洪水。可惜"荷包"已瘪，想要家中电汇钞票，又无收款的地址（那时还无信用卡一类东西），于是两人互道珍重，洒泪分离，各回单位。就如晚唐诗人郑谷所写："数声风笛离亭晚，君向潇湘我向秦。"

不到一年，小叶调走了，调到了他在海南遇到那位女生所在的山沟沟中的单位——"氾"中的两株"草"，终于聚到了一起。

# 六十、毳（）

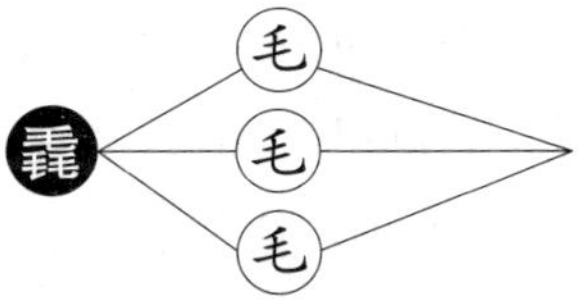


这老师做访问学者之事被人“撬”了。要吃下去的是“毳”饭：问也冇（毛），等也冇（毛），最终还是冇（毛）。

1989年底，某学院一老师为出国做访问学者之事来预测可否成行，翻书得“毳”（音脆）字。

原来，学院申请到两个去美国做为期一年的访问学者名额，这老师通过笔试、面试和上级考核等层层筛选，最后与另一位老师终于胜出，那一位老师两个月前就到了大洋彼岸，而他还在等候通知。多次询问，开始回答是等消息，后来回答是冇消息，最后不做回应。心疑被人戏弄，故来拆字。

“撬”，这个字时常见到，尤其是在公安部门有关入室盗窃的通报中，而“毳”是“撬”去手（扌）而成。这字平时很少用到和见到，是一个很偏的字，就如同他出国做访问学者一样“偏”（那时访问学者的名额对于二、三流的院校来说，还是很少见的）。这老师翻到它，真是事与字“偏”到了一处——毳字偏，出国之事也偏。

在拆“毳”字前，先说一个故事，这故事记录在哪一本书上，我有点记不清了。

唐宋八大家之一的苏东坡科举未及第前，与弟弟苏辙被他们的父亲苏老泉送到四川眉山的一个山寺中读书。寺中生活艰苦，和尚供给的伙食是每餐三白：一撮盐、一碟生萝卜片、一小筐米饭。餐餐如此、日日如此，兄弟俩当时并不以为饭菜简素，反而觉得味道好极了，“三白”顿顿扫光。多年后，他与好朋友刘贡父谈及在寺中苦读的情况时说：“那时真不知人间还有八珍美味也！”过了一段时间，贡父下帖邀东坡赴宴，注明是吃“皛”（音啸）饭。东坡不知“皛”饭为何饭，想到贡父读书多，“皛”饭必有来历。因为他已忘记了自己对刘贡父说过的“一撮盐、一碟生萝卜片、一小筐米饭”的“三白”之说，于是欣然赴宴。等到开席时，其他客人前面摆的都是佳肴，而东坡面前摆的是一撮盐、一碟茭白、一小碗米饭——此时他方悟贡父是以“三白”相戏——于是坦然将桌上的“三白”一扫而光。“三白”食后，贡父方给他补上八珍，东坡亦吃完不留。刘贡父问道：“二者味道如何？”苏东坡说：“俱佳！俱佳！”

后来，苏东坡为杭州通判，刘贡父卸任路过，东坡约贡父赴三珍“毳”宴，贡父应约前往。二人见面，对坐饮茶，闲谈过午，不见“毳”饭上桌，贡父饿得慌，敦促快开三珍“毳”饭，东坡回答总是说，别急！别急！如此者再三，贡父饿不过，起身要走，此时东坡方叫人端出三个空盘，说道：“盐也冇（毛），茭白也冇（毛），米也冇（毛），这就是三珍‘毳’饭。”刘贡父方知，此乃东坡聊报当年“三白”之谑。于是二人相视哈哈大笑——随后东坡方令酒肴上桌。讲了这故事，“毳”字就不用再拆了。这老师做访问学者之事被人“撬”了。要吃下去的是“毳”饭：问也冇（毛），等也冇（毛），最终还是冇（毛）。后来，方知他的名字被人顶替，顶替者出国当访问“学者”已经多时了。

# 六十一、缺（）

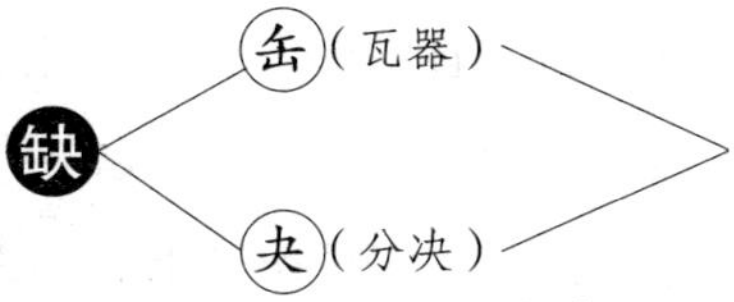


从“缺”字的字形看，书记和厂长真正是势均力敌，谁也不服谁。

我的一个老同学是某厂生产科的科长。1980年的一天，他跑来倒苦水，说他们厂书记与厂长不和，各自拉帮结派，他不知道听谁的好，听书记的得罪了厂长，听厂长的书记不高兴。据传两人中将会调走一个，他要我预测谁会调走，翻书得“缺”字。

从“缺”字的字形看，书记和厂长真正是势均力敌，谁也不服谁。“缺”字左边是“缶”（音否），右边是“夬”（音怪），互不为偏旁，各占“缺”字的一半。因此，把“缶”和“夬”比喻为人，是两人旗鼓相当。

既然已把“缶”和“夬”喻之为人，我们来看看它（他）们的具体情况。先看“缶”。“缶”是瓦器，是陶土制作的、一击就碎的物件，引申是难得久存的东西——左边这人（缶）应该会调走——暂不管他是书记还是厂长。再看右边的“夬”。《说文》说：“夬，分决也。”而对于“决”的解释是：“决，行流也。”“行流”就是流走，引申也是不会久留——右边这人（夬）也应该会调走——也暂不管他是书记还是厂长。总而言之，两人都会走。

那么“缶”和“夬”，谁是书记谁是长厂呢？谁先调走，谁后调走，还是一起调走呢？且看下面的分析。

“夬”字从“大”。因此，收录了“夬”字的字典都把它列入大部。单位中谁是老大？当然是书记。且中国人的习惯，以右为尊，“夬”在“缺”字中居右，以此而论，“夬”代表的应该是书记。

“夬”这个字用得很少，仅在《易经》的夬卦中能用到。那么，自然就要联系到《易・夬》。

这里简单地介绍一下夬卦。夬卦在兑卦之上、乾卦之下，六个爻（即六画）中五个阳爻在下，唯一的阴爻在上。在卦画中，阳爻代表君子，阴爻表示小人。五个在下的阳爻（君子）齐心合力想把居最高位的阴爻（小人）挤走。前面说了，在一个单位中书记地位最高，夬卦的寓意是厂长想把书记（小人）挤走。且夬卦的第六爻《象》辞也说：“无号之凶，终不可长也。”这里的“号”，是号召之义。所谓“无号”，是没有人再听他（书记）的了。

依夬卦所说，书记是小人，那么厂长难道就是君子吗？既然“夬”代表书记，那“缶”自然代表的是厂长。不妨看看厂长的内涵：“缶”字再拆开，上面是“午”字，下面是“凵”（音坎）字。“缶”字拆开后，寓意是“舞（午与舞同音）于凵上”，凵是险地，厂长“舞（午）于凵上”，舞（午）之不慎，也会落入“凵”中。这厂长也难得善“终”，因此他迟早也会调走。

再者，《说文》说“凵，张口之形”“受物之器”。“张口”干什么？要么是骂人，要么是要吃（人）。这厂长也不是好惹的，除张口污喷书记外，还想张口“吃”掉书记，看来这厂长并不简单。

据上分析，书记会先被厂长挤走，而厂长的下场可能比书记好不到哪里去。

后来得知，书记因为越权（越厂长之权），调到别的厂担任上级部门派出的驻厂工作队队长。书记的职务，由厂长代理。再后来，（原）书记向上级告发，厂长变卖生产原料、乱批福利，查实后厂长被免职。两人互斗，两败俱伤。

这里需说明一点，以上的分析，涉及《易经》中的夬卦，内容比较难懂，有不明之处，请读者参看《易・夬》。

# 六十二、幸（[illegible]）

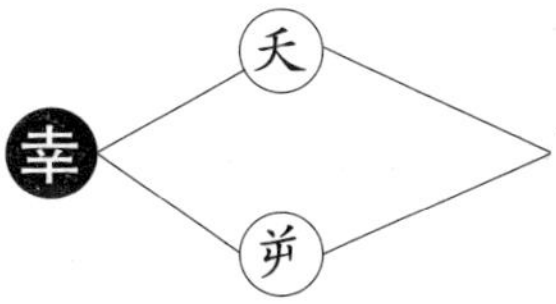


“夭”字是一个人身体不正（常）、头歪向一边的象形。“屰”字是一个人脚朝上手在下倒立的象形。“幸”字拆开，无论是“夭”还是“屰”，表现都不正常。

1990年立冬前，我的一个远房亲戚林先生与几个朋友准备进山烧木炭，行前来预测时运，翻书得“幸”字。

他看到“幸”字很高兴，自言道“会交好运”。

但愿如此！不过，这里是拆字，不能认为字义好，要预测之事就一定好；字义差，要预测之事就一定差，没有这么简单。

《说文》说：“幸，吉而免凶也。”老林说“会交好运”，有一定的道理。但这仅是一个方面。而它的另一方面，幸中往往包含着不幸，所谓福兮祸所伏，把“幸”字拆开就清楚了。

事实上“幸”字从“夭”从“屰”（𡴘）。也就是说，“幸”字由“夭”与“屰”（逆字的本字）组成，为什么是这样，大约是我们的老祖宗仓颉在造字时就在“幸”字中埋入了辩证的道理吧！

“夭”字是一个人身体不正（常）、头歪向一边的象形。所以“夭”字下面是“大”，“大”就是人，“大”上一撇是象形头歪斜的模样。现在的电影、电视在表现某人将离开这个世界时的镜头往往是那人的头一歪，这就是“夭”字的字源。

“屰”字是一个人脚朝上手在下倒立的象形。一个人正面站立，双手双脚张开是“大”字，把“大”字倒转来写是“屰”字，人之倒立，当然表示不顺——事情不顺为“屰”。

“幸”字拆开，无论是“夭”还是“屰”，表现都不正常。

“幸”还与“㚔”（音聂）的写法相同，笔画完全一致。而“㚔”

是将人戴上手铐的象形。所以，“幸”还与犯罪有关。

他们这次进山烧炭，恐怕并不会如他自言的“会交好运”，能“吉而免凶”——逢凶化吉就不错了。

我劝他放弃进山烧炭的打算，他说已和朋友约好，中途退出不义。大约一年后，他再来我家，他说他刚从牢里出来，是因去年烧炭的事才进牢去的。他翻书得“幸”，果真与手铐拉上了关系。

他说，他与同伴进山，砍树装窑、点火烧炭，这些不用细说。但到出窑的那天，偏逢大雨，山水冲来，窑门倒塌，把他困在还十分炽热的窑内，“幸”窑外同伴奋力抢救，他才捡得一条命，算是“吉而免凶”了！

因烧炭的材料好，都是结实的杂木，所以炭的品质很棒，倒是卖了个好价钱——从钱而言他是暂时“交了好运”。

按理烧炭一事到此就结束了，卖了好价钱、捡到一条命，算是大“幸”。可事情远不是如此简单。原来他们进山烧炭并未得到批准，经山民检举，林业局勘查后，定他们烧炭的性质为私自毁林。森林公安局不是吃闲饭的单位，不久手铐上身，卖炭所赚是“非分所得”，没收缴公，羁押半年后才放归。他此后再也不干进山烧炭的营生了。

# 六十三、或（或）

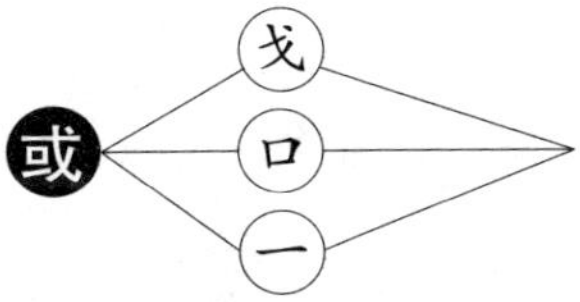


“戈”字在“或”字中占主导地位，无论是代表疆域或人口的“口”，还是代表地的一横，都在“戈”字之下——杀气太重，中东的战事免不了。

下面所说的事是马后炮，但因字形很有代表性，故录入。

1990年底，第一次海湾战争前夕，萨达姆入侵科威特后不肯撤兵，美国剑拔弩张，警告伊拉克，若1991年1月10日前不撤出入侵部队，要用战争方式将侵略者赶出科威特。

二三朋友聚在一起，漫谈中东局势，有说萨达姆穷凶极恶，战事不可避免；有说美国虚张声势，用纸老虎吓人。美国是否会发动对伊战争，意见不一，有朋友提议说，不如由我预测来结束争论。翻书得“或”字。

一般我不预测国家、国际、战争等大事，纵使私下测之，亦不录不传。因为这些事件，将很快成为大家都知道的历史事件，若记录下来，事情过后示人，人家只会耻笑你哗众取宠；事前传播了出去，就有惑众之嫌，这些都是君子所不为的。

现在第一次中东战争早已过去，这里删去个人对天下大事的好恶，破例仅作为字例录下：

凡测战争、讼诉、竞赛等事，若翻书得的字两半对开、互不为偏旁，如第六十一之“缺”、第一百四十八之“虢”字，则双方可能势均力敌；若字有偏旁（如“偏”字），或者翻得的字虽无偏旁，但字成上下两部分（如“昱”字），其中为偏旁的一方或代表该字下面的那方很可能会落败；而如翻书得的字（如“又”字）整体无偏旁、不对开，也无上下之分，字也不能拆开，这很可能，总有那么一天，一方会“吃掉”另一方。

“或”字可以拆开，拆开后是“戈、口、一”。看来一方（美国）一下子要吃掉另一方（萨达姆）不太可能。

本来，追“或”字之源，它是国家的“国”字的原字。字中，上下各一横是表天地，“口”是指疆域（另一说是指疆域中的人），“戈”是武装。

现在书写的“或”字，下面代表“地”的一横收缩变小在“戈”字之中——科学发达了，相对而言，是“地”域压迫缩小，所以世界干戈不断。

再仔细观察“或”字的建构，“戈”字在“或”字中占主导地位，无论是代表疆域或人口的“口”，还是代表地的一横，都在“戈”字之下——杀气太重，中东的战事免不了。

1991年元旦后，美国发动了第一次伊拉克战争，萨达姆大败，但没有被“吃掉”，这正如“或”字字形所示。到第二次中东战争，一方才吃掉了另一方，萨达姆被灭——那是后事，不在“或”字拆字范围之内。

# 六十四、姓（ ）

从“姓”字拆字看，有地利人和，时代的温馨又赋予他天时。他会像“屮”一样蓬勃生长，像“牛”一样踏地而行，像“女”一样繁衍生息，他将来的事业应该会很不错。

1991年，朋友的亲戚小符买了一辆东风牌大货车，准备跑运输，来预测生意的好坏，翻书得“姓”字。

“姓”字拆开很简单，左边是女，右边是生。

先说“生”字。籀文的“生”字是“土上加屮”而成。“屮”（音彻）是嫩草，所以“生”是草初出土的形象。联系到小符新买车从事货运，就如初出土的“屮”一样，只要雨露得宜，“屮”定能欣欣向荣地成长。所谓雨露得宜，是指天时。改革开放后，发展民营经济，他恰得雨沛露润之时，“土上之屮”，必能芊芊生长，现是一株草，久后将会连成一大片。这是说，既得天时，若再附上地利（“生”字中有土，已得地利）与人和，目前一辆车，久后可能发展成一个车队。不过因“生”字从屮，“屮”终归是草不是树——再怎么发展，也只能说是平平而已，不能说明他在运输行业中树旗帜为领头——这是以“生”字从屮而言得出的结论。

而“生”字，除是“土上屮”外，它也可拆成“牛、一”两字。“一”在下是地，与“土”没有什么大的差别。但“牛”和“屮”就大不相同了，这时的“生”就成了“牛踏地上”——从这一拆法可以看出，他不但会有欣欣向荣的发展机会，还可能在运输这一行业中，成为一方之雄呢！

根据以上分析，“生”从“屮”不能树帜领头，“生”拆成“牛、一”则可成“一方之雄”。两者似乎矛盾，这一点我们留到后面再说。

如此看来，小符既得天时，又得地利（“生”字中“一”在下是地），只差人和了。

再看“姓”字。它的左边是“女”，人类的繁衍得力于女，这是“人和”之象。做生意测字得“女”，一般能昌。请注意“一般”两字，因为有的情况下不是，这与字的书写有关，例如“女”字作为偏旁，书写时它在整个字中的大小比例以及与另一部分的间距配合等，其中变化甚多，这里不再讨论。小符书写的“姓”字规范，其中的“女”自然也规范，所以他写的“姓”字在“一般”范围之内——入必昌之列。

从“姓”字拆字看，有地利人和，时代的温馨又赋予他天时。他会像“中”一样蓬勃生长，像“牛”一样踏地而行，像“女”一样繁衍生息，他将来的事业应该会很不错。拆字，能天时、地利、人和尽占，十分难得，我鼓励他好好干，必有如诗如画的美景在前面。

“生”字从中是先天——说他不能领头树帜，“生”字从“牛、一”是后天——说他成一方之雄。先天是天赋，后天是人为。人有时能胜天——胜在后天，他在运输行业必能功成业就！

2000年我再见到他时，他已经拥有50多辆车了，成立了当地最大的搬家公司，在搬家这行，已崭露头角。

# 六十五、遗（）

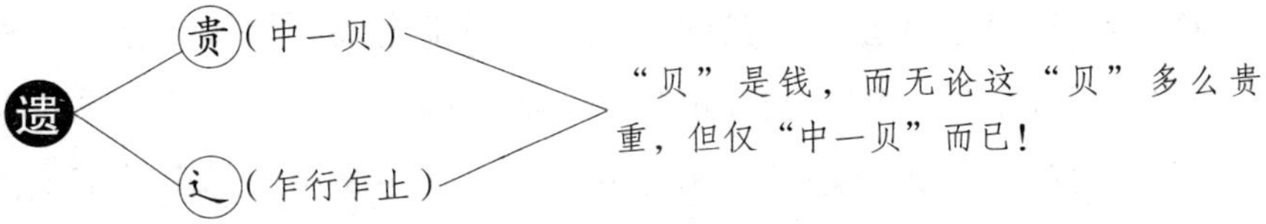


1992年春，一胡姓朋友想盘入一家餐厅，签合同的前夕来预测财运，翻书得“遗”字，他写的是简体“遗”。

“遗”字拆开，内是“贵”，外是“辶”（音绰），俗称辶子。

《玉篇》说：“贵，尊也。”以此推之，他盘入的餐厅比较高档。《说文》说：“贵，物不贱也。”因此，盘入的价格应该也不菲。

“辶”本由“彳”（音斥）和“止”两个字合成，是脚在路中的意思，即所谓乍行乍止。引申为犹豫不定，由此看来，也许他还拿不定主意，这大约也是他来拆字的重要原因。

老胡说，确是如此。想盘入的这家餐厅在市中心，地段好，装修也雅致，所以要价高。餐厅已存在了八年多，原主人因家庭变故而无心经营。经他考察，这里顾客众多，利润不薄，估计两到三年就可收回成本。他所顾虑的是，风传此地要扩宽路面，此店在路面扩宽的范围之内。他到规划局查询，回答是目前还无此计划。

我说，至于盘入与否，还要你自己拿主意，我只能预测你的财运如何。具体到财运，把“遗”字中的“贵”字拆开就知道了。

“贵”字拆开，是“中、一、贝”三字。“贝”是钱，而无论这“贝”多么贵重，但仅“中一贝”而已！一贝之寥，说明纵使有赚，也不会很多，发不了财。

我重申了这层意思，从“遗”字拆字看，这餐厅得利不丰。老胡分得遗产不少，资金充裕，钱在手中不生钱，心有不甘，看人家办实业，以钱生钱，因此总渴望有自己的事业。于是下定决心把餐厅盘了下来。开张那日，我买了一束鲜花，也从俗去凑热闹。见餐厅挂的牌是“壬升酒家”，写的行书古朴刚劲，但“升”字上的一撇小而远离升字主体。来道贺的朋友多，老胡忙不过来，我问他妻弟，为何取这店号。他妻弟很得意地说：“这是我父亲的主意。因为今年（1992年）是壬申年，改申为升，是个好兆头，我父亲又觉‘升’字顶头一撇不好，故‘升’字的一撇写得小而且远离。”老胡的岳父，这位老先生在当地文化界颇有名气，尤善书法。我不便多言，唯唯而已。

上面说了，书写的店名“壬升”中的“升”字一撇小而远离主体，大约老先生是取“升而无别（撇）”之义罢，取义虽好，只是使得“壬升”二字合起来，就近似于“弄”字了，我朋友姓胡，其谐音就成了“糊弄”，其义就不佳了。

餐厅开张一年多后，胡先生又将这店盘给了他人，赚没赚到“一贝”，我不清楚。不过那儿至今仍无拆迁的迹象，看来他将这店面盘出，应与拆迁无关。具体是何原因，就无须费工夫去探讨了。

# 六十六、旬（旬）（）

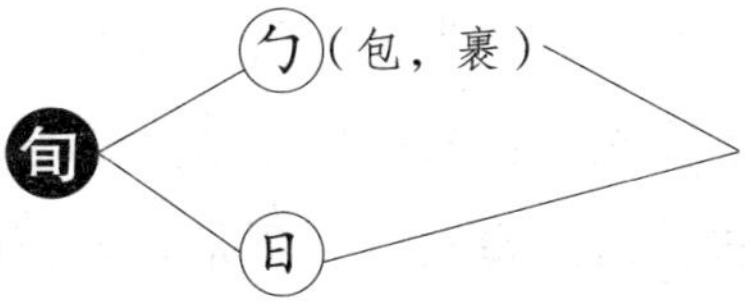


“旬”简单的寓意是：太阳被遮裹起来了，即太阳暗淡无光。以此喻之，是他开店讨生活，前景不妙。

一朋友是某工厂的仪表装配工。1992年秋，他想跳出界外，开一间洗衣店，找我来预测财运。他翻字典先得“句”字，然后又指“旬”字（那本字典中，句与旬隔页相邻），犹豫不决，几经反复后，最后决定用“旬”字。

翻书指字，本应随机而定，这样反复不决，一般我是不拆的，因碍于情面，只得勉强为之。

他为指定一个字尚且如此之难，一换再换。那决定一桩事，尤其是与生计攸关的事，将不知有多难，也将不知有多少个夤夜在失眠中度过。以此推之，他的洗衣店能不能开成，还在未知之中。

下面的内容是以他能成功开店为前提来分析的。

我们在“司”字篇中说过，“司”字中右边的“横折竖钩”既是“司”字中“一口”的靠山，又是“一口”压顶的泰山，它是“一口”的依靠，但又阻碍了“一口”的发展。“旬”字不同，“旬”字拆开是“勹下日”。《说文》说：“勹，裹也。”“旬”简单的寓意是：太阳被遮裹起来了，即太阳暗淡无光。以此喻之，是他开店讨生活，前景不妙。

我们的历法是十日为一旬，周而复始。所谓十日，这儿泛指时间不会太长。他若开店，不久就会关门停业，回到原点，周而复始，依旧去干他的仪表装配工。

这位朋友我相识日久，为人做事小心翼翼，连说话也从不高声。他跟随他人之后，为兵为卒可以；独当一面，为将为帅不行。现在拆字又得“旬”字——太阳被遮裹起来而暗淡无光。这与他性格智力暗合，皇天不欺人，我劝他打消自立门户的想法，人人想发达，不是人人都能发达。

如果预测时用他开始指定的“句”字，情况又是如何呢?

“句”字和“旬”字虽然只差一短横，但两字的来历大不相同，即源头不一。就好像两个人，天生能力智力不同一样。

“旬”字从日，“句”字从口。

“句”字上的“勹”可不是“裹”，因此不能按“勹，裹也”来解释。若说来历，它（勹）是由“纠”字右边部分演变而来，原形是瓜（果）与藤蔓纠结在一起的模样。所以用纠结的藤蔓加上“口”来表示绵绵不断的语言——“句”。它的意境与“旬”天差地别，它是寓意藤上有瓜（果），不但事成，而且必有所获，以他开洗衣店而言，不但店能开成，而且还能获利。最后他选“旬”弃“句”，正说明人的命运，往往决于一瞬间!

“句”若按“勹、口”拆开亦可：这是“勹下口”。把“口”包裹起来，那是不必多言，行（干）之即可。

他若选的是“句”字，我将鼓励他跳出工厂，自谋生计。不但“行之即可”，而且也将如结瓜垂果的绵绵藤蔓一样，后景好得很呢!

# 六十七、原（原）

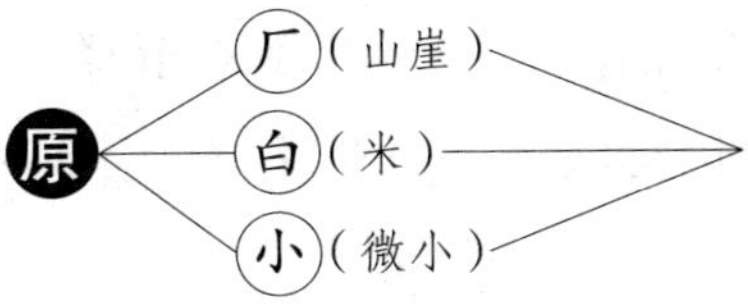


虽然山崖（厂）仍在，可以遮风避险——留职停薪，仅有“微少的米”来糊口而已。

我有个亲戚的儿子小林，是某国营厂装配车间主任，工作不错，工资虽不高，却也安心。20世纪80年代末，他听从朋友怂恿，突然办了留职停薪，惊讶之余，为其测字，卜得“原”字。

先看“原”字的结构。“原”字头上是“厂”，“厂”，我们现在仅把它用于工厂的厂，其实这是汉字简化后的借用。它原是山崖的象形字，读成岸。“原”字最初的寓意是“泉出崖下”。因此“原”字起始是写成原（即“原”字初始由“厂”与“泉”两字组成）的。崖下有泉当然是好事，泉水虽细弱，但涓涓不断。水，我们在前面已有交代，它喻财。细小的泉水，不能让他成为富翁，不过汩汩成流，长年不歇，喻财源虽小却不会断绝；且泉水清洁无染，喻钱来路也清白；上面又有山崖（厂）遮风挡雨，作为一个平常的百姓，安生安心，算是求之不得的事。

不过这一切，仅是他辞工跳槽前的事。为什么这么说？因为“原”字现在已不写成“原”了，都写成“厂下白小”。也就是说，“原”的写法已成了过去——就如同他当国有工厂的车间主任一样已成往事。

“原”字拆开既然成了“厂、白、小”三字，就三字整体而言，虽然山崖（厂）仍在，可以遮风避险——留职停薪，就是为了规避风险，故仍有遮风雨之处，只是已无“泉水叮咚”了。因此，以收入而言，这是断了水源，连微薄的工薪也没有了。

没有了工薪，不过他也不至于饿死。因为“白”字，本是一粒米的象形字。米色呈白，又常见于生活之中，故用米来表示白色，而米，一直是财富的象征（粤语，发工资也叫出米）。《说文》在解释“食”字时说：“食，一米也。”也说明他仍有收入，只是不多，不可能发达——“原”字中“白下是小”。

“小”，本是指碎屑、零散而不多的东西。故《说文》说：“小，物之微也。”这也说明他以后发不了财，仅有“微少的米”来糊口而已。

现在的“原”字，是“源”外无“水”（氵）、“原”内无“泉”。内外都断了财源，他以后的日子将会很不舒坦。

上面是说的财气，他以后的日子不但不能富裕，还很艰难。

他原是车间主任，算是“从九品”，以后连这“从九品”也没有了。因为“白小”两字相连，以“白小”喻官位（禄），那是布衣之身，无职无位。

以“白小”喻处世，是人微言轻，最好的主意也没人理睬。

以“白小”喻事，是无喜可言。

这些都说明，他跳槽将事事不顺。

我问他，干得好好的，何苦要跳出来呢?

他说了他的苦衷：他所在的单位虽是一个中型的国有工厂，但原来的厂长为人公正，奖也恰当，罚也公平，经营也还算有方，虽然收入不高，但无黑幕，所以能安心工作。一年前，老厂长退休，上级调来个新厂长，这人任人唯亲，他的亲属、朋友纷纷调入，中层领导差不多清一色换成了他的故人、亲眷，这班人沆瀣一气，又不懂业务，弄虚作假，工厂每况愈下，上级还时时表扬他。

现在连工资也发不出来了。不走是无前途亦无“钱图”；走出去虽然前路茫茫，不过总可以看看外面世界的精彩。

难哪，确实是难！我知道他干的那行专业性质特别强而且面窄，他要适应其他的行业不容易；经商呢他人太老实，不是做生意的材料。

《说文》说：“高平曰原，人所登。”拆字中的原，不是人人可以登上去的，小林就没有“登”上。或问什么情况下可“登”，那要看来人的书写了。记得原字有一简写是“厡”，这种写法或可“登”也！但这种写法已经废止。小林书写的“原”字规范如其人之守规守矩，故不可“登”。余下之话不去说它，不过我这里决无诱人违规之意！

# 六十八、百（）

1993年左右，朋友介绍一位六十来岁的妇女来测家运，翻书得“百”字。

古人记数，一颗麦粒表示一，绳弯二道表示九，绳上一结则为十。古人很聪明，在记“百”数时，就不用结绳的方法了，而用挂穗，这样简单，土墙上挂一条短的麦穗就代表一百。这女子，虽年纪早过半百，但衣饰华丽，看来她家境殷实。测字又得“百”字，是喻记账已无屑于结绳，而用“挂穗”结算出入，20世纪90年代初，这样的家庭还不多。

“百”字拆开，是“一、白”。“白”再通俗点的理解是“无”。这含义与“挂穗”完全相反。不过它们之间并不矛盾：“百”字拆开以后才得“白”，即因有“百”才有“白”。这是“挂穗”于前，“穷白”接后的意思。因预测家运，她的家庭，必有变故。

我在前面的“原”字篇中也会说到“白”，说它是“米”，米是财物的一种，“米”与“小”配（“原”字中白、小），说是财少。“百”字中“白”与“一”配，那是穷。因为除零以外，“一”是数目中最小的数，是“小中之小”。“百”字拆开为“一、白”，她家现在虽富，“穷白”不久将至。

细究“白”字，它其实还是“自”字的简写。这样，不但她家变穷，她本人（自）也将穷困。

以“百”字测家运，字中有“白”。这家人家既没有做官的人，也没有读书很多或者学而有成的人，都是“白身”和“白丁”。

我委婉地告诉她，她的家运以后可能会不如眼前，至于原因，家事难断，我也说不清楚。

她听后一面哭泣一面诉说。

她家经营一家面食店，老伴调制的牛肉面很有特色，虽是小本生意，但食客天天满堂。起早摸黑，儿子儿媳全家投入，在辛苦中赚了一点钱。家是富了，可问题也来了，最近她发觉儿子结识了一个吸毒的男子，偷偷吸毒。

家中她和老伴识不了几个大字，儿子儿媳最有文化，“文革”中读到了初中毕业，因此面食店由她儿子管账收银。这小子利用收银的便利条件，常常偷钱去买毒品。吸毒是犯法的，把他送到戒毒所，又于心不忍；若要让他如此下去，不但家道日落，也担心媳妇会因此离他而去。

这真是一个难题。以“百”字测字推之，她有破家之虞。因此我建议她不如改由儿媳收银管账，这样既安了儿媳的心，又断了儿子“偷钱”之举。这样或可保家不破。

不肖子让她（家）在厄运中挣扎！

# 六十九、更（）

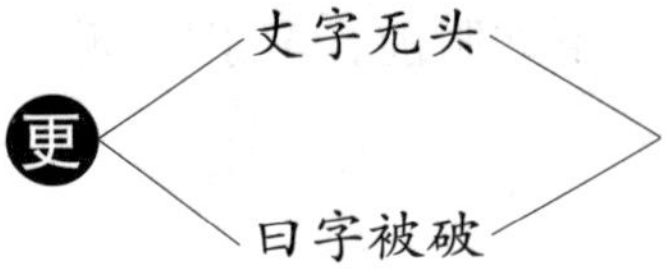


她开的槟榔店的“店命”不会“长过丈”，即这店会短命关门。“曰字被破”，这店事实上已经不成“店”了。

20世纪90年代，同事带一位五十来岁的中年妇女吴妇来测字，吴妇开一家槟榔店，她与“老头儿”关系不好，影响了小店的经营。她想问这店还能不能生存下去及与“老头儿”的关系还能否好转。翻书得“更”字。

“更”字，按目前流行的写法——还有其他的书写形式——是不可拆开的，因为拆开后有一部分不能独立成字。字不能拆，她的槟榔店要想生存难，与“老头儿”保持良好的关系也难。

“更”字虽不能拆，但可以看成是一个无头的“丈”字穿“曰”而成，那么“更”字就成了“丈字无头、曰字被破”的形式。

先讨论“丈字无头”。

一、以人事而言，“丈”是对男性老者的尊称，应该是她的“老头儿”。至于“丈字无头”，这有两种可能：（一）是孀居无老伴，但她说有“老头儿”，那么这种可能不存在；（二）不能算“丈”（夫），现在和她在一起生活的“老头儿”，不能算是她的丈夫。

二、以“店”事而言，“丈”是长度的单位——十尺为丈。“丈字无头”，是长度不够十尺或者刚刚接近十尺，引申是她开的槟榔店的“店命”不会“长过丈”，即这店会短命关门。

再看“曰字被破”。

“更”字的中间是个“曰”字，但一撇穿它而过，故说“曰字被破”——这是“曰不能成曰”了。那也可从两个方面来看：

一、人事。开口说话为“曰”，“曰不成曰”，是说不得（起）话，没有话事权。来拆字的她，那没有“话事权”的人也应是她。

二、店事。“曰字被破”，这店事实上已经不成“店”了。

我把拆字的内容告诉她，她也就坦诚地告诉我，她说，她早年丧夫，为抚养子女，她一直寡居。而为了养活子女，她学到了制作槟榔的手艺，她制作的槟榔有特别的风味，老小皆宜。大约五年前，她开了一间小小的槟榔店，因子女已经成家立业，不再在店里帮忙，全由她一人打理。一年前，她结识了一个姓余的老汉，将他招赘，但还没有正式结婚。她教会了他制作槟榔的技术，于是余老汉管制作，她负责管账收银。因为槟榔口味好，所以生意也格外好，因此她的槟榔店只批发，不零售。三个月前，余老汉的儿子儿媳来了，因是一家人，她分配他们负责原料采购和销售，谁知老头儿的儿子采购的原料报账时贵了许多，儿媳销售的回款却不拿出来上账，小店难以为继，这样就产生了嫌隙。余老汉却站到了儿子儿媳的一边，她这老板反倒成了局外人。她想把他们父子赶走，但又对“老头儿”的情意难忘。

一般而言，家庭矛盾，是劝和不劝散，像她这种半路组成的准家庭，我以为还不如散了的好。因为“更”字，去掉“无头的丈”后，虽不成“更”（理解为家），但“曰”就无破之虞了。

# 七十、配（配）

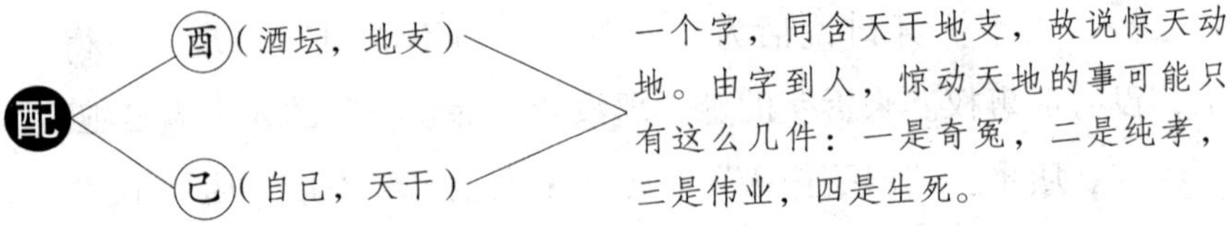


1994年初，一远房堂兄南下，想在南方觅一收入称心的工作，逗留半月余，不能如意。心灰来测命运，翻书得“配”字。

“配”字拆开，左边是“酉”，既是装酒的酒坛，也是十二地支的第十位；右边是“己”，既是自己的己，也是天干的第六位。

“配”字，右天干、左地支，这真正是个惊天动地的字。一个字，单含天干或单含地支不足为奇，同含天干地支，故说惊天动地。由字到人，即对于一个人而言，惊动天地的事可能只有这么几件：一是奇冤，二是纯孝，三是伟业，四是生死。

我基本上算了解我堂兄，一是他和善无仇，不管闲事，不会成为“窦娥”，因此他应无奇冤；二是他的父母已经亡故，早已尽了孝道；至于第三件，他一个平常百姓，哪来的伟业？剩下的就是归黄泉之路了。

拆字与用纳甲算命不同，用某个字测一个平凡人的命运，一般不宜涉及天地，仅用字本身来推详之。

《广韵》说“酉，老也”“己，身也”。这儿的“老”，是黄昏之“老”，行将就木之“老”。事实上，以“酉”喻时间，是下午5点至7点，是日沉鸟归的当儿。

这儿的“身”，是自身，即指来预测命运的堂兄。

堂兄五十余岁，就得到了“老”，以现代人寿命而言，真正是太早了。测字至此，我细看他的面容——肤色黄中透黑，一脸倦容。我劝他休息一段时间，抽空去检查一下身体。他反倒笑起来，说道：“哪能休息？包袱重啊！又哪有多余的钱丢给医院呢？”

堂兄的包袱确实很重。家在农村，四个子女都未成家立业。大的读大学，然后高中、初中、小学。连接起来，就像一级连一级的楼梯。令他欣慰的是，个个争气，读书不用操心。

堂兄幼时家境清寒，读书不多，但人极聪明，自学了拖拉机、汽车、家电的维修以及金属模具及塑料模具的设计与制造等，是县农机厂的技师。20世纪90年代，家乡工资低，养家不易，他想出来打工，因无文凭，有才难展。

堂兄回乡不到一月，旋即病倒，检查是肝癌晚期。临终前，他对身边的子女说：“我照顾不了你们了，那边轻松，我要去休息一会儿了！”

真正是“老”已及“身”，这“身”是指我堂兄——因他来测字，故说是他。

天下的父母大多为了后代做出了巨大的牺牲，忍受着漫长的苦痛，在艰难的生活中煎熬。我母亲也是其中的一位。我读大学时，也是我家最困难的年代。寒冬的湘北，北风呼号，母亲仅穿一条单裤——一条单裤，怎能抵御那冰天雪地的严寒？我不敢想象母亲是怎么熬过来的，至今想到这些，我就心酸、心痛，当时我真不知道母亲是在如此艰难中坚持送我去读书的。

考取大学的那一年，置办被褥的费用还没着落，没法，我只好去找一个远房舅舅借。那一年的整个秋天与冬天，为还钱，家里往往连买一天口粮的钱也凑不上——这都是为我读书啊！我母亲对我，真如“配”字所示的感天动地！

现在，我的条件好了，但母亲已离开了我，“子欲养而亲不待”，留下的只有永远的思念和感恩！

《说文》说：“配，酒色也。”堂兄所饮之酒非日常人们所饮之酒，乃家庭重负之酒；“色”更非女色了，乃爱子女之心！

# 七十一、死（）

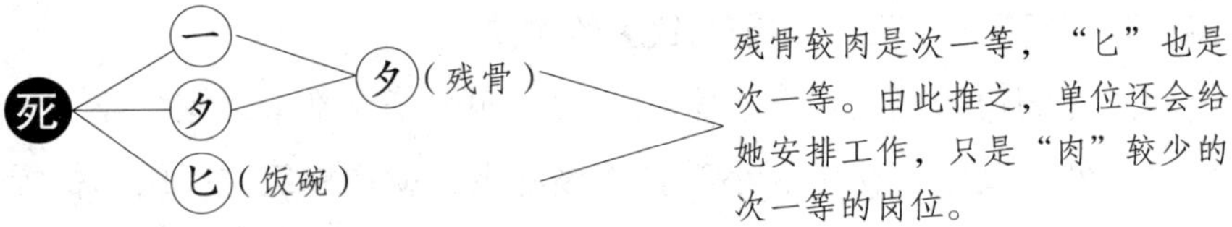


20世纪90年代，我朋友的女儿单位改制，定编上岗。朋友忧心女儿的前程而来测字，翻书得“死”字。

翻得这个字，他吃了一惊，凉了半截，连说：“完了！完了！”

“死”字的字义的确很可怕，拆字、拆字，是以字的组成来分析其寓意的，字义好时可作为补充和参考——因为人心向善，都怀有美好的希望和憧憬；字义凶时整字只做“旁观者”而已！

“死”字拆开是“一、夕、匕”。“匕”是吃饭用的匙或筷子，引申就是“饭碗”。“一夕匕”是她现在的“铁饭碗”端不长了。

不过，也并非他所说的“完了！完了！”那么可怕。因为“一夕”合起来是“歹”，《说文》说：“歹，列骨之残也。”我在“滑”字篇中说到“骨”字，说骨中带肉（月），“歹”字和“骨”字还很有渊源，它是残骨，残骨中的肉更少，所以“歹”字中无“肉”（月）字出现。这样，它比正经上架（上岗）的“肉”要差了几个等级，即她不如上岗的人们。但毕竟带“肉”，只是肉少骨头多一些而已。不过，还是有可吃的内容。“匕”，它既是饭勺也是小小的武器（匕首），说到工作，它的出现也算是好的寓意。而究其来历，它本是单人旁的“亻”（人）字的反向书写形式，原意是指女性（雌），古人以为，女是亚于男的。因此“匕”也有表次一等的意思——残骨较肉是次一等，“匕”也是次一等。由此推之，单位还会给她安排工作，只是“肉”较少的次一等的岗位，没有过去那么优越悠闲了。

我问朋友他女儿干什么工作，他说她在某局后勤处负责分发报纸、收发信件以及大小几个会议室的茶水。我朋友说：“我女儿也估计到自己会下岗。”

女儿告诉他，上个月局长处长在小会议室开会，小会议室的龙井不够了。他说：“我女儿临时到大会议室拿来一听一级铁观音。她把龙井泡给了局长、副局长，轮到处长们时，只剩一点龙井末末。于是她泡了一杯铁观音端给了她的处长，处长揭开杯盖喝茶时，横了她一眼，当时她就知道不好，处长平时只喝龙井，不喝其他茶。回家后，女儿把这事告诉了我爱人，我爱人同她在一个机关工作，知道她们处长最好面子，她这次当着大家的面扫了他的面子，他会计较的。当晚，我爱人狠狠心，花了好几百块钱买了一听龙井，第二天要我女儿去送给他们处长，处长打开一闻，说：‘这是去年的陈茶，这种茶不能喝的，喝了有害身体。’他不肯收，我女儿只好把茶叶又带回来，我爱人真的不懂喝茶还有这些讲究，只看那龙井的牌子和生产的厂家与小会议室的相同，于是就买了。现在我拿着这龙井成了负担，处长不收，退又退不掉，因为开封了。自己吃又舍不得，一杯茶比一顿饭还贵啊！”

不久他女儿下岗了。我朋友说：“但碍于我爱人在财务处当会计的面子，后勤处还是将我女儿安排到了机关招待所做服务员。”

她女儿得到的确是“残骨”。

# 七十二、列（）

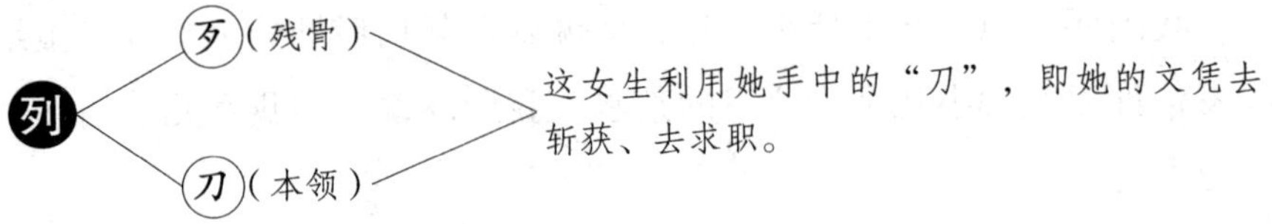


1994年初夏，我携家眷到南岳朝佛（我虽不是佛教徒，但我十分尊重佛教的教义），见路旁一中年行脚僧设摊正在为一个女学生拆字，所拆的字是“列”字。听这女生说，她即将大学毕业，趁朝佛之机来测前程。我抱着学习的心理，于旁聆听。

行脚僧说，“列”字大凶，左边是“歹”，右边是“刀”。“歹”字拆开是“一夕”，“列”就是“一夕见刀”，因此大凶。吓得那女学生脸色苍白，细汗沁出。她在旁的男朋友连问有无禳解的办法，僧人答道：“当然有，只是要请动天神地鬼，这香烛、供品费不少啊！”女学生问要多少钱，僧人说需50元（当年的50元，对一个没收入的学生来说，也不算个小数目，不过他们花的是父母亲的钱，不心疼）。她男朋友立即掏钱，请僧人禳解。见状，我知这僧人是骗人财物的下三流，诸葛亮禳星尚且不能成功，何况于他！再者，人的命运岂是可以靠50元钱来禳解的？但我亦不好上前阻止，坏他生意。

我坐在路旁的山坡上，离这僧人大约十米左右，看他为游客拆字，见到后来来拆字的游客，竹筒中摇出的都是凶字，如“忍”字、“怨”字等等。并且他拆字，在前一个测字者及围观者未走前，他不肯为后来的人拆字。在众人未离开前，中间若有人请他测字，他会高深莫测地说，他需定定神，否则拆字不准。说完这话，随即双手合十，闭目不理人，装成“入定”的模样。

平心而论，一日拆多字并不好，连续拆字更不行（街头卖技者才会如此）。这是因为连续拆字，心不能宁（静），哪能想好要拆的字？但这和尚不愿连续拆字，绝非这个原因，他是怕人把骗局揭穿。

集聚看热闹的都是游客，见和尚入定，于是纷纷散去，临走时有议论他是高僧的，也有说他是讹人的。

我离他远，目视他处，装作漠不关心的样子，我没有离开，他虽在意，但总不能呵斥我，赶我离开。

其实，开始我确实有“偷师”的想法。后来见他用竹筒摇签出字，摇出的又都是“凶”字，也不要人随即书写摇出的竹签上的字，就知道他是骗人的。表面看来，字是签筒中随机摇出，但签筒中放的基本上都是“凶”字。这僧人其实并不懂拆字之法，以为拆字字凶则事凶、字吉则事吉，拆字哪有这么简单呢？

拆字是随机的机缘。例如以“好”字为例测婚姻，来测字者写的“好”字（如果是男女双方同来，需各书一个“好”字）其写法不同、连笔有异，测出的婚姻质量也大不相同。一生婚姻的机缘浓缩在一个字中，那这字每笔的肥瘦、间隔、长短、枯笔及连笔都需细细推演，其中讲究甚多。为怕读者以为作者杜撰，此部分内容本书中没有录入，也就是说，凡来拆字者书写不正规的字本书一般都不收入，这在《序》中已做说明。这个和尚不要求来拆字的人当场书写，机缘已失大半，拆字哪里有准的可能呢？故说他不谙拆字之法。

他为女学生拆的“列”字，看上去讲得有道理，因为“列”字拆开确是“一夕刀”。但若论拆字的方法，那是全无道理。

先看“列”字中“歹”字的来历。去掉了骨面的骨头就是“歹”，“歹”就是残骨，骨虽残，但多少带有点肉。女学生测毕业后的前程，也即毕业后的饭碗，饭碗中的“内容”虽然不是太好，不尽是肉，只有一些带肉的残骨，但应算是很不错了。残骨中有髓有残肉，总比尽是小菜的要好得多。她能不能捡到这有残骨的饭碗，事实上还不知道呢！因为她没有书写，缺失了一个重要的机缘。

为什么是这样，请看下面的分析。

“列”字右边是“刀”（刂）。刀在这里引申是这女学生的本领和学识，是她披荆斩棘、开辟前途的工具。但“列”字右边的刀是“立刀”（刂）。所谓立刀，在拆字时把它看成刀刃较钝的刀（“刀”字左边的一撇代表的是刀刃，“刂”中一撇变成一短竖，故说刀刃较钝），刀刃较钝，斩获不利。一个刚毕业的大学生，无论知识的广度与深度，还是实际经验，都只能算是“刀刃较钝”的刀。

那么“一夕刀”就是这女生利用她手中的“刀”，即她的文凭去斩获、去求职。

竹签上书写的“列”字是规范的，即左边的“歹”与右边的“刂”笔画不相连，也就是“刂不能及歹”。引申就是这女学生的“刂”——开辟前途的工具，可能连这带残骨的饭碗也斩获不到——因为她没有书写，所以说可能她斩获不到。这并非是她的错，而是和尚没要她写。假定和尚要她写了，她写的字左右连笔，则带残骨的饭碗她一定能得到。

真是缘分，回程我和那对学生男女坐在同一辆车上，且是邻座。谈到上午拆字，我说你不妨写个“列”字我看看，结果她写的“列”字左右相连。我祝贺她，她毕业分配相对来说能分到一个“有残骨”的单位（那年大学生还是国家包分配）。我还向她做了详细的解说——也就是上面所写的内容。并告诉她，他们上午受骗了，不但骗去了钱，而且还让他们空担心了一回。

原来，我和这对学生住在同一个城市，后来再见到她时，她已是某中学的老师了。

# 七十三、言（）

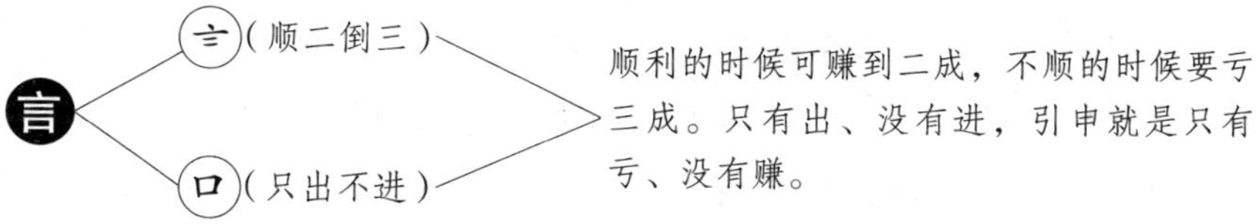


1995年春，一谭姓朋友新开了一家精品店，来问利好，翻书得“言”字。

因与小谭很熟，我就直言不讳地告诉他：从“言”字拆开来看，他的精品店前景不佳。因为“言”字，上面部分是“顺二、倒三、不成四”。下面虽有“口”，但只有吐出的，没有吃进的。

请看：“言”字上面一点一横（亠），这谓之字头。字头在拆字时即“事头”，也就是事情的由头或来头。事情的由头是他开的这家精品店。字（事）头之下是二横，这是一个标准的中国“二”字——“顺二”。也就是“事头”之后——精品店以后的日子——顺利的时候有二成的利好；“言”字中有三横，是一个倒写的中国“三”字，“字”之颠倒，即如“事”之颠倒，这寓意不顺的时候会有三成亏损。因这“三”字还包括“字头”中的一横——从店一开张就可能会有三成的亏损。不过不会达到四成。因“言”字起首虽有四画，但不是四横，也组不成四字。

顺利的时候可赚到二成，不顺的时候要亏三成。又从“言”字的字形看，是倒三（字）大而顺二（字）小，且“倒三”在上而“顺二”在下，引申是他亏“三”的机会多、赚“二”的时间少——总体而言，是无利可图。

一般来说，求财得刀，必有斩获；求财得口，是必有小赚。当然，请注意“一般”二字。前面的“刚”字篇中有刀，但“刚”字不在有斩获之列；“言”字中有口，“言”也不在一般范围之内。

求财得“口”，是必有小赚——口再大，一口也吃不了多少，故说小赚。为什么“言”字不在这范围内呢？这是因为，“言”字从“辛”从“口”，口中所发出的丛杂（即辛）声音就是言。也就是说，“言”都是从口内吐出的，没有听说“言”是由口吃入的——所以有“一言既出，驷马难追”的成语。只有出、没有进，引申就是只有亏、没有赚。

半年后，朋友的精品店关门谢客。

# 七十四、秦（）

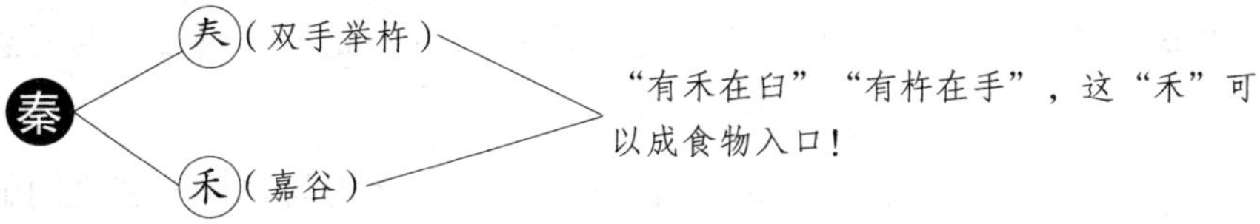


老张是我同事的朋友，在一家小宾馆当厨师长。宾馆因是官办，服务不到位，宾客稀少。20世纪90年代中期，承包风刮起，月月亏损的这家小宾馆，为摆脱困境，自然列入承包之列。老张想投标竞争，他太太持异议，为此来测字，翻书得“秦”字。

清周亮工所著《字触》记载了这样一个故事：北宋靖康之难，徽、钦二帝被掳，拆字名家谢石随南宋高宗赵构南渡。绍兴中，秦桧专权，力主和议，朝野共愤。一日谢石随侍，赵构指楹联上“春”字令谢石拆之，恰好楹联上书写的“春”字，上面头大、下面日小。谢石深恨秦桧奸佞误国，于是借拆字的机会进谏：“春”字，上面是秦字头，下面是日字。所书之字头大日小，这是“秦字头太重，压日无光”之象。赵构听后，默然不语。自古以来，“日”代表的是皇帝！不久秦桧知道了这事，找个由头，将谢石充军岭南，然后令他的亲信于途中把谢石杀害。

虽然春、秦二字共头，其实二字之头来历并不相同。

“春”字之头是春天来了，春意盎然、大地泛绿、百卉初生的欣欣向荣景象，所以“春”字之头从草（屮）从屯，寓意春天草木屯然将旺。

“秦”字之头是双手举杵的象形，故“秦”字头从手从木。因为秦地（现陕西、甘肃一带）适宜禾、麦的生长，所以“秦”字的下面是“禾”。用“举（从手）杵（从木）舂禾”来代表秦地，这就成了现在的“秦”字。谢石拆字，当然对字的结构很熟悉，他为了弹劾秦桧，故意把春、秦二字混在一起（拆字时也确实允许如此），谢石可谓用意良苦。

所以说这些，因为下面要讨论到“秦”字之头与“禾”字之间的关系。谢石出于政治需要，方把“春”字发挥联系到“秦”字。我们就不必如此了，且与“秦”字共头的字还有许多，不但来历不同，其义也各不相同，因此“发挥”不得。

在“黎”字篇中我说过，一般得“禾”者吉。还特别指出，请注意“一般”二字。这秦字中的“禾”，既可在“一般”之外，也可在“一般”之内。为何如此？结果如何？请看下面的分析。

“禾”是“嘉谷”(请参看“黎”字篇)，“嘉谷”是吉祥物，须设案供奉，也就是说，“禾”只能敬之，不能食之。而“秦”字之头是“双手举杵”舂禾，这是对“嘉谷”的大不敬。

以“嘉谷”联系到老张所在的宾馆，老张“只能敬之，不能食之”，那老张就不能承包，只能供奉在上，做宾馆（嘉谷）的“奴隶”，一生也只能由它“牵着鼻子走”。这是拆字的一种结果，前面说的一般得“禾”为吉，这结果在“一般”之外，即不吉，老张不宜承包。

再看另一种情况。无论古人今人，种“禾”为食，绝不是为了单纯的“供奉”。食之不可，供奉何益？“有禾在臼”“有杵在手”，这“禾”可以成食物入口！

这是在“一般”之内，即得“禾”为吉！老张可以承包，而且承包必定成功。

“秦”字中有“禾”不假，有“杵”在手也不假(“秦”字之头就是有杵在手)，为什么说“有禾在臼”呢？这很容易解释，宾馆招标承包，这不是将“禾”（嘉谷）下臼了吗？

一个字，拆出了完全不同的两种结果，如何取舍？拆字之难，正在于此；选入此字，也在于此。

民以食为天，老张所在的那个小宾馆——就如嘉谷——但经营不善，连工资都开不出来了，不能饿着肚皮再去供养它，老张既然有杵在手，承包告示已出，禾（嘉谷）已在臼中，现成的东西，只等落杵出米，有什么不好呢？因此我支持老张承包，他太太听了我的分析，也改变了态度，听从了老张的主意。

老张投标成功，因他有一手烹饪的好技术（他是特级厨师），加上头脑灵活、关系面广，后来宾馆的面貌还真有很大的改变，虽是小宾馆，酒香不怕巷子深，来客日益增多。

老张承包成功后，加强了管理，改善了制度，落实了岗位，还自办了一个禽畜的物流站，除供应宾馆所需外，主要是对社会开放，富余的职工从事禽畜营运，很快宾馆扭亏为盈。

拆字，除以字圆意外，也不可脱离周围的环境与现实。

# 七十五、耳（）

耳——笔画六画，四横二竖，四横不能成字，二竖也不成字。这是横竖不能成字之象。则他以后必定横竖难成“事”。

1995年盛夏，那时还没有普及空调，酷热难当，一天入夜之后，我到楼下纳凉，遇到一个三十来岁的男子，他自我介绍姓陈，住在某楼某号——这就是我楼下的邻居家，但我没见过他。他说他在外地，新近方归，并且说他见过我。闲谈之后请我占时运，卜得“耳”字。

“耳”字不能再拆开——拆开之后不能各自独立成字。但“耳”字很特殊，笔画六画，四横二竖，四横不能成字，二竖也不成字。这是横竖不能成字之象。横竖不能成字，则他以后必定横竖难成“事”——命运不济。

而细察“耳”字，横是横，竖是竖，方方正正，无一画钭钩撇捺。以此喻人，这位陈先生是刚直有余但思虑不足的人，这可能也是造成他横竖不能成事的重要原因。

“耳”字，上面一长横，下面也是一长横，上横为天，下横为地，本是天地均俱的好景象。可惜一长竖穿“地”而过，使得地不成地。地不成地，绝非佳地，必是恶地。恶地不是人所宜居之处，而长竖却居之——它穿“地”而过故说它居之。竖，以它喻人，是男子的贱称，即“这小子”。这竖不但穿地，上也触天——它与“耳”字中首画横相接——触天对百姓而言是闯祸，对权贵来说是官升至顶。

四横二竖组成的字是“耳”字，耳是很小的去处。那么总括上面的内容是：上触天，居恶地，居地又小如“耳”，这样的地方必是牢房。陈先生难怪过去我没有见过他，原来他家虽在此，却不居住在此之故。

由拆字知，这位邻居陈先生刚直，因此我也直言不讳“耳”字拆字的内容。

他说我讲的没错：12年前，他刚18岁，因朋友与人结怨，他两肋插刀，把对方打伤，当时正值“严打”，从重判罚，判监15年，提前释放，最近才出狱，因还没找到合适的工作，就住在这里，这是他父母家。

他继续问能否找到合适的工作。

我说：“你可能读的古文不会太多，在文言文中，‘耳’这个字用于句末；现在的白话文，你是读过的，那干脆把‘耳’字从句尾也抹去了。字用于句末，相当于你找到的工作，也是别人不愿干的事；‘从句尾抹去’，那就更不好说了。”

“再者，为门‘耳’是侧门（耳门）；为卦‘耳’是坎卦，不顺畅就是坎；为道路‘耳’是弯弯曲曲的小道。以此推之，也可看出，你找事做很难，要找到好的称心的工作更难了。你不如边做边看，有好的去处再跳槽不迟。一句话就是：‘先糊口，后讲好，再话富。’”

我还跟他讲了一则故事：去年的一天，皮鞋坏了，我去修鞋，找第一个鞋匠，他要8元，我还价5元，他不干；旁边的第二个鞋匠正在为他人修鞋，我顺口问他，5元你干不干，第二个鞋匠一口答应，还递过来一张小小板凳，请我坐下等一等。一会儿又来了个要修鞋的，遭遇与我一样。我修鞋大约花了半小时，后面却排了三个人，后面来修鞋的人，干脆不问第一个修鞋匠，我估计不是嫌他价贵，而是他面前没有顾客，大约后面来修鞋的朋友误以为他修鞋技术差。这半个小时之内，第一个鞋匠抄着手干瞪眼坐着看人家修鞋。这其实是个启示，谋生不可过于挑剔，坐着不如干着！他点头称是。

后来我将补鞋的遭遇告诉我的家人，家人总结为“就业的补鞋定律”。

过了几天，陈老先生告诉我，他儿子已去郊县一个鞭炮厂上班了，工作是搬运火药。

拎“耳”干坐，不若动手小赚。

# 七十六、乎（）

乎——“乎”是一个五指不全的“手”。“手”不全，成其事业必然有难度。

1995年夏，一朋友的儿子大学毕业，想到美国麻省理工学院深造，托福（TOEFL）考试已经过关，通过留学中介机构，还汇出了部分费用，但迟迟没有收到入学通知，心急来测字，翻书得“乎”字。

“乎”字不能再拆开。

《说文》说：“乎，语之余也。”所谓语之余，是指用文言文写的文章，乎字总是放在一句话的末尾。以此推之，他儿子留学的事，很可能到最后才有消息。本年度留学的事务离结束尚早，我劝他耐心等待，但要做好事情办不成的准备。因为现在写文章，大多已经将“乎”字从末尾删掉了，保留的甚少。

将“乎”字从末尾去掉是一个方面，另一方面，他写的“乎”字更像一个不全的“手”字。

这里，再一次说明，凡要我拆字的朋友，除随机翻书得字之外，还须当场书写翻得的字。在本书中，怕读者误以为是杜撰之言，故一般情况下，现场书写不规范的字，基本都不录入。但翻书得“乎”字的这位朋友，书写的“乎”字还算规范，仅“乎”字中的左右两点稍稍相连，使“乎”字的字形极像“手”字。（“手”字中间的一横断为两点就是“乎”。）因此从字形看，“乎”是一个五指不全的“手”。《释名》解释说：“手，事业所须。”“手”不全，成其事业必然有难度。

朋友的儿子一直到美国秋季学期快开学时，才收到入学通知。中介说，报考麻省理工学院的中国学生实在太多，朋友的儿子成绩虽然优秀，但山外有山，敢报麻省理工的都是出类拔萃的青年。比较而言，朋友的儿子稍稍靠后——这是“手”不全的注释——因此直到最后才定了下来——真正是“语之余也”。还好，没有从最后删去。至于留学以后的情况，不在他要求预测的范围之内，故不书。

# 七十七、隹（）

隹——字形似“佳”，“隹”不是“佳”，那这次换届选举的结果，对他来说，至少与“美好”还有一段距离。

1995年，一位近四十年不见的儿时好友来访。他既是我小学的同学，也是我少年时最好的伙伴，还是我家的邻居。我离开家乡后，忙于生计，很少与他联系，只知他担任乡人大主席已有多年，子女都已成立。我俩叙旧至深夜，他说，乡人大即将换届，县里规定要进行差额选举，他想预测能否续任。翻书得“隹”字。

“隹”字不能拆开，因为拆开后，右边不能成字，所以只能用字形与它相近的字来做比较。

“隹”字，整体字形似“佳”字。请注意的是，只是说似“佳”字而并不是“佳”字，“佳”是美好。“隹”不是“佳”，那这次换届选举的结果，对他来说，至少与“美好”还有一段距离。

这距离有多大？请看“隹”与“佳”字的差别。

“佳”字右边是上下两个“土”字相叠。因此“佳”字拆开是“人得双土，根基深厚”。若以“佳”字预测选举，必胜无疑。他在本乡本土，按理应该是根深枝繁，有得“双土”的条件，却偏偏测字得的是“隹”字，“隹”字中无土，虽然它与“佳”的差别只在头顶一“点”，但若测事，却有千里之别，看来他这次很可能落选。

我这位儿时伙伴，办事认真，循规蹈矩，他要落选，绝不是因鱼肉乡亲之故，应该是出在性格固执、不懂权变及权术、认定死理不回头的问题上。

有一件事，我至今记忆犹新。农村读书的小学堂，到我们家有两条路，一条是小路，途中要翻过一座土山，路难走，但路近；另一条是绕山的大路，路好走，但路远。平时我们都走小路回家。一天放学，大雨滂沱，大伙都觉得，小路一定路滑难行，不如走大路稳妥；可他认定，小路近、回家快，坚持一个人走小路。

天快黑时，他母亲来我家，说他还没回来，问是否因犯规留校，这时我才想到他可能出了事。于是自告奋勇带路，和他父母及几个乡亲赶紧打着火把冒雨寻找，直到山坡下才找到他，因天雨土松路滑，他滚下了山坡，人小爬不上来。

由这件事可以看出，他坚持己见，不会通融，非同一般。

改革开放后，他的这种性格，使他落伍于时代，抱定一些陈旧的观念始终不放，众多乡亲对他颇有怨言。这次选举，从“隹”字预测而言，他难选上，以民意而言，估计也难选上。

后来他果真落选，组织上让他提前退休。退休后，曾来我家小住，走走看看，看到眼前社会的巨大变化，他的思想终于开朗了，这大约也是因已跳出“庐山外”的缘故吧！

回到“隹”字，此字一字二音，既可读作追，也可读成催，读音差别很大；而且又一字二义，“隹”（追）是短尾鸟的总称，“隹”（催）是高峻的山崖，字义的差别也很大。无论从读音的差别还是从字义的不同，这都寓意，他的命运选举前与选举后的落差明显。

# 七十八、针（鍼）

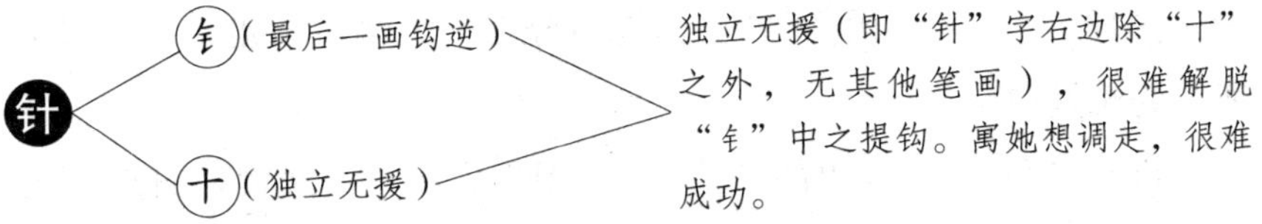


1985年，我同事的女儿财贸学院会计专业毕业，分配到某国营百货公司财务科任出纳员（那时大专院校毕业生由国家包分配）。报到时，发现工作性质不符——入营业部当收银员，她不服；联系到另一公司，安排任见习会计，但百货公司不同意她调动，扣住档案不放。因此她来测前程，翻书得“针”字，书写的是简体“针”。

“针”，既可缝衣，也能刺人。缝衣为善，刺人从恶。对同事女儿而言，调个好的单位，寻个好的工作，如缝衣披身，故为善；而对百货公司而言，刚分来的大学生要走（那时高校毕业生珍贵，不似现在满街都是），如针刺其心，自然心痛。双方矛盾突出，将会是怎样的结果？把“针”字拆开就清楚了。

“针”字，左边是“金”、右边是“十”。“金”“十”各占“针”字的一半，互不为偏旁。拆字时不妨把“针”字的两边看成矛盾的双方，即百货公司与她。

左边的“金”在“针”字中占先，即百货公司。但简化后的“金”成了“钅”，不能独立成字。不能独立成字，也就是没有主动权。不过，“钅”虽不能独立成字，但它最后一画的提钩却很可怕，《说文》说这样的钩是“钩逆”，所谓“钩逆”就是留难（叛逆者）。这也难怪，一个刚分来的学生，说走就走，百货公司也确实有难处。那时，单位有人因工作不满要调走，就像现在某地有人上访一样，地方的领导会觉得不光彩、没有面子，上级也会认为他没领导能力，所以尽力地压制。同样，百货公司的领导也觉得新分来的大学生要走，让他没面子，所以为难她。

再看“针”字右边的“十”，中国习惯，人为贵，右亦为贵，因此，它代表的是我同事的女儿。

我们在前面说过，“十”既可从善，也可从恶。工作调动，愿望善良，自然从善，但从善不一定就得“善”。因“针”字中的“十”独立无援（即“针”字右边除“十”之外，无其他笔画），很难解脱“钅”中之提钩。寓她想调走，很难成功。

后来得知，同事的女儿调动没有办成，百货公司“留难”她的理由很简单：刚分来的大学毕业生，毕业第一年为实习期，实习期内，不能调动，且工作以锻炼能力为主，放她到基层，就是为以后重用她打基础。

这样的年代已经过去了，现在若测字再得“针”字，也肯定不是为调动的事了。

# 七十九、炳（炳）

很多人（八人），可是只有一人至“冂冂”之地。这可能指的是，同他一起共事的人不少，他（一人）将入“冂冂”，即收监坐牢。

1992年，一街坊准备开一家单车经销及修理店，预测未来发展状况，翻书得“炳”字。

“炳”字，左右都是火，生意应该很兴旺、很红火。

“炳”字左边是“火”，这是明摆着的事；右边的“丙”，为什么说它也是“火”呢？《说文》说：“丙，南方之位，南方属火。”所以“丙”在五行中代表的也是火，而且还是阳火，即平常指的明火。“炳”左边的“火”是明火，右边的“丙”又是明火，引申开就是他若开店，这生意会好得不得了，比热火朝天还要好。

“炳”字中没有水的迹象。水是财的象征，测财运无水，虽不一定无财，但财一定不会太丰厚。矛盾就来了，生意红火为什么财不丰厚呢？这是因为“炳”字左右都是“明火”，有火太旺之嫌，火太旺水无法存在，这叫“火旺水枯”。不但赚不到钱，还会烧尽一切。无论何事，都不能过头，所谓物极必反，就是这个道理。火太旺，发不了财，其中原因，我一时也很难说明白。不妨把“炳”字再拆开，看看里面的详细内容。

“炳”字左边的“火”字可拆为“八、人”二字，右边的“丙”字可拆为“一、人、冂”三字。“八人”引申是很多人。“冂”(音炯)，是指很僻远的地方的门，一般而言，不是牢门便是墓室。“丙”是“一人冂”——一人将入僻远之处的“门”，这寓意不佳。

那么“炳”字拆开后泛指的是：很多人（八人），可是只有一人至

“门门”之地。这可能指的是，同他一起共事的人不少，他（一人）将入“门门”，即收监坐牢。我直言提醒他，开的店生意会很不错，但须注意的是要正当经营，千万要遵规守法，否则事与愿违，免不了犯事失去自由。

这街坊的单车店，就在离我家不远的巷口，一开张生意还凑合，不久后生意越来越好，买车的、卖车的、修车的络绎不绝。特别是七八成新的自行车，到他那儿买，只要原价的一半，并且有原始发票，手续齐全。因此吸引了不少顾客，尤其是新来乍到的打工者，都想到他那儿买辆单车代步，往往还要预订。

大约一年多后，单车店突然被查封。原来这街坊不走正道，与小偷合作，伪造票据，低价销售赃车，因此生意红火。被捕后，被认为初具黑社会团伙性质，他是头目，判刑十年，没收非法所得。

一般以为，测病痛若得“炳”字，病难愈。测婚姻若得“炳”，好婚姻，但恐不长。若测命运得“炳”，有红极一时的可能，但最终是：若是军人，有戍边之苦；若是官员，有充军之忧；若是商人，有关门入库之嫌。所谓入库，是路走到了终点。

如果问，“丙”是十天干的第三，为什么不用天干拆之？天干，一般用于测大事件，此等小事，何须动用天干！

# 八十、雨（雨）

雨——“雨”字中四点，在门内竖旁，其形如两行眼泪。不言而喻，这是“竖入门中”之泪。

1998年，朋友老李带一亲戚来，介绍说是某市立医院的李副院长，医术高明，业内知名。据传闻，新近市卫生局要调整各大医院的领导班子，李副院长想预测前程，翻书得“雨”字。

《说文》解释“雨”字时说：“雨”字上面的一横象征天，中间的“冂”象征云，下面的点象征的是雨滴。这里我不妨添一句：雨字中那一“竖”象征的是敢于露头冒雨的人，即这位李副院长。

“雨”字中的一“竖”，小部分露在“冂”外，大部分却在“冂”中，故说露头冒雨。露头冒雨，引申是遇事逆行。而露在“冂”外的部分又与一“横”（天）紧贴，这一“竖”在“雨”字中已经“触天”。“一竖触天”有两个内容：第一，就职位而言，副院长的职务，已经到顶，想再升官肯定无望——他的职位已入库门之中；第二，以事而论，露头冒雨——遇事逆行，不论官宦还是平民，十之八九要得咎。

既然升官无望，那就不需多费笔墨，只需分析“得咎”的事。

前面说了，“雨”字中“冂”代表的是云。下雨的云，不可能是红云紫云七彩云，只可能是黑云乌云压顶云。看来这位副院长“触天”的事让老天动怒，已经是“黑云乌云压顶”，寓意坏事缠身。

在其他的篇目中我们说过，“冂”表示很僻远的地方。不妨引申为监狱之所。“竖”——李副院长之身的一大半已处在“冂”中，看来他的牢狱之灾难免。

“雨”字中四点，在门内竖旁，其形如两行眼泪。不言而喻，这是

“竖入门中”之泪。

这字拆字不难，但要把这几层意思说出来给李副院长听，却让我犯难了。直说不可，不说亦不可，假说更不可！思量半天，才委婉地说：“李院长升职这次可能无望，不但无望，还会遇到一些麻烦，恐怕目前的职位也难保。至于以后的事，就像天一样，下雨天晴，变化难知，望李院长多多保重。”

朋友老李告诉我，这位李副院长并不是他的亲戚，是他1995年因病开刀的主刀医生，当时为手术顺利，他送了2000元红包，后来接触多了，也混熟了，为诊病方便，他主动认了同宗。至于李副院长的其他情况他也不清楚。

不久，李副院长被双规，最后的结果如何，亦无须再探讨了。所谓“雨前必伴风”，李副院长来拆字，实是探风耳！

# 八十一、朿（）

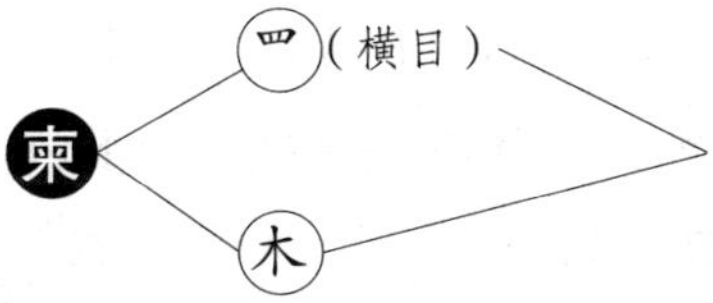


“目在木中”，引申是人登高处（避水）。“目”为横目，横着眼睛看（人或事），要么是不高兴，要么是身体处位不顺。

1998年，长江流域发大水，一个朋友的家在洞庭湖畔某垸的农场，据电视报道，那儿正是洪水肆虐的地区。当年，手机还未普及，通信较为滞后。他无法知道家里的详情，因担心家中老小的平安和财产的损失，心急来测字，翻书得“朿”字。

在拆“朿”字之前，先看看“东”字。“东”的繁体“東”从木从日，是“日在木中”。也就是说，“東”字由木字和日字组成。

“日在木中”，说明太阳升起已有一定的高度。

“朿”字是“目在木中”（这儿的目叫横目，即目字打横，这样的字，还有如繁体的“众”——“眾”字。其他大量的字，不从目而从网，如“罪”字，又如前面说过的“罢”字）。目是眼睛，要使眼睛在“木中”，与“日在木中”的“东”字中的太阳有一定的高度一样，“目在木中”，是眼睛必须有一定的高度，才能有“目在木中”的说法。因此，“目在木中”，引申是人登高处（避水）。且“朿”字中的“目”为横目，横着眼睛看（人或事），要么是不高兴，要么是身体处位不顺，人因逃（水）灾而登高，怎么能高兴？又怎么能使身体处位顺畅呢！

看来，他的家被洪水淹了。家被水淹，人是否安全呢？“目在木中”，即人已登高处，他的家人应该是平安无事的。

家中的财产能保住吗？

再看“朿”字。“朿”字也可以拆成“束”和“八”。“束”字的原型是用绳子把东西捆扎放在木上的形象，“口”代表的是捆扎在木上的东西。逃水灾时“捆扎在木上的东西”，当然都是细软。以此推之，他家值钱的物件都移到了“木上”，也就是高处。

“柬”字中有“八”。“八”字在上篇中已说过，它的笔画是一撇一捺且不相靠（这也是八字与人字的差别），它有别离之义。这里指的别离是与部分财产的“别离”（损失）。又因“柬”字与“平”字一样，一竖穿八而过，这是说，他家中损失的部分财产是不能弥补回来的了。不过“柬”字中的“八”在围圈之中，他家财产损失不会太多。

洪水退后，通信畅通，他才知道，在洪水入垸前，县、乡政府即已组织大家撤离，他家仅损失了部分粮食。

# 八十二、临（）

临

左：二竖不成川

右：半竹难为品

川中无水流，无水流哪有财进？竹子，本身就是不值钱的物件，一根竹子能抵多少钱？何况还只有半根！

1998年夏的某天清晨，一个准备去贩塘鱼的男子，要求预测当天的时运，得“临”字。

他写的是简体“临”。简体“临”字左边二竖不成字，右边的笔画亦不能独立成字。因此，它不能拆开。字不能拆，即它不能容纳内外的变化，喻事情墨守不能变通。宇宙中的一切都是在变化的，墨守不变，一般认为所测的事不会顺利。看来他今天的运气不会好到哪里去。

简体“临”，左边是“二竖不成川”。是川中无水流的状况，无水流哪有财进？这进一步说明他今天运气不佳。

“临”字的右边是“半竹难为品”。所谓半竹，系指“临”字右边的上面是“竹”字的一半，故说“半竹”。另外，“品”字三口，“临”字右边的下面只有两个相连的“口”，自然不能成为“品”字，故云“难为品”。

“半竹”是一根竹子都不全。竹子，本身就是不值钱的物件，一根竹子能抵多少钱？何况还只有半根！这也说明他今天根本赚不到钱。

“难为品”，具体到贩鱼，他今天进到的鱼货品质不会好。鱼货的品质不好，自然也赚不到钱。因此“半竹难为品”实际上是“二竖不成川”的注释。

《易经》六十四卦中，有临卦。不妨用“临”字测他今天的时运。

若附以临卦，不需看临卦的卦辞，从《序卦传》即可知。蛊卦在临卦之前，《序卦传》说：“蛊者，事也！”可以断定，那么至少在今天之前的昨天，他也没有赚到钱，不但没赚到钱，而且还亏了本，因为蛊是虫，是害虫，指事是“坏事”。

事实上，临卦的卦辞说：“至于八月，有凶。”这里的“有凶”不是指人有凶，是说生意“有凶”，即生意有亏损；八月可泛指夏天。这样以临卦推之，他不但今天生意不佳，恐怕以后连续一段时间，生意都不会景气。

他告诉我，昨天天太热，死了十多条鱼，死鱼卖不起价，所以亏了本。他说：“今天天更热，昨晚又刮了西风，刮西风塘鱼就因缺氧翻肚浮头，难得养活到中午，这种鱼不敢进，进货就可能出问题，如果明天再这么热，就停卖塘鱼，改卖冰鲜鱼。”

我劝他不要灰心，过一段时间生意就会好起来。我的根据是：临卦之后是观卦，观卦是临卦的综卦。所谓综卦，是把临卦的卦画颠倒过来，即观与临相反相成。所以说困难一过，以后的生意就会好起来。

# 八十三、屡（）

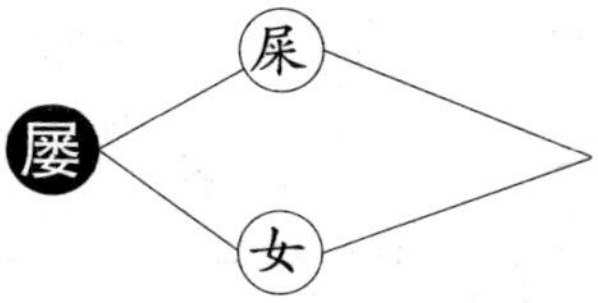


“屎”下是“女”字，二字连在一起，他所说的“小麻烦”，十有八九是出在女人身上。

朋友带一男子来测近日的时运，翻书得“屡”字，他写的是简体“屡”。

据那男子自己说，他最近遇到了点小麻烦，至于什么麻烦，他没有说。测字的目的是问这“小麻烦能否顺利解决”。

简体“屡”字是“有屎有女”。“屎”是动物的排泄物，是非常臭、人人避而远之的东西。“屎”下是“女”字，二字连在一起，他所说的“小麻烦”，十有八九是出在女人身上。

我问他这很臭的“小麻烦”是否与女子有关，事已至此，他也不避讳，把“小麻烦”讲了出来。

原来这人是一个不大不小的矿老板，四十来岁年纪。三年前他结识了一个年轻但不算很美的吴姓女子，不久两人同居了，背着妻子，另筑爱窝。他在省城买了套装修华丽的住宅，将她安顿下来。有闲即奔省城与她会合，几年下来，相处还算惬意。前年的一次应酬酒会上，他又认识了主管局张处长带来的年轻女朋友小甫，小甫长得非常漂亮。

他说：“当时其实并没有什么，仅算是认识，我知道她是张处长的女人，想都没有想到要去碰她。去年底，张处长退休，小甫不想跟他过了。算是缘分，今年初，我因事要去省城，司机偏巧病了，我自己开车，一到省城，出了事，撞到了前面的车。下车一看，车主是张处长的小甫。不知怎么搞的，一来二往，我跟她也好上了，也给她在省城买了房子。”

他说："真是人背时，上月我陪小甫逛商店，偏巧碰到主管局的黄科长，黄科长是张处长原来的下属。自然这事张处知道了，他虽然退休，但影响还在，不久我们矿的生产指标被卡了一半。这还不算，张处还特别打发人去告诉了小吴。这下翻天了，小吴大吵大闹，也怪我不慎，平时枕头边上我向小吴讲了一些经营中的秘事，她抓住我的这些把柄，索要一千万的分手费。"

他说："现代社会，商人经商，多少有一点难言的事。她抓了这些漫天要价，不过真要闹出去，我去坐牢，张处、黄科也得一同陪我去，要死，大家一起死。"

回头再看"屡"字。"屡"，"尸"下是"娄"。"尸"，不要简单地理解为尸体，其实它是人——古时祭祀，用活人高坐装扮成神的模样，这扮神者就叫尸。现在这个老板要祭祀的"神"，就是他原来的情人小吴。再说"娄"，我们平时常说的"捅娄子"就是这个"娄"（"娄"与"篓"可以通用）。"屡"字是"尸在娄上"，唯一能把这娄子"罩"下来的只有"尸"，即他须"祭祀的神"小吴。

我不客气地说："你老板玩了人家的青春，现在又不肯出钱，又不想坐牢，又不想把'娄子'捅破，恐怕很难！"

我想吓吓他："你看，'娄子'上是尸，这是'横尸娄（子）上'，不吉！不吉！"我不会给他出点子。人啊人！千万莫亏心！

# 八十四、延（）

延

外：长行

内：似正非正，似止非止

将“延”字拆开，得到的结果是加盟妻兄的超市也应进行，不应“停止”，他自己经营的金店也不宜关门。

陈先生开了一家金银首饰店，20世纪90年代，首饰生意不太景气。他妻兄开了一家超市，据说“生意兴隆”。妻兄想扩大经营，但缺资金，妻子劝老陈收摊，挪出资金加盟超市。陈先生委决不下，故来测字，翻书得“延”字。

《说文》说：“延，长行也。”长行必然辛苦，经商想赚钱，辛苦是自然的。而将“长行”引申到关闭自己的首饰店，入伙妻兄的超市，还应“从长计议”才行，具体情况如何，需将“延”字拆开。

“延”字可以分成两个部分，外面是“廴”（音引），字义也是长行。“延”字里面部分五画，是似“正”字而非正字，似正而非正，那是不正；似“止”字又多了一撇，似止而非止，那是不止。

先说投资。似“正”而又不正、似“止”而又不止，引申至投资他妻兄的超市，一方面是不应投资（投资不正），另一方面似乎又不可不投资（投资又不能止），得到了这样一个矛盾的结果。

再说金店歇业之事。“似正而非正”，那是不应将金店关门；“似止而非止”，那是说金店的营业不应停止——他的金店不应歇业。

那么将“延”字拆开，得到的结果是加盟妻兄的超市也应进行，不应“停止”，他自己经营的金店也不宜关门。

不过，从“似止而非止”“似正而非正”这两个方面看，他的金店都不应该关门；至于加盟妻兄的超市，“似止而非止”的寓意是可，而“似正而非正”的寓意是不可。二者是矛盾的，这矛盾从拆字的角度来说，如何处理还须看“延”字本字了。“延”是“长行”，即从长计议，据此，他投资妻兄的超市应该暂缓进行！关闭自己的金店也应暂缓！

我建议陈先生，两者都应暂缓！

陈先生对预测的结果只听了一半：自己的店档没有歇业，在艰难中继续经营；妻兄的超市他投了十万。

也许碍于枕边风常吹之故，他从常备金中提出十万给了妻兄，然而半年之后，妻兄被捕，超市倒闭，十万打了水漂儿。所喜由于生活水平的提高，购买首饰的人慢慢增多，他的金店开始兴旺起来。

我与这位陈先生仅算认识，不算太熟。后来在茶楼偶遇，谈起他妻兄，他感叹不已！他说他妻兄好玩古董，一有闲暇就逛文物市场，因经济实力所限，看得多、买得少，不过历练时间长了，对古物真伪的识别却很在行。一些从事文物买卖的商贩在交易时，价位高低往往由他妻兄一言敲定。每次，妻兄照例抽取一定的佣金，虽不甚丰厚，但数目也相当可观。开的超市利润平平，两项相加，日子也算过得富裕潇洒。但妻兄常恨自己不是大富，无闲钱买自己喜爱的古玩，眼睁睁看着相中的宝贝落入他人之手，还要为他人作嫁衣裳，于中撮合定价。

有一天，一个文物商找到他妻兄，出手十万作为定金，请他鉴别一批古物。说东西在某地，待鉴别完成之后，再付二十万，并送两件古玩。条件是须亲临其地。他妻兄心知这批东西来历蹊跷，但惑于高额佣金和许诺相送的古玩，就一口答应下来。几经辗转，他妻兄同那文物商到了某地，住进了宾馆，一个多月时间，文物商绝口不提古物之事，做的都是一些与古物无关的光明磊落而不太赚钱的生意！也不去声色场所逍遥张扬。这段时间，没有人来打扰他们！

“妻兄几次张口问鉴别时间，文物商几次摇手说不急不急。‘我都不急，你何必着急！’等到一天傍晚，风雨交加，文物商说要出发了，两人也不叫车、也不顾人，提着行李，冒着风雨出城，高一脚、低一脚地在泥泞的乡间小路上走了一个多小时，这才上了一辆停在路边的马车，颠簸中他睡着了，被叫醒时看表已是午夜一点，马车停在旷野之中，周围一片漆黑，雨还在下个不停，他们摸黑走入一户农家，这农家也没有开灯，只听屋内有人小声说话：‘来了，来了！’进得房门，突然灯亮，黑暗中突见光明，两眼晕眩之间，两膀已紧紧被人扣住。”

后来的事就不用说了：他妻兄和地下文物商都被定为偷挖古墓、盗窃文物的首犯，一同送进了监狱。

末了，他遗憾地说：“我也搭进了十万，当初要听您的，就不会亏这十万啊！”

请注意到“延”字中的“廴”，字义也是“长行”，“延”本字也是“长行”，因此两个“长行”相叠——这已经提示，投资与关闭金店二事都莫急急出手，而应思而又思！陈君大意即在此处！

# 八十五、号（號）

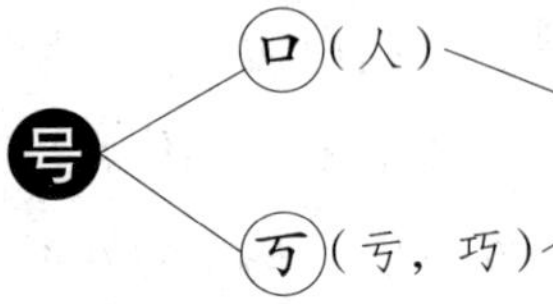


“口”在“丂”上，无论是由“丂”引出的“亏”，还是由“丂”引出的“机关”（巧），最后的结果都需由他来承受。

做服装生意的老王，几年下来赚钱不多。前年夏末，一个“西北”来的客户，求购一批款式新颖的进口女秋装，要的数量较大。西北地带秋来得早，为赶上市季节，所以要货时间紧，仅给三天限期，作为回报条件，出价要高于市场价一成，还愿付总值百分之三十的定金。并且商定，对方违约，定金不退；老王违约，双倍奉还。老王知道某地市场有大批这类秋装，暗中电话联系，电话中还谈好了进货的价格。因数额较大，出于生意人规避风险的本能驱使，签约前，老王赶来测字，翻书得简体“号”字。

简体“号”，上面是“口”，下面是“丂”（音考），其实是古文“巧”字的省书。而“丂”字的雏形是一个人长吁一口气，惊讶地“呵”一声的形象。

长吁一口气，“呵”的一声，所谓气出而“亏”，因此“丂”字与“亏”字有密切联系，这从字的结构上也可看出来。做生意逢“亏”，这不是好事。

“丂”既然它就是“巧”，《韵会》说“巧，机巧”，引申就是机关、陷阱。那么老王这单生意，有两种可能：一、他设了“机关”，让别人上当受骗；二、他堕入别人设计的“机巧”（陷阱）之中，中招吃亏。

如果是他设了“机关”，那应该不会心存忐忑地来拆字，“机关”带有隐秘性，除非共同谋划，“机关”的设计者绝不想让其他人知道这类私密；再者听他所说的内容，是一个从无往来也不认识的客户主动上门高价要货，这并不像由他事先设局布置。

那么只有第二种可能，他落入了别人设计的“机巧”之中。

“号”字中有口，口就是人，这人就是老王。“口”在“丂”字之上，即“丂”字托着他。无论是由“丂”引出的“亏”，还是由“丂”引出的“机关”（巧），最后的结果都需由他来承受。

老王这趟生意，风险较大，我照直说出了拆字的内容，老王想了好久，想不出问题会出在哪儿。百分之三十的定金已经付清；货源他已联系好，进货的价格也已谈妥；唯一须防的是对方违约不来提货，而按约定，对方不来提货的话，总价百分之三十的定金不退。这批秋装式样时髦，将来不怕找不到买主，纵使以低于进货价百分之十五的价格卖出，除去运费及税收后，仍然有赚头。

我是生意上的门外汉，所谓“机巧”与“亏”损，只是据字而言，说给他听，仅作为参考而已。既然他算来算去，怎么也有赚头，我不便多言，阻人财路。几年以来，他的生意都不怎么景气，长期憋屈，难得有像今日翻身的一天，我反而为他高兴。

老王立即起身回档口，与“西北”客商签约。

老王不敢大意，带伙计连夜赶到联系好的货源地。找到老板，老板说声对不起之后，接着道：“你来迟了，你要的秋装，昨天下午，来了一个客商，出比你高出半成的价钱全部收走了。”老王听了，差一点儿晕了过去。因无合约，仅是电话联系，老王无话可说；卖高买低，那老板也不可深责。

老王垂头丧气返回的第二天，“西北”客商带来一辆大货车提货，老王如此这般说了原委，除定金退还之外，还愿多奉上一万元作为补偿。那“西北”客商哪里肯依，当即叫来一班人，进驻老王的店铺，封存各类现货。老王报警，警察看了“西北”客商拿出的合同，因经济纠纷，也不好介入。

老王跌跌撞撞地找律师寻求帮助，律师看了合同，听了老王的叙述，知道来者不善，但又找不出对方法律上的纰漏，只好劝他与那客商协商解决。

最后老王赔付对方二十万，才算了事。

回到拆字。再看“号”的本字。《集韵》说：“号，大呼也，哭也。”这是呼天抢地痛哭不止的意思。难怪“哭号”二字往往连在一起。一个男人，不是极度悲伤，不会呼天号地！

凭空骗人财钱，害人如此，良心已失，阴德已缺，好事坏事，生生循环，这样的人，难道就不怕报应吗?

老王做生意，养家糊口，想有扬眉吐气的一天，这是人之常情，无可厚非。不想碰到此事，亏了血本，无奈关门歇业，只身到外地打工去了。

# 八十六、责（）

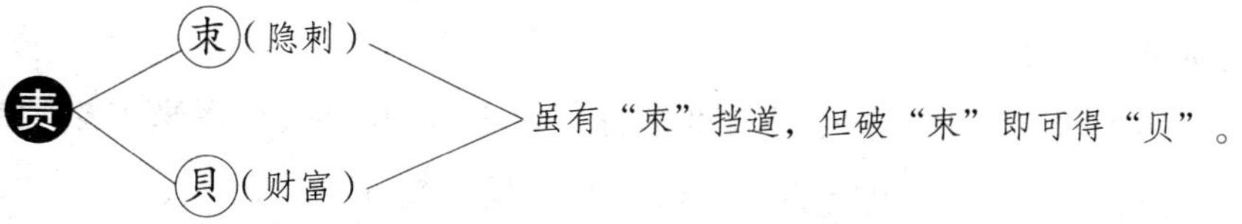


族侄小炎南下打工近十年，学得一手养鱼技术，平时话不多，但谈起鱼经来，却可滔滔如流水。现在担任一大型鱼鳖养殖场的技术总监，收入不错，与同龄工友相较，应高出许多。

又到过年时节，他回家乡前，来我处辞行，说：“明年不再来了，准备自己养鱼鳖谋生。”请我拆个字，翻书得“责”字。

我这族侄，高中毕业，虽没考上大学，但人聪明，尤其好学，还善书法。他在一张白纸上，端端正正地用篆书写了个“賷”字——这是“责”字的另一字形，好书法者往往为之。

篆书“賷”字可以拆开——上面是“朿”（音刺），下面是貝（贝）。《说文》说：“朿，木芒也。”广义而言，“朿”是“隐性的刺”。事实上，不论“麸”，与“朿”有关的最重要的字有三个：两“朿”相叠是繁体棗；两“朿”相依是棘；右侧加刀是刺——这三者都能扎人，一般（人）都不愿靠近。族侄偏偏写了个有“朿”的“賷”字——他想回家自己创业养鱼鳖，看来困难会不小。

我问：“你放弃好好的工作岗位，怎么想到要往‘刺窝’中钻呢？”

他说：“叔叔，你有所不知，职位再高也是给人打工，大事做不了主不说，有时连小事也要听人家的。哪怕你的主意最对最好，老板照样可以嗤之以鼻。如果出了问题，他可以反过来问你这是怎么搞的。我快三十岁了，不想再看别人的脸色行事。自己创业是有难处，但想想办法总是可以克服的！”

我说：“事先你要把困难估计足。我就用‘朿’字来说事吧！前面说了，用‘朿’组成的三个重要的字是‘棗’、‘棘’、‘刺’，加‘朿’自身是四个字。四个字中，只有‘棗’是佳果可吃，而其余都是有害无利的。三个字有害，寓意你自办渔场，十分中八分有害，只有两分有利的条件，即棗——那就是你的养鱼技术。为什么说只有两分有利，而不是两分半呢？因为棗树满树尖刺，要摘果也不容易，所以要减去半分。”

我接着说：“暂不考虑销售。而资金、场地、人事这三大难题就如‘棘’‘刺’‘朿’一样扎人，它们就摆在你的面前，你不妨给我说说，你准备如何越过这三样扎人之物？”

他回答道：“若把资金比作‘棘’，我准备将盖房子的二十万挪出来——这事还请叔叔给我爸写封信，做做他的工作，估计有你帮忙，他会同意。至于养鱼的场地，那确实是‘刺’。家乡山多田少，弃田挖塘，那肯定难通过（批准）；一个大水库森林局的下岗职工已经承包；我想到的是小水库，小水库因水温低，无人养鱼，我就准备用我的养鱼技术去摘这朿‘刺’。人事上的事，的确是最难的，也的确是如‘朿’一样，是隐性的刺。你和乡政协主席初叔是老同学，也麻烦你写信疏通疏通，有他出面，承包水库的费用就不会太高。”族侄平时话不多，这次一口气说了我提的三个问题，两个球还踢到了我身上，看来他是有备而来。细思之后，我还是决定支持他。

我给他父亲写了封信。强调在外打工不易，是在汗血中拼搏，启发他舐犊之情要重于生不带来、死不带走的身外之物。

我也给老同学写了封信。信中说，一个无人问津的冷水水库，现在小炎愿意承包，这是好事。他学成一技回来，是家乡青年的榜样，应该鼓励。若承包费用过高，等于是对榜样的打击。

我所以支持他回乡创业，除理性的思考外，单纯从拆字的角度而言，也是应该的。因为无论是简写的“责”还是篆书的“責”，下部都有“贝”——它的释义，其中之一是财富的别称。“责”的上部是三横穿一竖，成“主不像主、三不成三”之形。以“竖”拟人，这“竖”就是他，他穿在其中（“三”中）。“主不像主”，正如他所说，打工是“事事不能做主”。“三不成三”——三生万物。“责”字中虽有“贝”，只能说明他打工工资较高，但发不了财。因为“三”字被破，生不成万物，故说他打工发不了财。至于，虽有“朿”挡道，但破“朿”即可得“贝”，如前面所书，他已有一技在手，即已有斩“朿”之法，我当然应该支持他、鼓励他。

后来他创业成功，在当地小有名气。小炎真“小炎”也！

回头看“僰”，它与朿有关。族侄替人家打工，说得不好听一点，有如过去的“僰童”（奴隶），他想自己立业，就是想改变这种状况。至于其他与“朿”有关的字，如“策”字，因离题太远，就不考虑了。

# 八十七、附（）

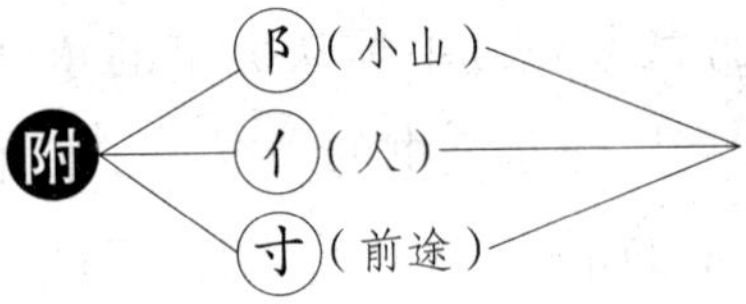


后有山阻无退路，前面寸途无进路，即“前是寸途、后无退路”。这人遇事，事事不顺，境况很差。

十四年前的一天，我出差某地，顺道去看望一位多年前调入该地的老同事。那儿买地下六合彩成风，家家户户多多少少都买一些，老同事谈起他儿子买六合彩就头痛。正议论中，他儿子回来了，说又买了一万元彩，老同事叹气之余，嘱我测他儿子本次买彩的运气，卜得“附”字。

“附”字由三个部分组成：阝、亻、寸。字是好拆，意也好圆，就是结果难于判断。

先看“阝”。“附”字中，“阝”在左边，所谓“左阜右邑”。即左边的“阝”是由阜字变化而来，阜是小山。

“附”字，“亻”（人）夹在“阝”（山）与“寸”（手）中间，因此它有两种完全相反的结果：一、人（亻）在中间，后有靠山（阝）、前有帮手（前面篇目中说过，寸是手），这人（亻）事事顺利，境遇好得很。二、同样是人（亻）在中间，但后有山阻无退路，前面寸途无进路，即“前是寸途、后无退路”。这人遇事，事事不顺，境况很差。

同一个字，两种断法完全相反。至于如何判定，要因人、因事、因时、因地而异。下面举我所碰到的情况：

我的一个同事喜欢钓鱼（后面的篇目中还将提到）。一个星期天，他与一起去钓鱼的同伴路过我家。他的同伴是两位青年，自制的鱼竿和竹编的鱼篓全新，应是新手。其中一个青年沉静，默默地坐在小竹椅上，听我与同事拉家常；另一位性急，短短的几分钟，他在我小小的住房中，来来去去转了三圈。

两人想测当日的渔获，同用“附”字。对于沉静的青年，我的断辞是：身稳如“山”，（手）能托竿不移，不说满篓，但必有收获。另一位青年，我以为，他今天钓鱼的收获会很少，甚至是零。因为钓鱼第一要有耐心，切戒浮躁。“附”字是人（亻）夹在“阝”与“寸”的中间，对于一个“寸心难静”的人，这是很不舒服的。

这是人不同，断法不一。

我支农一个月，一户农家丢了条狗（我在“逸”字篇中曾提及），狗的主人为寻狗来测字，也翻得“附”字。我建议他到前面山上去寻（那是山村，村子的四周都是山），且嘱其不要走出太远，或许有所见。果然他在前面不远的山坳中，见到一地狗毛和斩下来的狗头，知是知青将狗偷偷杀了。为什么我要他到前面不远的山上，而不是到村子左右或村子后面的山上去寻呢？要知“附”字中的“阝”即是后面的山啊！这是因为“附”字中“亻”所对的方向为前面，“寸”是不远处；又因为“亻”与“寸”组合是“付”，《说文》说付是“持物对人”，所以狗应在前面山中不远处。

一年高考后，同事老徐来为儿子测字，也翻得“附”字。字的三部分写得很紧密，我说：“你儿子可以上榜，但不是好学校。”这是因为“附”字写得紧密，三部分笔画相连，故用“附”的本义来断。即取“依附、附入”之义，后来他儿子考入一般本科院校。

以上二例，是说因事不同，断法不一。

一位卖玩具和小孩儿衣帽的“走鬼”（小贩）来测当天的时运，也翻得“附”字。“走鬼”最怕的是城管。“附”字，“亻”的前面有手堵着，后面又无退路，对“走鬼”来说，这不是好事。我问他平时在哪里设摊。他说在地铁的通道内，那儿平时城管不管。我说今天不要再去那儿了，因为“附”字中的人，是两边被夹的模样，地铁通道狭窄，就如人被夹，前无途，后无路。他听了我的建议，没去地铁内摆摊。后来他告诉我，那天城管与地铁保安配合，端了那个“走鬼”窝，他算逃过一难。

前一段他在地铁通道摆摊可以，为什么偏偏那天不行？这是时不同，遭遇不同。“亻”夹在中，是遭遇有变。

我至今没遇到用“附”测字得“后有靠山、前有援手”的例。

回到本题，买六合彩求财，哪有“山”可靠？更不会有人“伸援手”，所以“附”字的“后有靠山、前有援手”在本题中不存在。既然第一种断法被否定，那就只剩下第二种断法了，即“人（亻）在中间，前是寸途，后无退路”。“前是寸途”，说明他这次买的六合彩，绝无“中奖”的希望；“后无退路”，买彩票的钱等于是打了水漂儿。

我的老同事唉声叹气，说他儿子不争气，十几年来，生意做得好好的，在当地也算是事业有成的青年。谁知去年他儿子开始迷上六合彩，也是他家该败，中了一次彩，大约是五万元。从此他儿子就像中了邪似的，期期必买，且越买越大。存款买尽后，又将铺面盘了出去，住房抵押给人，所得的钱款，全数用来买六合彩。后来又中了一次，大约有六十多万，可是到兑彩的日子，庄家跑了，一直找不到人。

儿媳原很贤惠，因不堪忍受他儿子买彩的疯狂，今年年初离婚后，带着他唯一的孙子不知去向。所幸父子早已分家，他名下的住房私产才得以保全。现在他儿子居无定所，还欠一身高利贷，回家来一是想要钱，二是蹭饭吃，我同事希望我再见到他儿子时，能劝劝他。我委婉地对我同事说，劝也无用，这是一种病态。

其实在“病”字中，我说到了“痴”，这也是“痴”的一种表现，算是命运的安排！

一些事，如赌如吸毒，明明如“附”字所寓，“前是寸途，后无退路”，却偏偏有人“附”之，怪哉，人何如此之不智也！

# 八十八、丽（）

丽——简体“丽”字，是上面一横，下面左右两部分，都是“冂”内加点（丶）。笔画相同，大小一样，真正是“兄弟”之字。

家乡有俩兄弟合伙做百合生意已经多年：哥哥负责到农村挨家挨户收购鲜、干百合，弟弟负责运输、销售。不说发财，但两家确实都已小康，各盖有楼房一栋，据说是当地方圆十里之内最漂亮的屋宇。然因误会，兄弟俩产生矛盾，哥哥来诉说弟弟的不是，要请我主持公道——他是我的子侄辈。我劝他兄弟以和为贵，并拆字以证之，他卜得“丽”字，书写的是简体“丽”。

在后面“授”字篇中，记的是双胞胎姐妹起衅，这里是亲生兄弟生隙。随着经济的发展，亲人之间的矛盾日渐增多。

简体“丽”字，是上面一横，下面左右两部分，都是“冂”内加点（丶）。笔画相同，大小一样，真正是“兄弟”之字。

“丽”字的下面左右两部分大小、笔画虽然一样，不过分得很清楚——这是兄弟已经分家之象，但都在一横之下。前面说过，一横在上为天，这里的“天”代表的是家（族）。怎么闹、怎么折腾，也是一家人，同处“一横（家）之下”。

我把他写的“丽”字指给他看，我问他，如果把“丽”字的下部去掉一半，无论是左是右，这还成字吗？我说的同时，用手指遮住“丽”字的一半。他回答说，成不了字。

我说：“既然去掉一半不能成字，那你兄弟相斗，岂不是一样吗？同是一家人，相残的结果是兄弟两人都成不了气候。”

我说：“美好为‘丽’，你们兄弟互斗，无论伤到谁，就像‘丽’

字下部去掉一半一样，这‘丽’就不存在了，还有什么美好可言？当然，亲兄弟明算账，这是应该的。但这账实际上你们已经算清楚了，你看你写的‘丽’字，下面左右两部分，谁也不比谁大，谁也不比谁小，非常规矩，说明你没有占你弟弟的便宜，你弟也没让你吃亏。为什么还要相互纠缠、相互为难呢？千万记住，兄弟互斗，再也不能成‘丽’，以后你兄弟俩的美好生活都完了。”

我说：“你再看‘丽’字，字形方方正正、满满实实。汉字虽然都是方块字，但像‘丽’这样方正满实、字义又美好的字并不多。说明你们兄弟两家，都是实实在在、幸福美满的人家。”

“再看‘丽’字下面部分，那是两扇大门——‘冂’（音窘）是门框的象形，有框就有门。而且‘冂’（门）内各有一点（丶），这点既是‘主’字的省字，也是油灯之火的火苗。”

“两个‘冂’内，各自有‘主’，这就要求各自管好自己家内之事才恰当。虽是兄弟，也不要隔‘冂’去管他家的事，你现在来我这里诉说你弟弟有错，你是在管隔墙之事啊！扯这些是是非非，实在是有碍方正实在人家的家风啊！”

我是他的老（堂）叔，他兄弟二人平时都很尊重我，因此他才来请我主持公道，但我还是不客气地批评了他。

我接着说：“‘丶’也是油灯之火的火苗。你们兄弟不是大富大贵人家，就如仅有‘油灯之火’的小户，油灯的火苗虽小，但这火（丶）在‘门’（冂）内，‘门’内无风无雨，自然不会熄灭。你们兄弟这样一闹，等于风雨自来，这小小的火苗哪经受得住呢？那时灯灭仅存空‘门’，两家都没有什么好处啊！”

他听了我的劝告，觉得有理，回家主动和弟弟沟通和好。

事后得知，兄弟不和全为一些小事产生的误会。

他父亲是我的堂兄。那年春节，堂兄给孙子孙女每人500元压岁钱，哥哥生的偏巧是两个女儿，弟弟生的偏巧是两个儿子。在重男轻女的农村，哥哥心中已存不快。偏巧那两个小男孩儿在两个堂姐妹前吹牛，说爷爷给了他们1000元压岁钱，哥哥误会我堂兄偏爱孙子，又不好数落自己父亲的不是，于是就把不满移到弟弟头上，只是忍隐在心，不曾发作。一天，两个小男孩儿与两个小女孩儿玩耍时为争一本小人儿书打了起来，两个女孩儿自然不敌两个男孩儿，书被抢走，还挨了拳脚，哥哥大怒，赶上去在两个侄儿的屁股上扇了几巴掌，于是两家矛盾爆发。压岁钱的事哥哥不好说出口，却借此引发出另一件事，指责弟弟："去年销售的百合赚了若干，而仅给我若干，其中私吞若干。"并说有人证，是某某告诉他的，而某某是亲耳听弟弟说的。

原来这弟弟好吹牛——他的两个儿子也继承了他吹牛的秉性，将500元压岁钱说成了1000元。另外他又对某某炫耀，说去年赚了若干，某某来问哥哥，哥哥一算没有这么多呀！要是兄弟无隙，哥哥自然会想到是弟弟吹牛，因心中已有疙瘩，假也当作了真。弟弟听哥哥这么一说，火冒三丈，想我真心对你哥哥，你还疑我私吞，赌咒发誓、杀鸡饮血请神做证——这是乡间为证明自己清白的最严肃之举。此后兄弟如同陌路，百合生意自然做不成了。他俩的父亲，也就是我的堂兄哭着劝说也没有用。谁知拆字后，哥哥悔悟，为下台阶，请我出面，于是我分别给我堂兄和他弟弟写了一封信，把"丽"字拆开的结果，也就是上面所写的内容更为详细地告诉了他们，加上哥哥又主动上门道歉，兄弟这才和好，今年的百合购、销才正常进行。

亲人之间，千万莫为小事生嫌隙，多谅他人，多责自己，不可赌气，更不应滋事，纵使吃亏，亲情还在。

"丽"是兄弟之字，但何尝不是天下人之事！天下人都能"丽"——各自管好自己，天下自然"丽"了。

# 八十九、宁（寧）

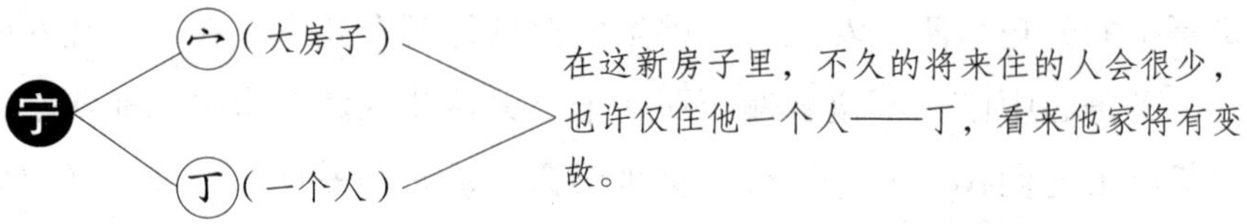


1997年春，朋友分得一套福利住房。儿子和女儿还未成家，与老两口住在一起。面积虽不大，但够四口之家居住。因是笋盘（新屋），故来预测住房吉咎，翻书得“宁”字。

“宁”字虽仅四画，但拆起来很麻烦。因为它实际上代表的是两个字，四种写法。

汉字简化后，宁（zhu贮）与寧（ning佞）合成一个字，统一读成ning（佞），写成“宁”。而就字的书写而言，“寧”字归属于“宁”，即“宁”成了“寧”的母字。而“寧”还可以写成“甯”“寗”的形式。所以说“宁”牵涉的是两个字——宁（贮）与寧，四种写法——宁、寧、甯、寗。《说文》说“宁（贮），辨积物也”，即贮存东西。而“寧”，《说文》说“寧，愿词也，又安也”，是愿望或安静的意思。即“宁”与“寧”两字指义完全不同。但“宁”（zhu贮）和“寧”(ning佞)“甯”“寗”的字头相同，都有“家”字头。两个字，四种写法，这暗喻他一家将会分成两个体系——因宁（贮）与寧本是两个字；又由于宁是寧、甯、寗的母字，两个体系之下的四种写法，寓意即是两个体系之下四个家庭，而“根”是我朋友。这就是为什么我要花这么多笔墨来分析“宁”与“寧”等字的原因。

有“宀”的字很多，为什么单说“家”字呢？因住房即住家，故自然而然联系到“家”。

先看作为母字的“宁”（音贮），即我的朋友。“宁”字上面是

“宀”（音绵），即俗话说的“宝盖头”。《说文》说：“宀，交覆深屋也。”也就是大房子——他要预测的就是这算盘住家的吉咎。“宀”字下面是“丁”，一人为“丁”，“丁”一般指的还是成年男子。那么“宁”字拆开后的寓意是：在这新房子里，不久的将来住的人会很少，也许仅住他一个人——丁，看来他家将有变故。

下面再仔细分析“宁”与“寧、甯、寍”的关系。

“宁”（贮）原来虽然独成一字，但现在已与“寧、甯、寍”相通，且是“寧”等三字的母字，引申到房子，他分到的房子相当于母（房），不久的将来，会像母鸡孵小鸡一样，他家还会再有新房出现，且是三套，分别组成三个新的家庭，即“寧、寍、甯”各成一家。“宁”字宝盖头“宀”之下仅有一“丁”，这里再强调一次，这次分到的新房，将来只有他一人居住，子女都会搬出去，独自成家。至于他妻子将会如何，不便推算，反正住者仅他一人。

为什么会是这样？再看“寧、甯、寍”三字。前面说了，三个字都归属于“宁”，而这三个字都有家字头，也就是说，还有三个归属于“宁”（即依附于他）的新的家庭出现，然而他只有一子一女，怎么会有三个新家庭出现呢？难道老伴儿会另起炉灶，和他离婚？如果这样，就不符合“寧、甯、寍”三字归属于“宁”的原意——老伴儿离婚，当然不再归属于他。

他一子一女，却将出现三个新的家庭，这似乎有点讲不通，其实不然，以吾度之，他的子或者女，其中之一必有两个家庭。

再看“寧、甯、寍”三字。其中“寍”和“寧”下面都有“丁”，前面已说了，“丁”是指男子，因此拥有两个家庭的应该是他的儿子。进一步分析“寍”和“寧”字，下面虽然都有丁，但一个无“心”（寍无心）、一个有“心”（寧有心），他（儿子）所爱的当然就有“心”，所不爱的自然会无“心”。这寓意他儿子未来还有婚变之虞。

而“甯”字“无丁有用”，这应是他女儿所组成的家庭。《广韵》

说：“用，使也。”将来他能依靠（使）的很可能是他的女儿。

到2003年，他女嫁子娶，都搬了出去；2004年，老伴一病不起，不久辞世，现在他一人鳏居。2006年，他儿子又另觅得新欢而离婚，儿子的原配生有一女（他的孙女），至此，真正是两个体系四个家庭，又都与他有关。目前，经常来看望他、照顾他的是他的女儿，儿子难得露面。结果真如“宁”下有“寗、甯、寍”者。

# 九十、帝（）

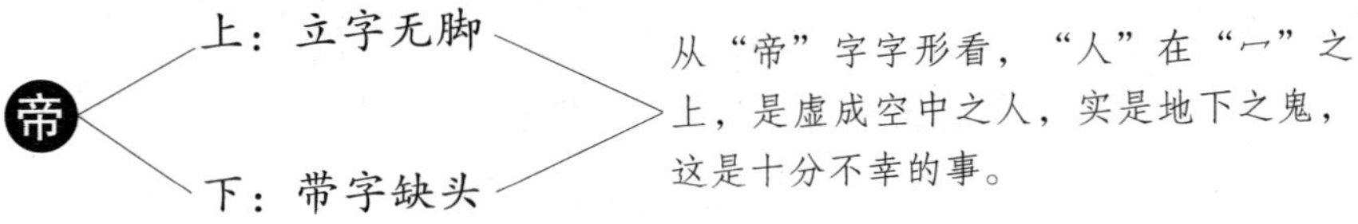


20世纪末的一年春节后，朋友带一个中年女子来，说是他表亲，姓皇甫，四川人。皇甫说，去年她丈夫来此打工，说好春节回家过年，而至今不但人未归，也无音信（那时手机还未普及），下落不明。她千里迢迢寻来，到他打工的单位，单位说他春节前即已歇工，节后不见人来。皇甫心慌，来为丈夫测命运，翻书得“帝”。

“帝”字拆开，是“立字无脚，带字缺头”。

由籀文可以看出来，一个人站在地面上就是“立”。“立字无脚”是“立”字少了下面的一横，一横即地面。也就是只有“人”，而无“地”。这有两种可能：一、她丈夫已离开了此地，此地无他站立之所；二、她丈夫无须地面站立。从“帝”字字形看，“人”在“冖”（“冖”音密，是帽子的象形）之上，是虚成空中之人，实是地下之鬼，这是十分不幸的事。

再看“带字缺头”。《说文》说“男子鞶带，妇人带丝”，“鞶带”就是皮带。带鞶、带丝是古代成年男女的装饰。而“带”字的头部（卅）是系“带”的（布）纽扣的象形。“带字缺头”是没有了系带的纽扣，无论“鞶带”或者“丝带”，无纽扣就无法把带系在身上，这样，成年男女就不能修饰或者无须修饰，只有失偶的鳏夫寡妇才会如此——不能带鞶、带丝。

“帝”字的下面部分（也即“带字缺头”的部分），实际上是两条“巾”相叠的象形。因为过去男子“鞶带”之旁，照例还要佩饰“手巾”的缘故。

我在“巾”字篇将会说到，“巾”是“冂”（音窘）字中添一“竖”而成，“冂”是人所罕至的遥远的僻野。所谓“邑外谓之郊，郊外谓之野，野外谓之林，林外谓之冂”，所以“冂”是人所罕至的遥远的僻野。

“帝”字的下部既是“两巾相叠”，当然也是两“冂”相叠后再添一竖而成，“两冂相叠”，示意是遥远而又遥远的地方。其中的一竖，以它拟人，即所谓“竖子”，引申就是她的丈夫。她的丈夫不在此地——已在遥远而又遥远的地方。这结果与“立字无脚”部分是一致的，都是很凶险的结果。

为慎重起见，我问她丈夫为人如何、是否奉公守法。因为“冂”字的字形像门框，僻野的门框，既是坟墓之地，也是监狱之所，死人入坟、犯人收监。所以拆字含“冂”，寓意不佳。她说，其他还可以，就是闲时好赌，在老家时因输了钱才出来打工还债的。难道他因赌已经收监？若如此，公安部门应该早已通知了她，她没有接到此类通知，说明他没有入监，只有可能入坟。

细思此事有些蹊跷，不曾入监，又没回家，为何月余不见人影，还杳无音信？难道果已不在人世？

此人闲时好赌，歇工即将回家，中间也许还有闲时。问题是否出在这儿？是否因赌，输光了钱，无颜回家面对妻儿？似乎又不是，无颜不至于无信息，而且总有一天是要回家的。前面“立字无脚”已寓意，他已无须立地之处，“带字无头”又暗示“带”已无纽，无法佩带上身，失去带的作用，是婚姻难续的预兆。“双冂相叠”又说明，她丈夫已入遥远而又遥远的地方。难道真是“虚立冠帽之上，实成地下之鬼”，在那遥远的地下吗？这又不好向皇甫明说，不过我根据上述三项内容，就提醒她，不如到公安部门报案或在报刊上登寻人启事，请公安协助寻找。

她报案后，不久公安部门果然查清，皇甫的丈夫从歇工到登车回家，中间确有一天的闲暇，于是他与几个工友玩起了“三公”，也许是他运气好，也许是他出了“千”，那几个工友一年的辛苦，统统进了他的腰包。几个人自然不甘心，于是打了起来，对方也许失手，也许心太狠，活活将他打死。事情闹到这一步，那几个人攻守同盟，趁春节将至，单位人少，黑夜把他尸体移出，埋在房后的空地里，然后作鸟兽散，春节后也不再回来。

皇甫女士的丈夫，诱人赌博，吞人辛苦了一年的钱财，固然可恨，但为了几千块钱，就要了他的性命，也是天理难容。

公安在空地里挖出了他已腐烂的尸体，这才算破了此案。

劝君莫赌，输了时自己心痛，赢了时别人心痛，纠纷由此而生。皇甫的丈夫赢了钱，却丢了性命，就是因让别人心痛之故。

当然“帝”字的下部，不把它视为“双巾相叠”，而视为“冖与巾”的组合，拆字的结果也会相同，只是解释而让读者接受，在文字上较麻烦一些。

# 九十一、堂（堂）

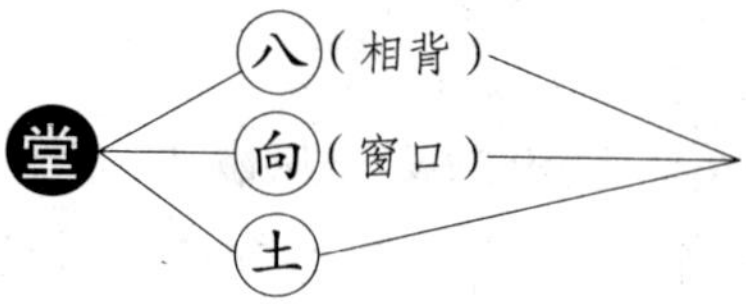


与“窗口”相对的是土。土生万物，唯一不生的是房屋，房屋是人“生”出来的！“八”字二画相背，这是事与愿违的象征。

1999年，遇到一位年老体衰、离乡打工的农民，说他的家乡在搞大拆迁，整个村子拆了一半，准备建统一的农民公寓。镇上无资金，要求每户出钱若干，款项集中到镇“新农村筹建办”。农户大半不愿意，但每日村、乡、镇干部上门做工作，弄得他们寝食不安，不知如何是好。他家里人多，生活本不富裕，只好贷款交了钱，现在出来打工就是为了还贷款。他想预测新公寓能否如期建成，翻书得“堂”字。

所谓前堂后室，看来计划建设中的农村公寓，建成后将会是很不错的住所。能否按期完工，我们将“堂”字拆开看看。

“堂”字从尚从土。也就是说，它可以拆成“尚”和“土”两个字。在拆“当”字时说到了它的繁体“當”也从“尚”。其实堂、當还很有渊源，这里我们不去讨论它。至于“尚”，在“當”字中没有细说，因为来人书写的是简体“当”。而测“堂”就必须细说“尚”了。

“尚”的释义很多，其中有希望之义，这也是这位农民兄长的意愿。正因其释义多，我们还须将“尚”字再拆开。

“尚”字可拆成“小、冋（音窘）”。“冋”即坰，遥远的荒郊僻野叫坰，其实它就是我们前面多次提到的“冂”的异体字。荒僻的郊野必是杂草丛生、弃物堆积、坟茔遍地之所，是胆子小的人白天也不愿独行的地方。“尚”拆开是“小坰”，一个不太大的垃圾成堆的地方。这样的脏乱之地，不符合人们心目中新农村的想象。不记得在哪儿看到过一首描写新农村的打油诗：房屋成排树成行，农田翠绿或金黄。入户家家电器化，庭院蝶飞逐花香。

前面我们是将“尚”拆成“小冋”，它不符合我们对新农村的想象。不过《说文》说：“尚，从八从向。”即它可以看成“八”和“向”两个字的组合，我们来看这种拆法的结果。

“向”字的起源与窗子有关，看它的字形就知，它像窗口，这里的所谓窗口应是心的“窗口”，农民兄长希望的“窗口”。

“向”字，傅东华先生解释说，是“人在窗口向外张望。要知凡有窗口的所在必定有可见的前景，就是必定有与它相面对的东西”，我认为非常精辟。那么与这“窗口”相对的是什么呢？回到“堂”字就知道了。“堂”字下面是“土”字，与“窗口”相对的是土。土生万物，生草生树、生山生水、生人生畜，唯一不生的是房屋，房屋是人“生”出来的！

说了“向”，再看“八”。“八”字二画相背，这是事与愿违的象征。一个“小冋”——垃圾成堆之地，怎么能有新农村的景象呢？事与愿违啊！这样说来，他家乡的“新农村、新景象”可能只能停留在图画中！

一年多后，再见到这位农民兄长时，他气愤地说，新农村没有建成，据说基建资金已被骗走，乡长、镇长都已入监坐牢。大伙的房被拆了，全村的人大半住在“临时”搭建的窝棚中，已快两年了，“临时”到哪一天，谁也不知道。

# 九十二、昔（）

昔——“昔”字的字头原是波浪汹涌，是洪水来袭时狂涛巨浪的象形，朋友要开书店，“洪水狂涛，灾祸等身”却不能免。

一位朋友想开家小书店，犹疑不决来测字，翻书得“昔”字。我建议他取消这种打算，否则会给他带来无穷的烦恼！

下面先说一个用“昔”字拆字的古例。

北宋靖康之变，中原无数家庭遭难。拆字名家谢石追随南宋高宗南奔时路过一村，见一老太太抱着个幼儿在路边哭泣，神色特别哀苦，谢石很可怜她，问她为什么这么伤心。老人家说，她的儿媳被金兵糟蹋至死，儿子被金兵掳去，留下怀中不满三岁的孙儿。儿子若能回来，祖孙俩还有活的希望，若儿子一去不返，祖孙俩活日也就无多。谢石听后，也泪流满面，告诉老人，他是谢石，愿为她拆字占她儿子的归期，老人卜得“昔”字。谢石细详后道：“你儿子二十一天内应该会归来，若二十一天内不归，恐遇‘洪水狂涛，灾祸等身’，再也回不来了。我在这里同你一起等他二十一天，届时如无消息，你祖孙随我一起走吧！”谢石与老人一起，等到第二十一日临近午夜，仍无老人儿子的消息，老人已经绝望，正准备安寝，突闻敲门声——她儿子悄然归矣！问之，原来他杀死金兵后逃走，白天不敢行，晚上方辗转潜回。第二天，谢石在感激声中高兴地离开了。

谢石善于拆字，但也死于拆字。因拆字得罪了秦桧，后被秦桧嫁祸害死，命运好像很难由自己掌握，深谙“字”理的谢石，也不能知自己的生死，如良医难医自己的疾病一样。冥冥之中，是否真有一只巨手存在，在控制着每个人的未来呢？

上面是古时的一个拆字实例。谢石把“昔”字拆成了“二十一日”。现在因为命题不同，“二十一日”就不能沿用了。不过谢石所说“洪水狂涛，灾祸等身”，却是今天拆“昔”字的依据。

谢石拆字，当然熟知这些字的来历。原来“昔”字与“共”“供”“洪”等字虽字头相同，但起源却不一样。“共”字的字头是由两双手变来，四手相合，一起用力，所以为“共”。“昔”字的字头原是波浪汹涌，是洪水来袭时狂涛巨浪的象形，它是“灾”的本字。因此“昔”字的启义就是希望“灾”成为过去的日子。所以谢石有“洪水狂涛，灾祸等身”一说。

我的朋友要开书店，也卜得“昔”字，“二十一日”与开店虽然无关，但“洪水狂涛，灾祸等身”却不能免。

他听了我的劝告，终于打消了开书店的念头。

# 九十三、山（）

山 把“山”字看成“凵”（音坎）字中添一竖而成。一竖落凵，不但不能升职，只怕厄运还会接踵而来。

2000年，朋友带一位看上去像农民的中年人来，介绍是某机关后勤处供应科副科长，想为升职测时运，翻书得“山”字。

“山”字三画，严格地说，它不能再拆开。字不能拆，说明内在变化不顺，升职可能无望。当然这是就“山”字整字而言。

不过可以把“山”字看成“凵”（音坎）字中添一竖而成。一竖落凵，不但不能升职，只怕厄运还会接踵而来。

一方面，《说文》以为“凵”有“张口”之形，这“口”可是吃人之口。另一方面，“凵”字的字形像陷阱，拆字时就把“凵”视为凶险之地。“山”是“凵”字中添一竖，这一竖很特别，一是左右无靠，二是下不落根（即它没有穿“凵”而过）。左右无靠是没有人帮忙，没有靠山，想升职而无人相扶，以现在的官场而论，朝中没人怎么可能升官；再者，下不落根，说明他基础不牢，底气不足。据此他升职没希望。且竖，我们在前面多次说过，它是男人的蔑称，即这小子的意思。就如《水浒》中“这厮”“那厮”的“厮”字一样。那么“山”字拆开的寓意是：这小子已落坑陷之中，根基不稳，又无人援手——不但不能升官，而且只要有风吹草动，（竖）则必倒无疑。话又不好这么对他直说，还好，以“山”字本义来解释也大略可行。我告诉他，他的前面有一座山，挡住了他的去路，要翻过去很费力，有可能还真难越过。

其实翻山和落入坑陷完全是两回事，山再高，人还可以慢慢爬过去或者另寻他路而行；而落入坑陷之中就不一样，无人援助，最后是死路一条。《易经》有言：“习坎，重险也。”重险，是险阻重而且多。“凵”也同“坎”一样是险阻重重的陷阱。

拆字后大约过了一年，介绍他来的朋友谈到这位副科长时说，那人是他一个亲戚的同乡，最近出事了。朋友也只了解大略的情况：这位副科长可不一般，他负责整个机关办公用品的采购、办公室的装修、装饰等等事项。其中的猫腻是少不了的。具体情况虽不清楚，但听说单为更换局座、处座的办公桌椅、沙发、文具柜，加上会议室的装饰等就花费了近一百万元。其中落入他口袋的是多少就不明白了，只知他的一子一女都自费在某外国读书，公子上大学，小姐进的是私立中学。公子、小姐每年年末往往是游历数国后再回国度假。这副科长平时倒是节俭，不抽烟不喝酒，不进舞厅也不出入赌场，衣着朴素、生活平淡。他的工作作风是媚上而虐下，对领导恭敬有余，对部下苛刻严厉。他手下的一个副科级科员因为长期坐冷板凳，捞不到太多油水而气不过，于是暗中调查他，终于发现了问题，向纪委举报，拔出来一个萝卜，扯出来一堆烂泥。同他关系亲密的领导都被牵涉了进来；关系疏远的为了证明自己的清白，人品好一点的是躲，人品差一点的是再踏上一只脚。由于证据确凿，谁也不敢帮他，现在已被逮捕，正在进一步侦查之中。

拆字得“山”，看似不错，实则存祸。

# 九十四、奔（）

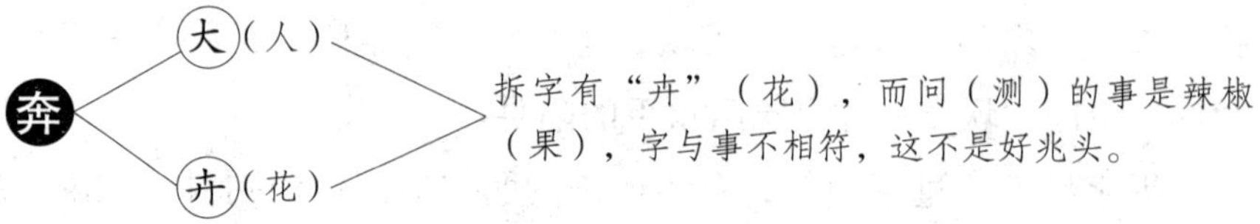


2000年秋，一朋友贩进了两吨鲜红辣椒，准备拉到附近市场去卖，要测这趟生意的利好。站着说话之时，正好驶来一辆“奔驰”车，就停在他身旁，他指车得字，是为“奔”字。

“奔”是快走。就字义而言，既可快速逃离，也可急急趋入。逃离是生意无利可图，快快出货撒手；趋入是有钱可赚，急急赚了再来。是亏是赚，字义不能说明。这也是我前面一直强调的不能持字义来拆字的原因。朋友既然指车得字，当然车就成了拆字的重要参照物。

这车就停在他的身边，车主下车锁门扬长而去。我朋友测辣椒生意的利好，是以车为征兆的，车若停下不走，引申到他进的这两吨辣椒，很有可能一时销不出去，新鲜货物“停”在手上，赚头打折。

正在说话的时候，车主回来了，发动离开。其间大约也就十来分钟，我为朋友高兴，看来鲜红椒不会长时间“停”而不销。

正为朋友高兴之时，忽见这辆车绕了一个弯儿，然后掉头循原路而去，以此喻生意，绝不是好事！

为慎重起见，不妨再把“奔”字拆开。“奔”，从大从卉。“卉”就是我们平时所说的花，《说文》说卉是“草之总名”，所以我们平时所说的花卉是不含果的。即所谓“百卉含英”，英也就是花，不含果。花好看不好吃，而在于观赏。卉不含果——花（卉）谢然后才有果。辣椒是果，拆字有“卉”，而问（测）的事是辣椒（果），字与事不相符，这不是好兆头。

另外，在“卉”字篇我们提到，“卉”字上面的“十”可以尽情发挥，那是因它上面再无阻碍它的笔画。“奔”字的“卉”所处位置不同，它在“大”字之下，“大”就是人，所以“奔”中之“卉”是在“人”的胯下，即“十”上面的阻碍很大，不能向上发挥，引申是我朋友的辣辣很难卖到好价钱。

“奔”的另一种写法是“犇”。两吨红椒得到“犇”，即两吨红辣椒得到（换回）三头牛，这是不可能的事。俗话说，风马牛不相及，两吨辣椒与三头牛更不相及。不相及的“犇”与辣椒凑到了一起，也说明不会有好的结果。

我劝他别图赚，不亏即是赚，尽快脱手即保不亏。

过了两三天，我去菜市场买东西，只见到处都堆着红辣椒，秋天正是红椒上市的季节，多而且价贱。天热辣椒不能堆放，生意人总想赚钱，不甘心亏本卖出，他的辣椒停留了两天，就烂了一百来斤，于是只得急急以成本价脱手。运费加人工，亏了千多元。不过商贩谋生，这次亏了，下次必定会赚回来。否则世上早已没有为生意而“奔”的商人了。

# 九十五、目（目）

“三”虽然能生万物，只是窄“门”不能容万物，引申是他能小有所发（财），不可能有大的作为。

某年冬，至一烧烤档买烧烤待客，见档口生意清淡而价高，怀疑而问老板。老板切小片请我试尝之，果然味鲜且酥嫩。我买了一些烧鹅、烧鸭及卤肉。他一面剁肉，一面与我闲谈，聊及“目下”经营状况，得知老板是顺德人，他的方言我听不太明白，于是他用刀尖在案板上写了个“目”字，写的这字细看更像“日”字，而他再三申明他写的是“目”字，我则用此字占他的生意。

“目”字是“日”字多一横，这也难怪案板上“目”字像“日”字了。另外，“目”字不但是“日”字多一短横，也是“自”字少一撇。

“自”字是鼻子的象形。人们说话，说到自己时，往往点点自己的鼻子。古人造“自”字时就利用了这一点，所以“鼻”字中就有一个“自”字。“目”是眼睛。而他写的“目”字更像“日”字，这样，他写的“目”字就成了“鼻子不是鼻子、眼睛不像眼睛”了——说它是鼻子，但“目”是自字少一撇，故说“鼻子不是鼻子”；说它是眼睛——“目”是眼睛，但他写的“目”字更像“日”字，故说它眼睛不像眼睛。以此推之，他的烧烤档是个四不像的档口，这样的档口不会好到哪里去，自然生意不行，财运不旺，处境艰难。

他说的确是这样，因生意不好，他还兼营早点、凉茶。

因写的“目”字更像“日”字，这是以“日”代“目”的景象。“以日代目”，应是不错的寓意，他的档口应该会兴旺起来。

拆字的时间是冬天，那天气温很低，加上细雨蒙蒙，是谁都不想出门的日子。我若不因临时有朋友来，也不会出门买熟食。

虽然有“以日代目”的征兆，但时光不对，细雨飘寒，太阳出不来，躲在云层之中，“目不见日”，所以生意不好。真正有“日”的日子，要待来春——“日”在春之中（即“春”字下面是日字），所以要待来春。那时春暖日媚，他的生意会好转。

因为他写的“目”字更像“日”字，上面是“以日代目”来做分析的。但他的主观用意是“目”字，因此不能撇开“目”字不管。

“目”字拆开，是“冂内有三”。“冂”（音窘）我在前面介绍过，若测犯事是牢门，若测生意是想发达但为时甚远。

老子说：“道生一，一生二，二生三，三生万物。”“目”字中有“三”，可惜“三在冂内”。这包含两点：一、因有生万物的“三”存在，说明他能发迹（财）；二、因“三”在“冂”内，“冂”是门，从“目”字的字形而言，这门很窄，“三”虽然能生万物，只是窄“冂”不能容万物，引申是他能小有所发（财），不可能有大的作为。“冂”也指远处，引申是“发”的时候未到，故说要发为时甚远。

我说，到来春你的生意会好起来。他以为我说的是恭维话，除谢谢我帮衬外，也很高兴，于是打开了话匣子。他说的大意是：他卖的烧鸡、烧鸭、烧鹅、烤猪肉都是现买的活鸡、活鸭、活鹅、新鲜猪肉。所有这些都由他自己秘制加工。绝不进死禽和变质的畜肉，也不代卖由别人加工的烧烤。所以他的烧烤，老顾客都知道，味道特别鲜嫩。但因成本高，价钱要比其他档口贵二到三成。省钱的客人不愿光顾，老的顾客天冷不愿出门，所以今天生意不好。

他自买自卖，这样做生意，并不是为了扬名或者拔高自己，主要是怕买主吃了出问题，吃病了进医院，那时赔也赔不起。两年前的夏天，他的一个同行因卖被污染了的烧鸭——那烧鸭是从别家进的货，不是自制的。货源有问题，几个客人吃后中毒，赔了钱不算，店也被封了。

他说他卖的烧烤价格要高于其他档口，“我不是说其他档口的质量不好，我是说，我自制自卖，小本买卖，不卖这个价就要亏本，消费者以为我价高赚得多，其实我赚的比别人还少，一分钱一分货啊！”

过了半年左右，他的生意兴旺了起来，大约大多数消费者终于清楚了一个道理：宁愿吃放心而价钱稍高的，也不再吃廉价而不卫生的东西！

人人对吃的东西都张“目”了！

# 九十六、七（乇）

七——“七”字中的这一斜横却是“上不着天、下不靠地”。看来崔先生要求增加赔付，这件事情很悬。

2000年，街坊崔先生横穿马路时，不幸遇车祸，腿伤住院将近半月。车主留下三万元“安慰费”后，不再露面。崔先生要求增加赔偿，却遭拒绝。崔家不服，准备诉诸法律，让人来预测官司赢输，翻书得“七”字。

“七”字两画，算是笔画很少的字。究“七”字的起源，是两线相交的形状，它本是切断的“切”的会意字。因与古代结绳记事中表示数目“七”的符号相同，后来为示差别，才在“七”的右边加“刀”成“切”。切是切断、了断、了结。因此至今“切”仍与“七”有关，例如“七七”的习俗就来自“切”——人死后，超度“七七”四十九天，以示阴魂与人间了断。

既然“七”与“切”之间的关系如此之深，看来再要赔偿，恐怕很难，赔付很可能就此了断。

为什么会这样？再看“七”字的内涵。“七”字两画，首画是一斜横。前面说过，一横在上为天、在下为地。“七”字中的这一斜横悬在中间，它与“在”字篇中间的一横不同，“在”字中间的一横也是地，所以“在”字有“双地”。“七”字中的这一斜横却是“上不着天、下不靠地”。以此喻事，这事必是“上不着天、下不挨地”。看来崔先生要求增加赔付，这件事情很悬。

所以无论从“七”与“切”的关系看，还是把“七”拆开来看，崔先生都不可能从车主那儿再得到赔付款项。

回头再看“七”字末画“乚”（音隐）。关于“乚”，我在前面说过，它的字形像“乙”，也像钩，它的字义是匿藏。字形像“乙”，“乙”是屈曲，崔先生车祸受伤，屈曲吃亏自不待言。

“乚”的字义是“匿藏”，出车祸时的情况我们不可能清楚，从“乚”字看，车祸的真相可能已被“匿藏”而无法弄清，这样，索赔难再进行。

总括起来，“七”字拆字的结果：一是“七”与“切”同源，引申有切断之义，即赔付会了断；二是车祸受伤难免委屈吃亏；三是真相弄不清，再索赔证据难寻。

后来得知，这场车祸真正成了悬案。因为出事的时间是晚上八点多钟，出事地点偏僻，找不到目击证人，那儿虽有斑马线，但无红绿灯。崔先生说他走的是斑马线，肇事司机说崔先生离斑马线很远，两种说法都无人证，现场又被破坏，交警部门也很为难。但那段路行人过马路的确很难，因人少，司机往往超速行驶。

2000年时，交通设施落后，没有电子眼监控等手段，要弄清到底谁违反了交通规则，真正不易。因事故不大，据说最后交管部门只得调解处理，车主负百分之六十的责任，计医疗及误工等费用共五万元左右，车主已经支付三万，正好相抵，所以崔先生没有再拿到赔付款。

《说文》说：“七，阳之正也。”事经交警反复核实，已尽正气，赔付的出入应该不会太大。

# 九十七、悖（）

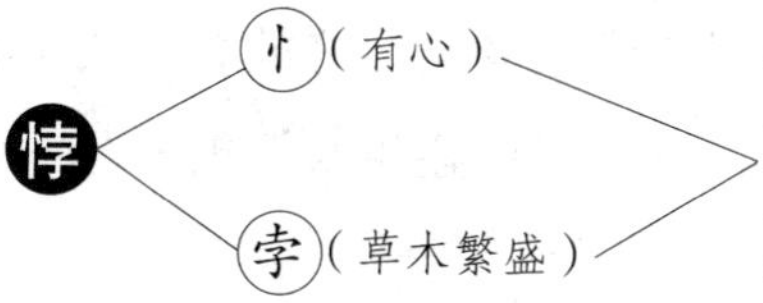


老乡真“有心”人也！这老乡虽与你我大众一样也如“草木”，但不依赖国家，不吸他人之血，还能“茂盛生长”，应该举手加额，为他庆祝。

我喜欢吃烤番薯，觉得烤了的番薯特别清香诱人。20世纪60年代初，生活极苦，三餐之外，一天能有一个烤番薯补充，算是天大的福气。2000年的一天，我在街头见到一个卖烤番薯的老乡，形象很似我的一位故人，感动而暗为他测命运。卜得“悖”字。

“悖”字，《说文》说是“乱”，《玉篇》说是“逆”。字义不好，我们且不去细究它。

不过，无论是“乱”或者“逆”，说明他讨生活不易——其实人人都不易，人人都是从“乱”境中或“逆”境中过来的，包括整个人类的历史，都是从“乱”和“逆”中走来。因此“乱”与“逆”带有普遍性，自然也包括这位老乡。

街头卖烤番薯的小贩，广州叫“走鬼”，是时时被城管驱赶的对象。从这一点来说，站在管理者的立场，还真符合“悖”的字义——现代城市需要秩序，这也需理解城管的苦心。

“悖”字拆开，从“心（忄）”从“孛”。

卖烤番薯从“心（忄）”，老乡真“有心”人也！他“有心”做小生意，“有心”养家糊口，与社会相安，为生存而奋斗，这是“有心”无错。纵使有“悖”之处，为生存，老乡们也是没有办法——城管与小贩，双方都难啊！

“孛”字本是形容草木茂盛生长的样子。这老乡虽与你我大众一样也如“草木”，但不依赖国家，不吸他人之血，还能“茂盛生长”，应该举手加额，为他庆祝。他的将来，因“廉颇老矣”之故，成为大树哪怕成为一棵小树的希望都不可能有了，仅是“茂盛生长”的一株小草，不过千万别歧视他，底层的生活不易啊！

《说文》的注释者徐铉说“孛”是“人色勃然壮盛，如草木之茂”。“人色勃然壮盛”，引申是有朝一日能挺直腰杆。他虽然不能成为大树，哪怕成为小树，一株“小草”能挺直腰杆，是应赞美的。

至于他今日的时运，需把“孛”字再拆开细看。“孛”可拆成十、冖、子三部分。“十”，我在“兢”字中说过，它可善亦可恶、可正也可邪。“冖”（音密）是帽子，有遮掩之义；“子”就是这位卖烤番薯的老乡。他（子）在“冖”下，即他今天有物（帽子冖）遮掩风险，所以“孛”字头上的“十”应该从善——他今天卖烤番薯的生意会不错。

第二天，我去买他的烤番薯，为验证拆字的结果，我有意与他攀谈，并问他昨日的生意情况。他说昨天差一点儿被城管没收了烤炉。当时正有顾客在买烤番薯，刚过秤装包，还来不及收款，突然有人惊呼：“城管来了！”他说：“我推着小车就跑，躲入一条小巷，原来在路旁卖袜子的、卖手提包的、卖小菜的……刹那间都已无影无踪。还好，城管并没有要认真对付我们，看着我们跑了也就算了。”

他说：“下午，遇到一群旅游的外地人，大约他们饿了，闻到烤番薯的香味，都围了过来，不管三七二十一，每人拣两个，一下就把我烤好的番薯买光了。”

后来，因为常买他的烤番薯，渐渐熟稔，知道他姓文，祖籍江西吉水，系文天祥的后人。他有一子一女，子在广州读博，女在美国读博。他老两口伴子而迁，来穗以卖烤番薯为生，老婆负责买和洗番薯，他负责烤和卖。除挣两人的生活费外，也想为儿子挣一点买书钱。

“悖”中有心（忄），老文真“有心”人也。

最后需要说明一点：我在前面的篇目中，往往将竖拟人，说竖是被拆的主体，“悖”字有一长竖，却说主体是“孛”中的“子”。这是为什么呢？这好比一个人，有大名小号，大名小号同时出现时，亲昵则呼小号、尊重则称大名一样。

# 九十八、完（）

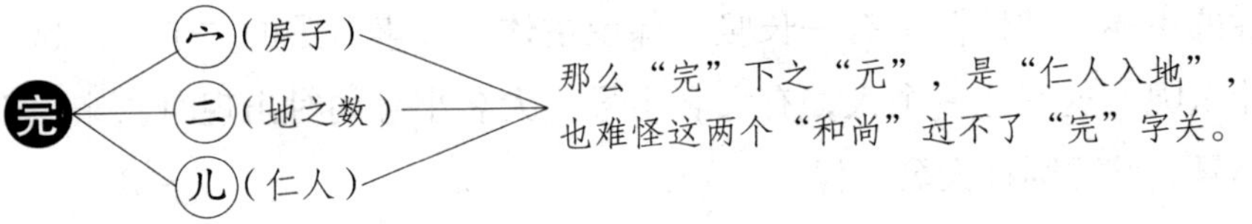


游某名刹，至一偏殿，见两个似僧非僧、似俗非俗的中年男子在写经文。一个紫面而不着僧衣、但头有僧人戒痕的边写边骂骂咧咧，口中秽语不断；另一个白面的虽身穿僧衣，但头发油亮可鉴且手持香烟，边写边吞云吐雾。同游的朋友要我辨别这二位的身份：是僧还是在俗。卜得“完”字。

《说文》说：“完，全也。”这二位僧、俗的特征与模样都有，确实是“全也”。要分清是俗是僧，单从“完，全也”还真正看不出来。因此，必须把“完”字拆开来看看。

“完”字有好几种拆法，我们来看这些拆法的寓意。

“完”字可以折成宀和兀两字，这是第一种拆法。

宀（音贮），《尔雅·释宫》说：“门屏之间谓之宀。”所谓“门屏之间”就是内外之间，引申是二者之间。佛俗不同流，这二位真正是在“门屏之间”，僧俗难分。

佛家有戒律：“不打诳语”“禁食烟酒”。那紫面者当众脏话连连，毫不避讳，比俗众还俗，但他头上有戒痕，像是佛家子弟；那白面秀发的“瘾君子”却又身着黄色僧人衣裤，是僧是俗，怎说得清？难道这二人是还俗了的和尚又重返佛门？或者是刚皈依佛门的俗众，因染俗习太深一时还难得了却？

因此从宀是“门屏之间”看不出这二位是佛子还是俗人。而宀也是“贮”字的省字，贮是储存。他二人是“储存”在梵宫还是在世俗？从宀中也得不到结论。

再看“完”字下部的“兀”。它既是代表没有头的人，也表示某人或某事格外突出。“没有头的人”引申是不动脑子；“格外突出”——这二位“僧不僧、俗不俗”，一位当众骂娘，另一位吞云吐雾，难道不是既不动脑子又格外突出者吗？因此从“兀”也看不出他二人的身份。

不过“完”字还可拆成“宀、元”。“宀”（音绵），我们在前面的篇目中说过，它是大房子、是广厦。近三十年来，国家尊重佛教，寺庙修饰得庄严、漂亮，每座古刹都成了“广厦”，是现代难得一见的佛教的复兴。

徐锴在注释《说文》时说：“元，善之长也。”佛门及佛教子弟揽“善之长”来普度大众。二位虽在寺中写经，但一位骂娘、一位抽烟，如此不守佛门清规，岂是属“善之长”一类的人？拆字至此，我对朋友说，这二位应该不是佛门中人。朋友反问，为什么一个头上有受戒的痕迹，另一个又穿僧人的衣衫呢？对这个问题我也解释不了，这就只能求证于寺庙了。

从佛殿出来，见一长髯的和尚正在打扫院子，我们双手合十，念过“阿弥陀佛”后，便问伽蓝中写经文者是何许人。这位老僧人默然良久，然后愤愤地说：“这是我们寺院的羞耻呵！也是我作为监寺的过失。既然二位问及，我也不好隐瞒。”

我们运气好，遇到了监寺。监寺是佛寺的负责人之一，相当于寺院的纪委书记。

原来，这二位不僧不俗的写经人，本是这寺中的和尚，出家多年，虽未成佛，却能戒守清规，一心向善修行。大约一年前，他俩申请游方。“平时，我寺规定，稍有不守清规的，一律不准外出游方，就是怕影响我寺的声誉。我是监寺，对于这一点，我一向按规定严格执行。但因我见他俩剃度时间已久，过去又不曾违反过佛门规矩，于是就准他二人外出。”长须飘飘的监寺说。

“谁知，这二人太不争气，游方至某地，见到从未见过的花花世界，便抛清规于脑后，很快就混入了灯红酒绿之中，弃素吃荤、吸烟、进按摩院，样样都来。为‘行为’方便，还脱掉僧衣、蓄上头发。没有钱时，就拿出度牒、摊出游方的证明到处骗款。因我寺是名刹，真还有不少人‘支援’。后被所在地的寺庙监寺发现，通知我们领回。现在他俩已被开除出寺，除去僧籍。只因两人世俗中已无亲眷，怕放出寺庙又祸害社会，因此仍留寺中写经。”

社会的吸引力如此之大，真正是一个大染缸啊！原本清清白白、没有见过世面的两个和尚被染污了，而不知还有多少经过风雨、原本也算方正的人，也掉入了这染缸之中！难怪古人是那样地赞美“出淤泥而不染”的莲花的品格!

不过，将“元”字再拆开是“二、儿”。《说文》说：“二，地之数也。”《玉篇》说：“儿，仁人也！”那么“完”下之“元”，是“仁人入地”，也难怪这两个“和尚”过不了“完”字关。

# 九十九、釆（釆）

釆——"米"上一撇，有两种可能：一、他不正，因申请的是低息贷款，可能不符合条件；二、没有遵从一定的程序，因此，"米"被一撇压下不得出来。

熟人小陈办了个养鸡场，几年下来，有了养鸡经验，今年扩大规模，但后续资金短缺，饲料将罄，申请银行扶农低息贷款，迟迟不见批准。几千只很快即可出笼的肉鸡缺粮，急得他团团转，故而来测字，翻书得"釆"（音辨）字。心情不佳，他错写成了"采"。

先要交代"采"和"釆"的异同。这两个字很容易混淆。"采"是"爪（手）在木上"，原始的含义是手攀树采摘果实的意思。所以（采）、彩、睬、菜都从"采"。"釆"本是野兽脚掌的象形。中间的"十"表示的是野兽脚掌心，其他的笔画代表的是野兽的脚趾。古人狩猎，根据脚印在地上的形迹，很容易分辨出野兽的种类，因而"釆"也就成了分辨的"辨"字的古文。所以審（审）、番、悉、释都从"釆"。

他将"釆"错写成了"采"，那么我们先看"采"。

本书没有过多地强调书写，因怕读者误以为作秀，故选入的绝大多数都是书写规范的字。其实拆字与当场的书写密不可分。以小陈所书的"采"字为例，他不但将"釆"写成了"采"，而且写的"采"字上面爪小，下面木大，不成比例。树（木）大手（爪）小，攀爬困难，想采摘果实自然不易。以此喻贷款，肯定有难度。

这儿多说几句，若书写的"采"字上下成比例，贷款不难；若"爪大木小"，贷款容易，不成问题；他写的"爪小木大"，贷款困难。机缘如此，唯为他叹气而已！

回头再看翻书所得的"釆"字。它是野兽的脚印，至于这一点，联系到小陈的贷款，还是不加评论为上。只看“采”字拆开的情况：“采”是“米”字头上加一撇。广东朋友将自己的工薪也叫成“米”，发工资叫“出米”，因此“米”引申就是钱，即小陈申请的贷款。“撇”，我在前面的字中说过，它是“戾”，即乖张不正。“米”上一撇，有两种可能：一、他不正，因申请的是低息贷款，可能不符合条件；二、没有遵从一定的程序，因此，“米”被一撇压下不得出来。

我把“采”和“采”拆字的结果告诉他，他自嘲道：“我一个农民，手爪最大最长，也抓不到‘天’，既然天意如此（他是指他写的‘采’字爪小木大），我哪有能力回天！只得认了。但根据上面的文件，我没有违反规定呀！乡政府还出了证明、盖了章，去年我也是这样贷款的啊！”

突然他抽了一口冷气，说：“明白了！明白了！去年贷款批下之前，我请信用社的信贷员在县城的宾馆吃了一顿。今年因资金太紧张，想等贷款批下再说，看来不行，借钱也要请他们！”

原来野兽的脚印——“釆”出现在这儿。

# 一百、也（）

也——这么少笔画的一个字，“也”，两“乚”相围。君子得此字，一生蹇涩，不得发达；小人得此字，身必入囹圄，不得脱身。

2001年秋，朋友带他妻舅张先生来，张先生要预测他儿子的命运，其他张先生没有多说，似有隐情不便相告。第一次见面，我也不便多问，翻书得“也”字。

“也”字三画，是笔画简单的字。笔画虽简，但内涵丰富，叙述起来较为烦琐，望读者原谅。

“也”字的首画是一个放横的“乚”字（音隐），末画也是一个“乚”字。首尾都是“乚”，二“乚”相交，中间夹一短竖。

如果说，整个“也”代表一个人的命运，那“也”中的“短竖”就是这个人，即张先生的儿子。竖，本是对男子的贱称，是“这小子”的意思。“短竖”，即“小小子”。

《说文》说：“乚，匿也。”把东西藏起来为匿，引申是不能曝光，见不得人。什么事情不愿让人知道呢？必是丑事，他儿子可能做了不能见人的丑事。且“也”字中正反两个“乚”相围，这丑事“藏匿”之深也非同一般。

而“乚”字的字形如钩。在“饶”字篇中，我们说“饣”是横竖有钩，但不成围困之形，即“饣”中的钩没有围困其他笔画，“也”字不同，横竖两个“钩”将“短竖”围在其中，这“短竖”怎么也脱不了身，即张先生的儿子与某事怎么也脱不了干系——这就是他儿子的命运。

“乚”字的字形也像“乙”字。事实上，“乚”从“乙”，它是由“乙”字变形而来。西汉宣帝时的易学大师京房在《易传》中说：“乙，屈也。”“也”字三画，是汉字中笔画最简单的字之一。这么少笔画的一个字，却有正反两个变形的“乙”，且两“乙”相交，这也寓意包含了“枉屈”。

因此，他儿子涉及的事，既是“隐匿”的丑事，也有“枉屈”的成分，即冤屈的一面。

“也”字，《说文》所释不雅，但与女子有关，我们在这里不录。不过以《说文》对“也”字的注释推之，决定他儿子的命运，而其中也存在冤屈的丑事应与女子有关。

再看“也”字的字形。中间的短竖，即张先生的儿子，一半在二“乚”之内，一半在二“乚”之外，这是说他虽脱不了身，有牢狱之灾，但也不至于无活路——他无性命之忧。

“也”字虽仅三画，拆开来的分析却转了好几个圈，让读者晕头转向。这里不妨总括一下：一、张先生的儿子以后的命运不佳，因某事纠缠不能脱身；二、这事“既丑又冤”，且还与女子有关；三、他儿子被围在两个“乚”字之中，主有牢狱之灾，但亦无性命之忧。

我把这些内容告知了张先生。张先生叹了一口气说：“我那儿子不争气，初中还未毕业，就和一些不三不四的社会青年混在一起，怎么打骂都没有用。打多了，他干脆不回家，书也不读了，有时一个星期也见不到人。这不，前一晌发生了一起轮奸案，就有他在内——他说他根本不想这样，但当时阻拦不住——原来受害人是他的女同学，也是他的女朋友，是他把她约出来的。他女朋友指证说，就是他带头诱奸了她。后面轮奸她的那些人，他也确实阻拦过，但同他在一起的那几个家伙当时就像野兽，见他阻拦，把他也打翻在地——搞成这样，这畜生真正不是东西。现在关在拘留所，不能同亲属见面，我也不想去见这孽障，如您所说‘无性命之忧’，就算我能对得起我死去的母亲了！”原来张先生的母亲在世时最疼这小孙子，小张的坏习惯多因祖母溺爱之故。

“也”，两“乚”相围。君子得此字，一生蹇涩，不得发达；小人得此字，身必入囹圄，不得脱身。

后来得知，因他儿子未满18岁，判的无期，算是捡了一条命。

# 一百零一、式（式）

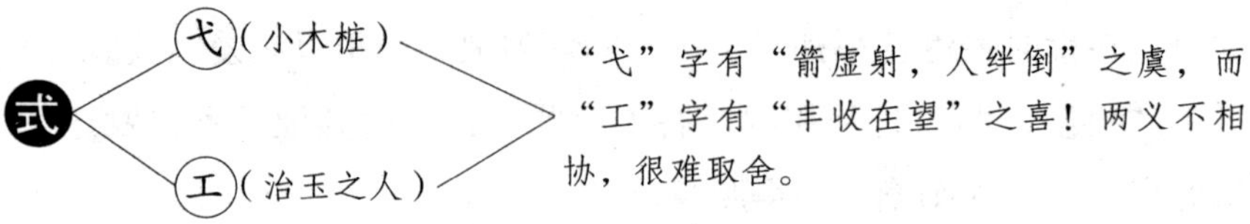


农民老杨接种了两大棚蘑菇后，来测时运，翻书得“式”字。书写的“式”，规范而笔势遒劲有力。

“式”，由两个字组成：弋、工。

先看弋。《韵会》说：“弋，缴射飞鸟也。”要缴射飞鸟并不容易，没有相当的功夫，是难以把飞鸟射下来的。另外，“弋”也是小木桩的象形。一段短短的树枝杈，揳入地面，用来系网罟。由于它小而短，很容易被人忽视，故也很容易将人绊倒。飞鸟难射，小桩绊人。以此推之，要想蘑菇丰收，看来困难还真不小啊！他会不会因此“箭虚射，人绊倒”呢？

再看“式”字下面的“工”字。《玉篇》说：“工，善其事也。”老杨种蘑菇应该有经验，也懂得种植的方法——是“善其事”的人。此外，“工”，本是双玉相连的象形，双玉相连是美好的表示。因此起始被称为“工”的人，是治玉的人。（后来引申，凡治百艺的人都叫工。）他种的两棚蘑菇，就像一双碧玉，他就是治玉之人——蘑菇应有丰收的希望。

“弋”字有“箭虚射，人绊倒”之虞，而“工”字有“丰收在望”之喜！两义不相协，很难取舍，需回头看他写的“式”字。

他写的“式”字笔势遒劲。看来老杨行事刚毅，不出手则已，出手必克。因此，他不会被“弋”绊倒，也不会是箭虚射。

他种的蘑菇一定能丰收——虽然其中困难不少。

# 一百零二、鼎（鼎）

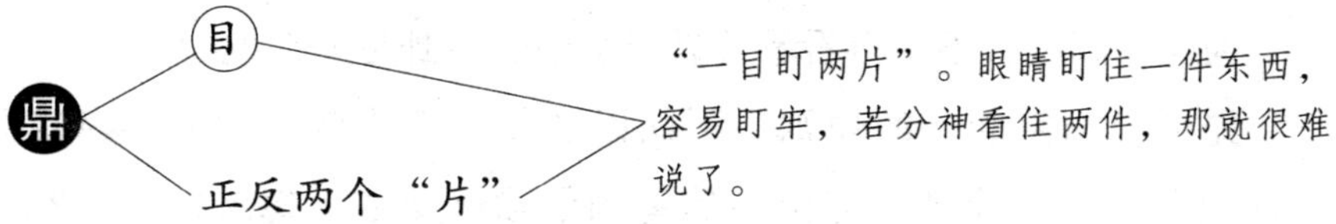


朋友开一家小小茶餐馆，生意兴隆，早晚客人满座，有利可图。2002年夏，有亲戚想与他合伙再开一家分店，亲戚愿投资四成，朋友拿不定主意，而来测字，翻书得“鼎”字。

“鼎”字拆开，上部是“目”，下部是正反两个“片”字：左边是一个反写的“片”，右边是一个正写的“片”。

“片”字的来历是将一段木头从中一劈两半，分成两块，这两块都叫“片”，所以出现了正反的两个“片”字。

这是说，不劈开是一段木头，一劈为二为“片”，看起来数量是增加了，实质上什么也没有增多，合起来还是那段木头。这样做，只是徒费力气而没有得到实实在在的好处。

以此推之，开一分号，相当于将木一劈为二，成两“片”。实际的利益并不可能增加，也就是说他所得利润并不会增多。只是枉费资金与精力。又因“鼎”字中有“目”，这样“鼎”字拆开的含义是“一目盯两片”。眼睛盯住一件东西，容易盯牢，若分神看住两件，那就很难说了。

商人求利，单从利而言，我建议他不如暂缓开分号，仔细权衡之后再扩大经营不迟。若顾及其他，如扩大影响、增加知名度等等，则可考虑开设分号。

他说：“我开一间人不传名的小店，完全是为谋生，那当然是以赚钱养家为先，哪有能力谈其他？”

为谨慎起见，不妨再看看《易经》中的鼎卦是怎么说的。

先说说用字起卦的规则，不妨以“鼎”字为例。“鼎”字12画，根据用字起卦的原则，即由字的笔画数除以爻数（每卦的卦画都是六爻），所得余数即为动爻。而在分析卦时，以动爻为主。“鼎”字12画，12除以6余数为0。因此用“鼎”字起卦无动爻，六爻不动，事亦不宜动，当代著名学者南怀瑾先生在分析卦的动爻时说：“一动不如一静。”这也说明，他目前不宜开分号。

鼎卦，本有“革故鼎新”之义，因无动爻，那就成了似可动——“鼎新”再开分店——而实际不宜动的寓意。

过了一年多，我再遇到他时，方知道他的生意情况。原来，当初怂恿他开设分号的是他的妻弟，他听了拆字的结论后，没有再考虑妻弟的建议。但架不住枕边风，无奈，只得出资六成，在另一地段开了一间分店，交妻弟打理，他两边照顾。生意也算马马虎虎，但一年下来，扣除银行贷款利息与交通运输成本及妻弟的分成，算来算去，二店合起来他所得的利润，还稍少于原来一家时所赚。

一木劈开，难免有损耗，所以所赚还要稍少于原来；一目盯二，也难免失算，这还与他的经营方法或亲戚之间的利益分割有关，因是他店中的内部事务，就不必细究了。

“鼎”，是国之重器，鼎不分离，示国家统一，繁荣昌盛。开分店拆字得“鼎”，其实这已指示明白——不宜。

# 一百零三、芾（）

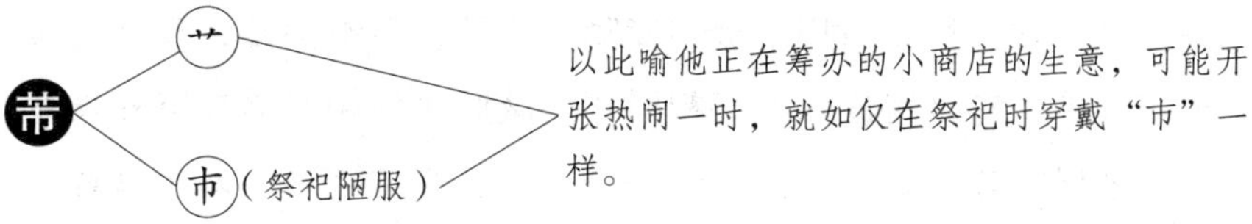


2002年，同事带一位朋友来，这人计划盘入一家小商店，正在筹集本金，想预测该店以后的经营状况，翻书得“芾”字。

“芾”字草字头，下面是一个“市”（音俘）字。因“市”字与城市的“市”字字形极其相近，他将“市”错写成了“市”。

关于草字头，我们在前面的篇目中讨论过，它是由两个“十”字联袂而成。“十”有两面性，既有善的一面又与邪恶有关。但两个“十”相连，互相牵制，无论是善还是恶都发挥不了作用，因此拆字时草字头不需再做分析。

这位朋友既然将“市”错写成了“市”，那么我们先看“市”字。《说文》说“市是买卖之所”，即正规做生意的地方。他把字写错，使得“市”在草下，这样“芾”就不成“芾”了，成了“草下之市”，草下之市是不透光的。以动物而言，“草下之市”是虫子谋生的地方，即如蚂蚁与蚜虫互市——蚂蚁俘蚜虫之卵获取糖分，蚜虫之卵因蚂蚁而得以孵化生存。作为人（类）的市场，“草下之市”是不正规的“买卖之所”。过去称为黑市，现在叫地下交易，是经营假货、劣货的场所。这种“草下之市”当然很赚钱，但它是违规违法的。

我细看这人，相貌诚实。然而以察相而言，外相愈诚者，可能内持愈诈，所以有“以貌取人，失之子羽”的话。

再以正规的“芾”字测之，看看情况如何。

回头看“芾”字。草头之下不是“市”，而是“市”。“市”，一种解释是，它是祭祀时用的极为简陋的服装，只有前襟，没有后摆；另一种解释是，它是兽皮做的祭祀时用的蔽膝（祭祀时需在野外长跪，故用蔽膝来保护膝部）。不管是哪一种说法，则“市”有两个寓意：一、简陋的服装或者蔽膝，投入不多，做工不细，这说明他将盘入的小商店，本小货少，也不需多少人工；二、简陋的服装或者蔽膝，都是祭祀神鬼时穿戴在人身上的东西。祭祀不是天天举行，大祭一年一次，小祭或每季有之。以此喻他正在筹办的小商店的生意，可能开张热闹一时，就如仅在祭祀时穿戴“市”一样。祭祀完了，将“市”封存，不到下次祭祀，不会再去理睬它。以这种状况推之，将来他开的商店，平时生意会很清淡，不可能赚很多钱，更不可能兴隆。

上面的测字内容我没有同他讲，总不能提醒他去卖假劣商品。我仅告诉他，他写的字成不了字，汉字中没有这个字，既然不能成字，当然也不宜开店。因此劝他打消开店的念头。

后来同事告诉我，他那位朋友因无生活来源，不得已，还是盘入了那家小商店。因地处偏僻，人气不旺，生意清冷，有时半日无客上门。不得已，只得兼卖一点假烟假酒，他的原则是不卖给熟人和街坊，专卖给外来客，还算稍存“慈悲心”。

# 一百零四、涛（濤）

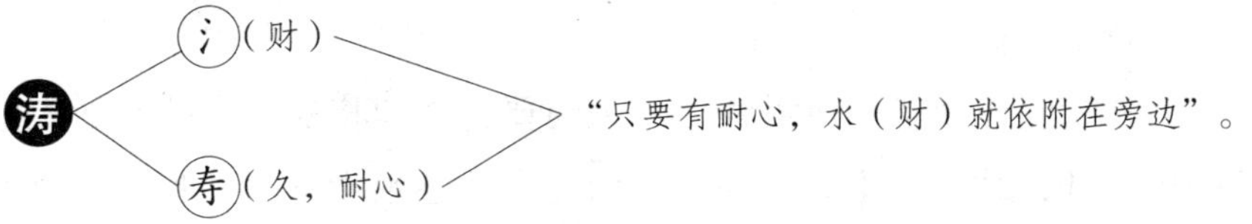


2002年，当时房价直降，朋友想把一套空置的住房卖掉，卖价要比当年（1998年）买入时的价格低十余万，又觉得太亏，于是来预测，翻书得“涛”字。他写的是简体“涛”。

“涛”，拆开是“氵”（水）、“寿”。“水”已在前面说过，它代表财。而“寿”，《说文》说：“寿，久也。”“涛”字是“水”依附在“寿”字的旁边而成，而“寿”是“涛”字的主体。那么“涛”拆开的寓意是：必须有耐心（久），水（财）才会依附。

我劝他，既然卖出要亏十多万，不如依“涛”字的寓意，耐心等待。他反复一想，觉得我说得有道理，于是中止了卖出的计划，收回了放盘的打算。2005年后，房价看涨，卖价与当年的买价已持平，他又来预测，并说仍用“涛”字。

“涛”字，拆开的含义本是“只要有耐心，水（财）就依附在旁边”。2005年，时势不同了，他的心情也不同了。这么些年来，只见房价掉，好不容易见到房价涨，他坐不住了，只想把本钱收回来。不过“涛”意不变，仍是“久则得水”。我劝他仍等待。

他终于略高于原价把房子卖了。

细析“涛”字，他卖房的结果应该是如此，即没有多的赚头。

看“涛”字左边的“寿”。寿字上部似“丰”不是“丰”，“丰”字是一竖，这儿是一撇。所以想丰丰不了，只能多得一点点（他确实只赚了一点点）。“寿”字下部是“寸”，寸是短小。不言而喻，他目光不远，赚得不多。

后来我问他，又不急需钱用，为何要匆匆地将房子卖掉？他说他房子的楼层低，结构又不好，朝向是西北。他还怕卖不出去呢，能收回成本，他就满足了。

这真符合“似丰非丰”之义。《说文》说：“丰，从生，上下达也。”翻译成白话就是：草如果枝叶茂盛，它的根必定扎得深。引申是他的房子不好（非丰——枝叶不茂），不敢久留（根不可能深），所以急急卖出。

到2010年，房价翻倍，他始觉自己有“寸光”之见。

本来，得“寿”者虽不至于会“丰”，但一般不会蹇涩。这朋友心性太急，得“寿”而不能“运筹”，仅鼠目之光，也还真符合“涛”字拆开的含义！

# 一百零五、画（）

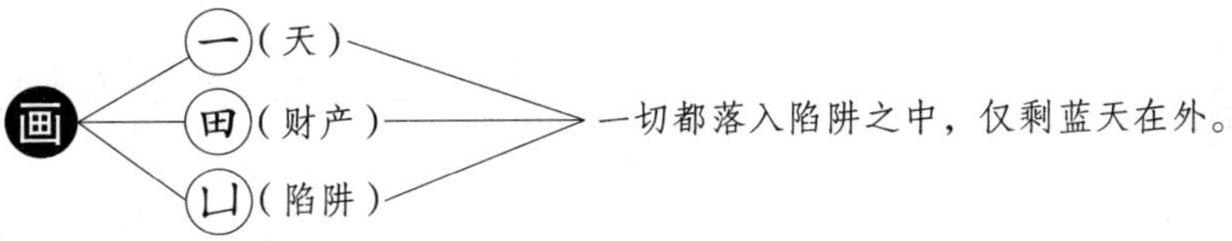


某乡政府管理的一窑小煤矿，因投入不足，经营不善，面临破产局面。2002年，乡政府招标承包，个人集体均可。一个朋友筹集资金，准备承包，而又犹疑不定来测字，翻书得“画”字。

我在“脑”字篇说过，“脑”字是“文入凵中，从凶。”“画”字是“田入凵中”，吉咎如何，不妨拆开看看。

“画”字从一、从田、从凵（音坎）。一横在上代表的是天，那么“画”字拆开后的寓意是“田入凵中，外仅露天”，它是个很凶险的字。说明白了，就是一切都落入陷阱之中，仅剩蓝天在外。按说，从拆字的角度粗粗来看，它比“脑”字还凶，“脑”字是“文入凵中”，不过斯文扫地而已！而“田入凵中”是一切都没有了。

“田”，是可耕耘的土地，引申为可以动用的财产。财产落入“陷阱”之中，这风险可想而知。

假若这个朋友做的其他生意，测字得“画”，我一定劝其及早收手，因为作为陷阱的“凵”，必是人为的圈套。他做煤炭生意，情况就不同了，那是另外一番景象，因此我鼓励他尽快投入，不必犹疑。原因很简单，煤炭在地下的“凵”中，需掘坑挖出。投资煤炭行业，无疑是投资“凵”之中，这符合“田（财资）入坑中”之义，因此“画”字拆开的指义就转向一百八十度了。

他大胆地承包了小煤矿，投产后半年，即有盈利。

# 一百零六、手（）

手——“手”字四画，一撇二横一竖钩，整字不能拆开。一般来说，字不能拆，所测之事往往不顺。

2002年国庆，我一个多年不见的同事，携全家到香港旅游，返回时至穗，上门来看我；他的侄女，在穗从事化妆品推销工作，亦同来。知道我好拆字后，求测近日的运气，翻书得“手”字。

我在前面的字中，多次提到过“手”，如“又、寸、尢、扌、爪”等等都与“手”有关。但这些“手”是作为偏旁或者某字的一部分来分析的。

前面也拆过字形与“手”相近的字，如“乎”字。

这里是用“手”的本字来拆字，因此视角自然不同。

“手”字四画，一撇二横一竖钩，整字不能拆开。一般来说，字不能拆，所测之事往往不顺。“手”也不例外，它也有不顺的一面，但整体而言，目的能达到，即所谓“小不顺而大事成”。

《释名》说：“手，事业所需也。”这就是为什么能“大事成”的原因，而“小不顺”乃是因为“手”字起笔为一撇的缘故。

拆字随机能得“手”字的人，虽然前面困难重重——“手”字起笔有一撇之故——但一般都能事业有成。若遇才智超群的人拆字得“手”，真可以收“天下于囊中”，当然其中波折不少——还是因“手”字起笔为撇的缘故。

细看我面前的这个姑娘，不似才智超群的人，当然也绝非愚笨之辈。她今天拆字得“手”，说明她的运气还是很不错的。

而我细看她写的“手”字，大体上规范，但又不十分规范，最后一画的竖钩，其实上面没有到顶，这“手”字成了一撇加一个“于”字了。

一“撇”脱离“手”字的主体，那她以后“不顺”的事将会减少许多。而“于”字，它与“吁”通，本是口中气出受阻而仍可越过的意思（《正韵》说，于与吁通。吁是口中呼出的气，但受门齿之阻，故发声为“吁”。），因此“于”有越过之义。引申是这姑娘以后一段时间，虽然会遇到一点点困难，但都能“越过”。由此推之，她推销化妆品的业务虽不会十分顺利，但也不会有多大的困难，仅如口中气出受阻一样，自然推销业绩不会差。

# 一百零七、平（𢆉）

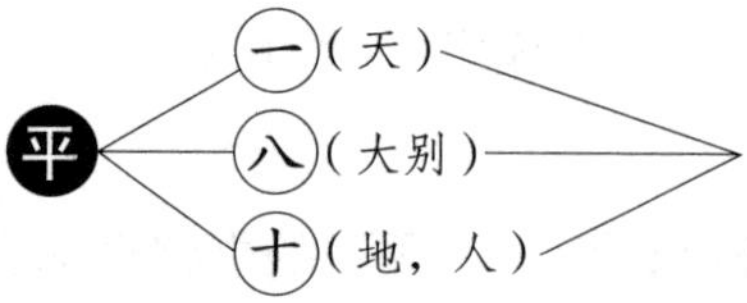


“平”字中的竖（人）上面触天、下面破地成十，触天天怒、破地地哀，由此推之，这是大咎。

2002年初，一朋友的女儿来访，说她父母因体质较差，经人介绍，练习某种“功夫”差不多一年，身体渐显强健。但悲亦从中来，不久她的父亲因犯事被带走。她来测她父亲的未来，翻书得“平”字。

“平”字五画，拆开都是数字，即“一、八、十”。“一、八、十”在“平”字中与“天、地、人”有关。即在“平”字中显现出来的虽然是数字，关联到的却是“天地人”之间的大事。

我在前面说过，“一”在上为天、在下为地。“平”字起笔是“一”，即“平”字首先就与“天”有关，而“平”字中的一“竖”上面与“天”相接，这叫触天，是犯事之象（不是破天）。字中的竖，我在其他篇中说过，拟人化后它是人，且是男人。“一竖触天”，即她父亲的事关乎“天”。

“一竖触天”，若测升职，则职务已经到顶，没有再升的机会；若测升学，则可高中；若测狱灾，那是有动天之怒的罪过。

“平”字下面也有“一”——这里把它视为“地”。这“地”由一竖穿破而成“十”，“十”是“美”与“恶”两个极端的代表。这里的“十”是由“一竖破地”而成。

因此，“平”字中的竖（人）上面触天、下面破地成十，触天天怒、破地地哀，据此看来，“平”字中的“十”从“恶（凶）不从善”——她父亲的未来是不吉有咎。

那是什么样的咎呢？小咎为悔、大咎为凶。是小咎还是大咎，可由

“平”字中的“八”来判断。

“平”字中两横之间——关在天地之间的“八”字两画，一撇一捺，两画相背。《说文》说：“八，别也。”即“八”存在分别之义，是大别还是小别呢？由于在“八”字两画之间又插入一竖，使得撇、捺分开无缘相面——这是大别，他们父女俩只怕连见面的机会也难得有了。由此推之，这是大咎。

现在需回头解释“平”字中的“十”与“率”字篇中的“十”的相同与不同之处。相同之处是它们都处在字的下位；不同之处是“率”字中无“天”（上面一横在一点之下，因此不能算为“天”），所以也不把这“十”算为“一竖破地”，且“率”字的竖不串通整个“率”字，即上不触天。虽然同样为“十”，拆字时指义就大不相同了。

拆字虽得“平”，事却不平。

# 一百零八、朝（）

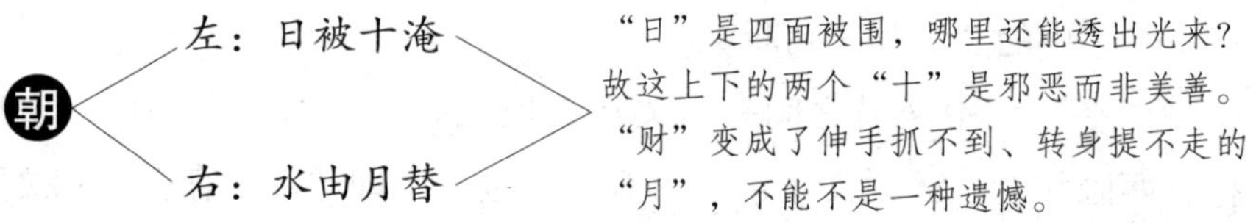


国家因部分民众生活困难，执行低保制度。2002年，一个附近以拾荒为生的老人家为申请低保来测字，占得“朝”字。

一般而言，老年人测字得“朝”，如物之反接，是很不吉利的。还好，他只测低保一事，不论其他。

“朝”字虽美，但若按字的起源而言，有美中不足之处。

“东”字是“日在木中”，表示太阳已经升起；按“朝”字的起源，它是“日在草中，辰光临水”，表示太阳刚出来还没有离开地平线。“朝”字中左边“日”字上下的“十”，其实最初表示的是水草。“朝”字右边的“月”其实是在朝霞的映照下，由波光粼粼而又朦朦胧胧的“水”演变而成。所以说这些，是因为现在的“朝”字是由“日在草中，辰光临水”变成了“日被‘十’掩，水由月替”。“日被‘十’掩”即由“草”变成上下的两个“十”，情况大不相同；“水由月替”，月只能欣赏，不能实用——这就是美中之不足。

本来，“日在草中，辰光临水”，景象美得令人陶醉。“日在草中”，是太阳即将升起，希望就在面前；“辰光临水”，是阳光照耀水面，要知“水”就是财啊！现在的“朝”字是“草”变成了上下两个“十”，根据《说文》所说，“十”是“东西南北”皆具，那“日”是四面被围，哪里还能透出光来？故这上下的两个“十”是邪恶而非美善。“水”变成了“月”，前面说过，水就是财。“财”变成了伸手抓不到、转身提不走的“月”，对这位老人家而言，不能不是一种遗憾。

以此推之，低保虽好，他却拿不到。

我也因此困惑，以拆字而言，“水”变成了“月”，是明明拿不到低保的景象；而字拆开后，“朝”字中日月俱全，应该是他晚景如画，美好得很。人近黄昏，怎么反而会以拾破烂儿为生呢?

“日月俱全”，他不但夫妻都在，而且有子有女。所以去拾破烂儿，很可能家庭有特殊之难。我说：“从‘朝’字拆字看，你吃不上低保；又从‘朝’字中看出，你子女俱全，晚景应该很好。”

这老人说了他的乐与苦：“我老伴因犯风湿，腿脚不好，很少出门；我有三个子女——二男一女。女儿很孝顺，经常回来看我们，时不时还送来一些新鲜蔬菜，因婆家在农村，家境也艰难，出嫁了的女儿，我不想连累她；两个儿子，大儿混得不好，下岗后靠打零工为生，也还孝顺，儿媳贤惠，隔三岔五地带着孙子来看奶奶，他们自己生活不易，每次回来还总要给我们留下50或者100元，我们不要，反馈给孙子，再苦也不能亏了小孙子啊！最小的儿子，也是老伴最疼的小子，倒是发了家，建了一栋五层的小高楼。小子也算不错，偷闲回来看他老娘，可儿媳就不行了……家丑不外扬，我也不多说了。这次政府低保，我有子有女，可能不够条件，如果不行，我还是去拾荒了事！”

“朝”字中的“十”，含邪带恶，原来如此！

# 一百零九、曹（）

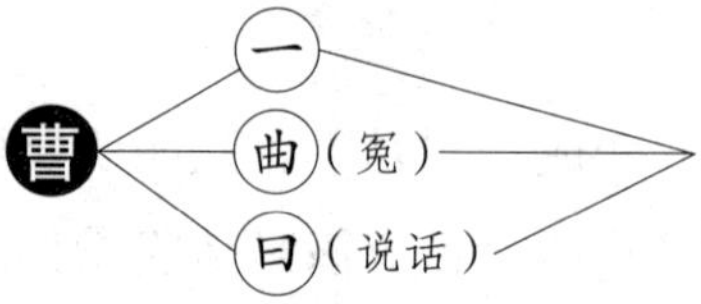


“曲”字的上面还有一横，二小竖穿此横而过，就好像将“曲”捆绑在这一横之上，看来这个青年确实是受冤枉了。

2002年的一天傍晚，在等公共汽车时，见几个人推着一个青年下车狠揍，把他打翻在地后仍不依不饶，我在一旁看了愤愤不平，于是上前劝解，打人者说，他是小偷，偷了手机不肯交出。我再无话可说，暗自测字，卜这个青年是否蒙冤，占得“曹”字。

“曹”字中有“曲”，不直为曲，受冤亦是曲，这个青年很可能是被冤枉的。再仔细看“曹”字，“曲”字的上面还有一横（即“一”字，它不在“曹”字的最上位，千万不可视为天），二小竖穿此横而过，就好像将“曲”捆绑在这一横之上，看来这个青年确实是受冤枉了。

殴打还在继续中，而且围观的人越来越多。

“曹”字的下部是“曰”字。开口说话为曰，我应该开口说话了，于是我报了警。

警察很快就来了，那几个最初打人的人，望见警察，趁着天黑，刹那间跑得无影无踪。青年被打得满脸是血，警察们把他扶起来，架着上了警车，我是报警者，又是见证人，于是一同到了派出所。

被打的青年说，事情的经过是这样的：车到站时，他见有人扒窃，于是喊叫了起来，话音未落，就被几个人推下了车，不由分说将他打倒在地。他是某单位的职工，刚下班坐公交车回家，随即拿出了工作证。不久，他单位的人（领导）来了，证明这青年是他们的员工，品行良好，还被评为优秀青年。

扒手们真是太可恶了，偷扒不成反污他人，发泄到检举者头上，抓到应该严惩！

退一步讲，当抓到真扒手时，你也不要使用暴力，不单是你无权使用暴力，还因为扒手也是人，为什么不能以人道对待呢？

尔“曹”他日，必将绳之以法。

# 一百一十、羞（羞）

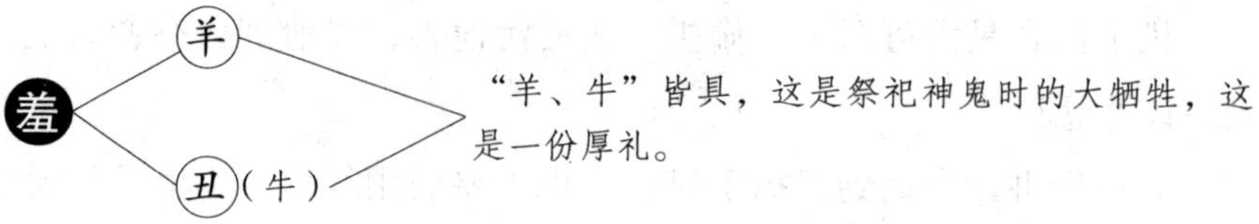


2003年，邻居的亲戚（朋友？），一个三十岁左右的美丽女子来测命运，具体测什么，欲言又止，似有隐情。占得“羞”字。

“羞”字从羊从丑。羊是吉字，可惜美中不足，配“丑”为“羞”，成为别人口中的美食佳肴。《说文》说：“羞，进献也。”进献就相当于现在的特供，特供的当然是好（吃的）东西。这很可能是她欲言又止的原因之一。另外，我们说“美”字也从羊，那是“羊”无尾，始吉而终难；“羞”字中羊有尾，只是尾撇到了一边，成煽情之状，其意不雅，不去说它。因此，以“羞”字拆开度之，她可能“上当”了。不过不管怎么说，“羞”字中有全羊，虽然“上当”，却不损吉。按现在的观念是提到吉，首先是财吉，如何缺德都可，就是不能缺财！有了财吉，其他就顾不得了。

再看“羞”字中的“丑”字。“丑”字的原形本是一只手钩着三个手指抓取物体的状态。今天的“丑”字尽管原形尽失，但留下了不正当获取东西的意境。

不过，“羞”字中，丑在羊下，这种不正当抓取都被“羊”的吉祥掩盖起来，所谓“秽不为人知”，大约就是这种情况。

因此拆开后的“羞”，从羊、丑二字的寓意整体言之，不能说她完全“上当”。因为与此同时，她也用不正当手段攫取到了东西（财物）。

我把这几层意思都给她讲了，她也不避嫌了，讲了事情的经过。因事关隐私，而且不宜传录，这里将它省去，留给读者自占去吧！她的意思，最后可以总结成一句话：她想得到赔偿有无可能？这才是她测字的真正目的。

我告诉她，从“羞”字拆字而言，她可以获得赔付。因为“丑”在十二生肖中为牛，那么“羞”就成了“羊、牛”皆具，牛羊都有，这是祭祀神鬼时的大牺牲，这是一份厚礼。

她虽是美肴，但吃她的人是要付出代价的，君子不可不洁身自好耳！

# 一百一十一、子（ ）

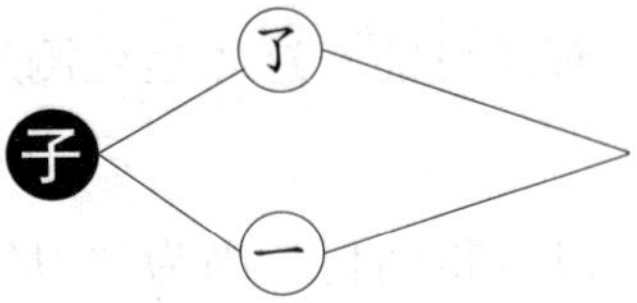


“一”拦腰穿入“了”字中。这明显是不能“了”。不能“了”，即不能达到目的。

朋友带一位麦先生来测“债务”纠纷，翻书得“子”字。

麦先生说，有人借了他二百万块钱，好几年了，不肯还钱。这人（即债务人）有房有车有工厂，拆字的结果如近期对方能归还这二百万块钱，他就不诉诸法律，否则他就上法院。话中带气，气中又带恼。

“子”字拆开是“了、一”两字。要“了”还存“一”，且“一”拦腰穿入“了”字中。这明显是不能“了”。不能“了”，即不能达到目的。因此，我明确地告诉麦先生，他这二百万元要不回来。

而从“了”字看，恐怕事情还不是那么简单。“了”字两画，两画都是钩，一横钩下接一竖钩。我在“饶”字篇中说过这是“横竖都有钩”，是双方使绊下套，“饶”字中因“饣”不能单独使用，是事不能成，所以最后双方闹到了法院。在前面的“食”字篇我也曾讲到，“饣”是食之不正。“了”字也是“横竖都有钩”，而“了”却能成字，且“了”字二画相连（“饣”中二钩不相连），这说明，麦先生和他的“债务人”虽然相互下“钩”，但也一直相互合作，而且不止合作，还谁也离不了谁，因为“了”字中二钩拆开，都不能成字，仅笔画而已。不能成字寓意是不能成事，也就是二人都成不了气候。

拆字至此，我感到困惑了，既然是债务，就不存在双方使绊下套，而又相互依存的事了。是我拆字出了错还是他隐藏了什么没有说？

带麦先生来的朋友听了我的分析，反转来劝麦先生：“算了，算了！兄弟一场，还是继续合作办好那个厂，别为小事损了大局。”

朋友告诉我：麦先生的所谓债务，其实是投资款。他和他的弟弟合办了一个塑料加工厂，二人各投资二百万，由弟弟主持。最近二人不和，麦先生闹着要撤资退股，弟弟不让。相知的朋友都在劝和，带他来的目的，也是希望我通过拆字来劝劝麦先生。

我对朋友说，不需劝，这位麦先生正在气头上，越劝他越闹。从拆字看，如前面所说，“子”字是由“了”“一”组成，“一”拦腰穿“了”，退股退不“了”，自然合办的工厂也不会“了”。“了”字横竖二钩——他们之间的互斗也不会停。

前面说了，“了”字拆开不成字，即他兄弟二人散伙都成不了气候。我看麦先生是聪明人，因工厂由他弟弟主持，他闹一闹，只是向大伙证明，他也是老板而已。

再者“子”字，《增韵》解为“嗣”，《广韵》解为“息”，都有继续的意思。所谓的债务也好，塑料工厂也好，都会继续存在下去。

# 一百一十二、授（ ）

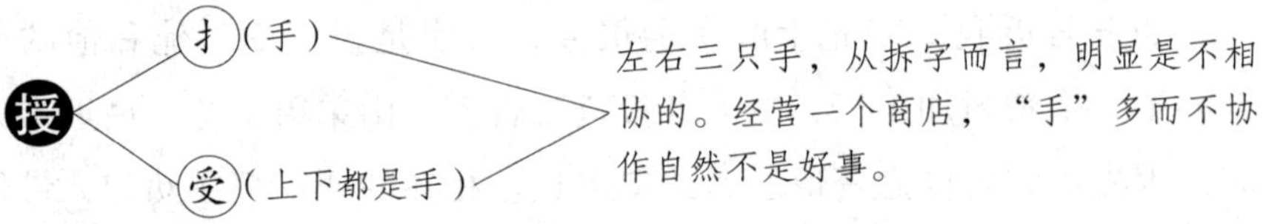


一对吴姓双胞胎姐妹合资开了家百货商场，由吴妹打理，已历十年，生意不错，赢利丰厚。不知何时起，姐妹俩产生了矛盾，吴姐指责吴妹独吞利润，准备对簿公堂，但因“诉讼费用不菲，又无必胜把握”，故犹疑不决来测字，翻书得“授”字。

所谓“诉讼费用不菲，又无必胜把握”，是吴姐所说的犹疑不决的理由，我从谈话中听出，吴姐还是舍弃不了那份亲情。

现在，由经济纠纷引起的家庭矛盾日多，不管如何说，我的用意是“和”，家和万事兴。不过“用意”归用意，拆字归拆字。

先看看“授”字的寓意，至于其他，拆完字后再说。

“授”字中手太多，左右相加有三只手。手多有相协作的，如“共”字，按字的起源，“共”字由四只手构成，它是表示两双手抬重物，必须两人协同用力才能把东西抬起来，这是两人，当然也可以说是多人相协的字例；至如“异”字，也是四只手，它是表示双手送物、双手接物，是可相协作也可不相协作的模样；而“授”字的情况在“共”与“异”两者之外。

“授”字的左边是提手（扌），右边是“受”。“受”的上面是“爪”，爪也是手；下面是“又”，还是手。左右三只手，从拆字而言，明显是不相协的。

经营一个商店，“手”多而不协作自然不是好事。先看右边的手（扌），“扌”虽是偏旁，它却代表矛盾的一方——关于这一点，我在有关诉讼纠纷的字中有过交代——这偏旁（扌）代表的应该是吴姐，她不具体打理商场，故处偏旁的位置。那么，“受”代表的就是吴妹了。

“爪”，《说文》说“覆手曰爪”。是伸长手臂、手掌朝下不正常地抓取东西的模样。“爪”在“受”字上部，此“爪”乃吴妹之爪，从拆字来看，吴妹确有私吞钱物的举措，并且“爪”在“受”字之上，这是无避讳、明目张胆地私吞。

“受”字的下部是“又”，也是手，是大拇指、食指和中指取物的象形。它具体的位置是在“冖”（音密）的下面。“玉”字篇说“冖”是“以巾覆物”，“手上覆巾”是遮遮掩掩的状态。看来吴妹除了明目张胆私吞外，还在偷偷摸摸地侵占。

拆字至此，寓意应无虚妄。看来，吴妹要了手段，吴姐吃了实亏。姐妹之间，尚且玩弄，吴妹的一生还有真情吗？我也心存愤懑，不过，毕竟我是外人，古人有训：疏不间亲。我绝不能为她们之间的决裂增隙，因此不能支持亲姐去告亲妹。所以我没有把拆字的内容告诉吴姐，只劝她，钱财是身外之物，姐妹是一生的亲情，她纵使不仁，作为姐姐，也不应以不义报之。

吴姐说，妹妹还不是她最恼怒的，最气愤的是——从这一点可知，姐姐还顾及亲情——妹妹背着妹夫在外面姘了一个男人，这男人现在成了商场的副总经理，妹妹明占（“爪”是明侵），这男人暗侵（“又”是暗偷），原来还有如此一端！

# 一百一十三、尹（）

尹：“君”字少“口”；“尸”字多“一”

貌似君子而不是君子。“一”横卧“尸”中，吴先生与他人的纠纷非同一般，有至死不休的景象。

2004年，偶然见到与我有过一面之缘的吴先生在大街上与人打斗，双方都受了伤，随后双方都被警察带走，叹息之余，暗中为他的命运拆字，卜得“尹”字。

与“尹”字最相近的字之一是“君”。而“尹”拆开是“尸”字加“一”。那么“尹”可以看成是“君”字少“口”、“尸”字多“一”。

先说“君字少口”。口是用来说话、讲理、吃饭的器官。“尹”字是“君字少口”不成“君”。《说文》说：“君，尊也。从尹，发号，故从口。”发号施令不说，以“君”称呼人，至少是对人的尊重，即所谓“君子”者也！“君字少口”，这一方面说明吴先生与他人之间的矛盾（打斗）不是君子之争；另一方面也说明吴先生不能算君子——开不了君子之口，说不出君子之话，讲不出君子之理，甚至连吃的饭都不是君子之饭，也不受人尊重。

吴先生是我在一次婚礼上认识的，当时他是新郎，风度翩翩，似谦谦君子。这事说起来话长，不过需简单交代一下。几年前，我在某校兼职，教力学。班上的学委闻同学与我接触甚多，一天闻同学突然找到我，说想邀请我参加他姐的婚礼。这事我颇感唐突惊讶，我与他的家人素不相识，更与他姐无涉，我去参加婚礼，难免相互尴尬。正想婉拒，闻同学诚恳地补充，说他没有父母，姐弟二人由祖父母抚养成人，祖父母年事已高，举步蹒跚。他想请我作为他的父辈出席。听他说完，我当然不便再推托，于是备了一份薄礼前往，在婚礼上看到的新郎就是吴先生。

上面是讲的“尹”字与“君”字之间的关系，它是“近君而非君”，就像吴先生一样，貌似君子而不是君子。

而“尹”字也可拆成“尸、一”两字。“尸”是动物死后的遗骸。具体到某一件事，当然不是说一定会死人，但此事引申开来却是解不开的死结。“尸一”，是“一”横卧“尸”中，吴先生与他人的纠纷非同一般，有至死不休的景象。

拆字至此，我还真替吴先生担心。

我为吴先生暗中拆字这事过去了半年，我也已经忘却。春节时，闻同学打电话来拜年，我突然想起这事，婉转地问他姐夫吴先生的情况，他大叹一口气，说他姐夫是毒、赌、嫖样样都占的人。还与一有夫之妇相好，几个月前，他将其夫打伤，拐了那妇人私奔，至今下落不明。

“我姐真看走了眼，现在正在登报离婚。”闻同学说。

这么看有可能，在街上与吴生相殴的是那妇人的丈夫。

《说文》说：“尹，治也。”如吴先生，确是该治的对象。

# 一百一十四、成（成）

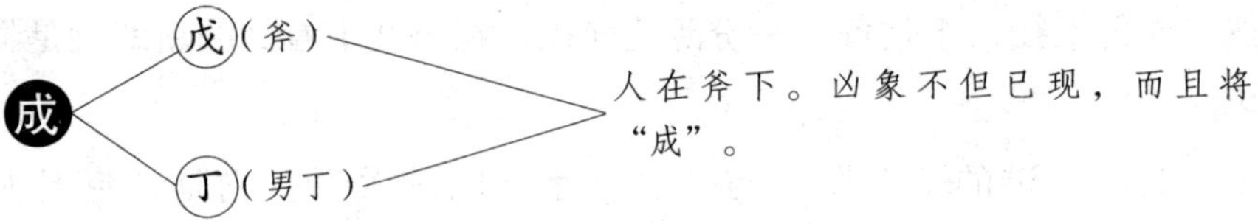


一天下午，一个即将交班的出租车司机要测当天的时运。他随口占得“成”字。

我在“戊”字篇提到“成”字。说“戊”是“成”字无心，引申到人，是无学识、无本事。

《说文》说：“成，就也。”就，是成熟的意思。他要交班，工作已近尾声，跑最后一趟车了，按理，工作成“成”，不会再有什么问题了。不过，既然要测字，不妨把“成”字拆开来看看。

“成”字从“戊”从“丁”。即成字由“戊”字和“丁”字组成。丁和戊都是十天干之一，丁后便是戊——我在“配”字篇中，说“酉”和“己”是地支和天干。本来，对于一个普通百姓，不宜动用天干。普通百姓，天干一动，非灾即咎。但“成”字拆开只含天干，偏巧天干在“动”中，否咎之情已现，非我能隐的事！

所谓天干在“动”中，一是车在运（开）动之中；二是因丁属火，戊属土。五行生克，火生土。这是五行在“动”中。以五行而言，一动不如一静，动则可能生凶咎。

而“戊”也是斧。而且不是普通的斧，是长柄大斧。“丁”是人，是男人，所谓“男丁”即是。“成”字的结构是“丁”在“戊”中，即人在斧下。凶象不但已现，而且将“成”。我都惊出一身冷汗，因为我就在他的车上，我是他今天拉的最后一位客人。到目的地下车后，我把拆字的凶险结果告诉他，建议他的车就停在此地，不要再动了，打电话去，告诉接班司机，来此处取车。他哪里肯信，说是他们开出租车的，天天都在危险中讨生活。我付款之后，他就把车开走了，不过车速放慢了许多。

车开出不到一百米，一辆大货车从右边快速超过，车尾一摆，撞倒路旁一根废弃的水泥电杆，轰然一声就砸在这辆出租车前面的客货两用车的车厢上。他的车只要稍快一点点，砸中的就是他！

我急忙跑过去看事故的情况，幸喜没伤到人，他见到我，摇下车窗玻璃，向我竖起大拇指。因交通事故，前面堵了，他的车开不出去，只得下车和我闲聊，说他开车所见到的各种险情，谢我今天帮了他，开车稍快，砸到的必定是他。

# 一百一十五、巾（巾）

巾——一竖是身在“冂”内、头在“冂”外。他（老陈）的“一半身子”已入狱中，能否洗清冤情，就看他能不能找到证人了。

一个骑自行车，走街串巷摇铃卖老鼠药、蟑螂药的小贩老陈被怀疑入室盗窃，派出所两次传讯他，他始终不服，哭称冤枉。走投无路而来测字，问冤情可否洗清，并问当日之财运（他要生存），翻书得“巾”字。

用“巾”字测当日财运——他今天财气不旺。因为财，离不开钱；钱，离不开“人民币”。“巾”字是“币”字少一撇，即“币”字无头。“财”连头也不愿露出来，哪还谈得上交上财运呢！

“巾”字三画，二竖一横钩。二竖一长一短。“竖”，是对男子的蔑称，即这小子。晋初竹林七贤之一的阮籍有句名言：“世无英雄，遂使竖子成名。”他所指的竖子是刘邦，刘邦尚被视为竖子，其他人就更不在话下了。

二竖一长一短，是两个男人一大一小。长竖穿横钩而过，横钩是打横的“乚”（音隐）字。“乚”的字义是藏匿，打横自然是喻某人或某事更加匿迹难寻。而“乚”字又从“乙”。“乙”，我们在“丸”字中说过，它是“屈曲”的象形。

既然竖是男子，长竖自然是来测字的老陈，穿“乚”而过，看来这“藏匿而屈曲”的事确实与老陈有关，并且要寻觅出“屈曲”的事实真相还不容易。

“巾”字中还有一短竖，那应该是谁呢？既然长竖是老陈、是成人，那么短竖就应该是未成年人，是小小子。短竖不与横“乚”相穿，而他在长竖（老陈）之旁，虽不是受事的主体，但他既然在旁，也应了解一些事情，知道一些情况。

如果能找到这小小子，即小孩子，真相可能可以大白。他若确实是被冤枉了，就应该主动地去找这小孩儿，我向他提了这建议：去寻证人！证人可能是一个小孩儿。他点头，似乎有所悟。

上面是按其笔画来推演的“巾”。偷盗，关系到人一生的名誉。为了谨慎，不妨把“巾”字再拆开来看看。

“巾”字是“冂”（音窘）加一竖组成。“冂”的字形是门框的象形（有框则有门）；字义是远界，是距离很远的地方——门在遥远之地，一般测犯事，它是监狱的象征。“巾”字中的一竖是身在“冂”内、头在“冂”外。他（老陈）的“一半身子”已入狱中，是否确是受冤、能否洗清冤情，就看他能不能找到证人了。

他向我讲述了那天的情况，他说：“那天我骑车摇铃吆喝，做了几单生意。到上午大约十点来钟，转入一条小巷，有个老太太要买老鼠药，这老人家很抠门儿，讲了半天价，生意还是没做成。老人很不高兴，关了院门进去了。偏巧这时我肚痛内急，见小巷的尽头有个很简陋的公共厕所，旁边还有个小坪，一群孩子在坪内踢球。我把车推到小坪旁，锁好后，背起装药的布袋就走进了那个没有房顶的公厕，前几天下了雨，厕所地面全是粪水，脏得连下脚的地方都难找到。我踮起脚尖进去，刚把背上的布袋挪到胸前，腹痛加剧，还来不及解开裤带，说起来也不好意思，拉了一裤裆的稀屎。肚子还是痛得很，在蹲位上足足待了半个来小时，疼痛才得平息。系好满是大便的裤子，出来不便再骑车，只好推着车子夹着便液回家。幸喜我家离那小巷不算太远，走二十分钟左右就到了。回家后，换了衣裤，洗了身子，已近中午了，休息了一会儿，精神复原得也差不多了，吃了午饭，与往常一样，又准备出去兜售生意。老婆说她弟弟下午要来，吩咐我别出去了，因此下午没有出去卖药，在家等我内弟。可是他爽约并没有来，我还很后悔，损失了半天的生意。

“第二天早晨，刚推车出门，来了两个人，说找我有事，不由分说，把我挟持到了派出所，一进办公室，立刻丢出一句话：‘老实交代，昨天偷的东西放在哪里？’我一下蒙了，我再穷也不会去偷盗！几个人拍桌打椅，逼我回答问题，还不准多想：第一是昨天做了哪些生意？将单车停在什么地方？停了多长时间？第二，昨天下午为什么不出门做买卖？我一一做了解释，连把屎拉在裤裆里不好意思说出口的事我都说了。他们不相信，说：‘没有这么巧的事，那边丢了东西，你偏偏拉了一裤裆的屎！’我说：‘你们去问那些踢球的小朋友，他们可以给我做证。’最后派出所虽然放我回家，但在事情没有搞清楚之前，不准我离开他们（派出所）的管辖范围。我问是谁家丢了东西，他们说：‘你自己偷了人家的东西，你还装什么傻？’”

说到这里，他哭了起来，男人不轻易落泪，尤其是一个饱经风霜的男人，其泪如金。

他接着说：“昨天，派出所又把我叫去，说他们问过了踢球的小朋友，小朋友没有看到有人进出厕所，只看到厕所外面一辆自行车停了好久。几个警察横眉怒目地追问：‘那段时间你到底到哪里去了？谁能证明你一直待在厕所？’我说：‘那厕所实在太脏，一般人都不愿进去，我要不是肚子痛得太厉害，我也不会进那厕所，因此我蹲厕所的那段时间，没有人进来……’我的话还没有讲完，一个警察一巴掌扇过来，你看，这脸还是肿的。”——他边说边指着自己左边的脸。

他抿着嘴，停了好一会儿，他在忍着心中的悲痛。

调整了一下情绪后，他接着说：“刚才你提到找小孩子证明，民警说找了踢球的孩子，他们没有看到我。不过我想起了一件事，我蹲厕所的时候，听到了来自小坪后面树上的口哨声，树上应该有人，也应该是小朋友，成年人是不会在那个时候爬到树上去的。树上的小孩子居高临下，那厕所没有房顶，他应能看到我。但我看不到他，我的屁股是对着那棵树的！”

过了几天，他来谢谢我——谢谢我的提醒。他说：“这几天，我到那厕所附近挨家挨户地访问，小朋友都说，只是踢球，没有爬树。问到最后一家，那家没有小孩子，全是大人，他们问我为什么要找小孩儿，我把原委都说了，那家女主人说，前几天她小外甥从乡下来玩了两天，会不会是他呢？她告诉了我她外甥的地址，我想自己去找这孩子问问，但派出所已经警告过我，不准离开他们的辖区。于是我把这情况报告了派出所，还讲了听到树上口哨声的事，派出所核实后，找到乡下那爬到树上的小孩儿，原来那孩子从乡下来，不认识周围的小朋友，而且乡下孩子不会踢球，却会爬树，那天，他闲得无聊，就爬到了树上，看城里孩子玩球，也确实看见了我进出厕所，因那厕所没有屋顶，他在树上看清了我肚子痛弯腰解不开裤带的情景——还忘情地在树上吹了口哨！他的证明排除了我的嫌疑，我现在终于清白了！”

他说：“老天保佑，要没有那孩子在树上，我难得清白；要没有您的提醒，我也想不起树上的口哨声！”

他太紧张了！

他说：“就是我进厕所的那段时间，买老鼠药讨价还价的老太太家失窃了！”他分析道，“小偷也许正是老太太还价的时候溜进了院子，那时院门是开着的！”

“巾，着之于头谓巾，携之于手还谓巾。”现在，携巾于手的人已经没有；将它着之于头当帽的人也没有了，老陈之所以此次能脱身——如巾之离身——人不携巾亦不着巾。而“巾”之离身，亦“门”之离身，他免了“门”门之灾，不能不说源于此了！

# 一百一十六、书（書）

书——“书”字中的一竖（丨），与打横的两“乚”相穿，字形似钩，他（“书”字中的竖）穿入双钩之中，怎么能够脱身？

一年春节前，一个准备贩运生猪去外省的乡亲余先生来测时运，翻书得“书”字，他写的是简体“书”。

简体“书”字四画。虽然是简体，但它仍保留了用手握笔书写的象形：二钩是弯曲的食指和中指，拇指是右侧的一点，中间一竖是用来书写的（毛）笔。难道他贩猪的事，还与舞文弄墨有关？而颜色之黑，没有超过墨的，贩猪之中还有如墨之黑的成分？据此推之，他这次运猪，其结果难料。

下面看“书”字的笔画。先说二钩：这二钩是两个横躺着的“乚”（音引）字。“乚”其实就是隐，这一点，我在“也”字篇中有交代。《说文》说它有“却曲隐蔽之形”，即偷偷摸摸、不走正道的意思。两个“乚”字打横相叠出现，那隐蔽之深还非一般呢！贩运生猪是正经生意，何须躲躲藏藏？这说明的确存在“如墨之黑”不假。这“小子”，即“书”字中的一竖（丨），也就是他——与打横的两“乚”相穿，他是否乘贩猪之机，暗中干偷偷摸摸、见不得人的不法勾当呢？因是老乡，我就直言不讳地问他，是否准备走非法经营之路。他连声说没有没有。

老余虽是老实人，但在金钱面前，老实人照样也会昏头，因此我不太相信他的话。因为“书”字拆开，已明显地寓示出这次贩猪的不正当性。

我劝他：“如果有，你马上收手，还有一线光明——因‘书’字最后一画是点（丶），点是豆油灯芯之火，或可照亮你的前程，火光虽微弱，不过总比漆黑一团好。”

他说，确实没有。还把生猪产地畜牧部门出具的这批生猪检疫检验各项均合格的证明给我看了，这时我才相信他没有讲假话。而我也深感奇怪，舞文弄墨的“黑”与双“乚”打横的“却曲隐蔽”明明显示其中有不正当的内容。问题出在哪儿，关于这一点，只能等生猪贩卖后的结果了。

用“书”字测字算是结束了。谁知后来反馈的情况恰如拆字时的推测：赶在春节前，他将生猪运到了目的地，经当地有关部门抽样检测，生猪激素含量（那时大约瘦肉精还没有列入检测范围）远远超标，生猪产地畜牧部门开具的检验合格证无效，这批生猪需就地销毁。他欲哭无泪，只得只身返回生猪产地，与畜牧局理论。畜牧局的回答是：“我们检测的内容项项合格，不存在问题。”

他拿出对方生猪检验清单力争，畜牧局局长说：“对方的检验结果在我们这里也同样无效。”

局长还说：“你不相信我们的检测，你就把生猪拉回来，我们免费给你重新检测。如确有问题，我们负责赔偿。”天哪！局长明知生猪都已销毁，连猪毛都找不到一根了，却还要这样说！

“舞文弄墨”之黑原来就是此公！

乡亲老余的同伴还告诉我，生猪起运之前，他们曾请畜牧局官员小宴，就是这位局长，端着酒杯应诺：“这批生猪品质如有问题，我们负责赔偿。”

在我的印象中，无赖就是街头的小混混，绝没有想到在庄严的机关中、在辉煌的办公室内、在宽大威武的大班椅上，坐着的也有肥头油面的无赖！

十多万元的损失，把老余击垮了，他写下遗书，交代后事，一根麻绳，悬于梁上。幸喜家人发现，抢救及时，才算保住了一条性命。

想不到他的“舞文弄墨”是在如此悲惨中进行的！

“书”字最后一点（丶）是豆油灯的灯光，这烛光之火最后还是发挥了作用，谢谢它的帮助，捡回了他的一条性命！

后来从传言中得知，是畜牧局与当地猪场勾结的结果。

回头再看“书”字。字中“乚”字从“乙”，“乙”是冤屈不得申的形象，这一点我在前面的篇目中讲过。我在拆“书”字时只想到有“黑”，没有想到他被人“黑”；只想到有“乚”，仅推出有不法之事存在，没有深入一层推及“乙”，使得冤屈形成。若当时深入到“乙”，也许会劝阻他这次贩生猪的生意。

再者“乚”，字形似钩，他（“书”字中的竖）穿入双钩之中，怎么能够脱身？

# 一百一十七、乍（）

乍——从“乍”字的字形看，是人睡在残梯之上，“起不来、下不得”。

2004年，朋友带一位岳先生来，岳先生准备盘入一家急于脱手的五金商店，店中所有商品店主以低于进价一成半的价格悉数转让给他——说是因老母生病急需筹钱归家，故而如此。岳先生除同情之外也觉得捡了个大便宜，欣喜之余又存疑虑，故来测字，翻书得“乍”字。

“乍”字五画，不能再拆开。因拆开后，各自不能独立组字。字不能拆，事必存难。

“乍”字的源头本是台阶的象形。从现在的字形上，还大致可以看得出来，那三横表示的是一级一级的台阶，台阶引申是梯。

从“乍”字的字形看，是人睡在残梯之上，“起不来、下不得”。为什么这么说，请看下面的分析。

“乍”字的上面一撇（丿）一横，那是所谓的“卧人”，即将人（字）打横睡下的模样——故说“起不来”。

前面说了，“乍”字是台阶（梯）的象形。那它下部的“一竖二横”，更像少一根立杆的残缺之破梯。这样的梯，怎么能用来爬高？而破梯之下又无一横相接（一横在下为“地”，无一横相接，也就是下不着地），这梯就成了悬空之梯，故说“下不得”。

“起不来、下不得”，岳先生已处于为难的境地。

盘店与否，在于他自己。而从“乍”字看，他处于进退两难之中，我问他这是为什么，他说他已经交了两万元定金（看来，他的确已经如前面所指卧人一样——到了这梯上），现在退出，这两万元就等于打了水漂儿。他说他坐在店中考察了三天，那儿地段好，生意的确不错，计算下来，一到两年即可收回成本，这一点他不怀疑——他所疑惑的仍然是原店主为何要急急退出。

我再一次对他说，“乍”，是只剩半边梯架的破梯。联系到这五金商店，肯定该店有不全之处，至于具体是怎样不全，就不甚清楚了。吾技有限，这一点我无法解释。他带着遗憾走了，暗讽拆字其实无能为。

大约半年后，朋友来告诉我，岳先生上当了，他盘入的五金店地段，因地下管线需重新铺设及地面综合工程改造，要围屏两年，等于这店至少要停业两年。原店主一年前就已从城建部门的亲戚口中得到了围屏待批的内部消息，他不漏风声，假托母病，将店匆匆盘出。

岳先生店中的商品，现在一律按五折贱卖，希望赶在围屏之前清仓，以减少因囤积而造成更大亏损。

“乍”，确是下无“地”接，成悬空之梯。难怪《说文》说：“乍，止也，一曰亡也。”

真正应了一句话：天上不掉馅饼，地上步步都有陷阱。

# 一百一十八、灰（）

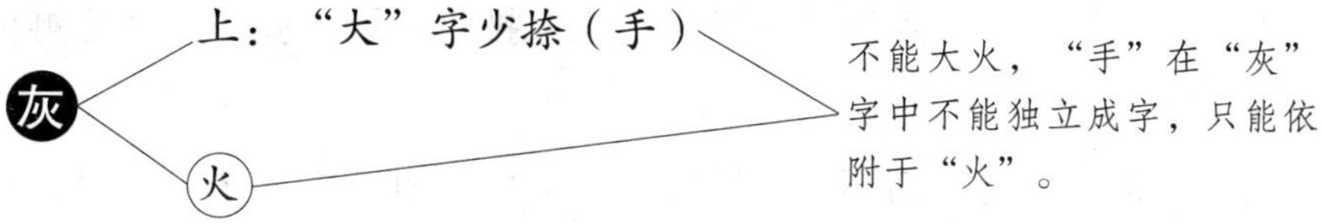


做豆腐生意的老何来为豆腐作坊测命运，翻书得"灰"字。他书写的"灰"字，其中的"火"字相对较小。

做豆腐生意而测字得"灰"，豆腐入灰之中，这已经犯忌了。不过犯忌归犯忌，拆字归拆字。

"灰"字的上部，即"灰"字的第一画（横）与第二画（撇）合在一起，仅是字典中的一个"部首"，现在已经不能独立成字，只能依附字中的其他笔画，但它是"大"字少一捺。在"灰"字中，这"部首"（一横一撇）依附的是下面的"火"字。从上面的分析看来，至少可以说明两点：

一、可以断定，这豆腐店想"大大地火起来"肯定是不行了。

二、"大"字少一捺，不能独立成字，依附于"火"才成（灰）字，说明这小店不是老何的，他仅依附于此（店）而已。

首先说第一点。想"大大地火起来"不行，能不能"火"起来呢？似乎应该能，因"灰"字中有"火"啊！

《说文》说："灰，死火余烬也。""死火余烬"是说火已灭了——字中有火，但这火已灭了，只剩热灰一堆。这样看来，这豆腐店不但不能"火"，反而是垮了。这就奇怪，昨天早上我还在老何店里买了豆腐呢！

我问老何，这是怎么回事。老何说，确实，他们这个店昨天下午被卫生和环保部门查封了——排污不达标，做豆腐的污水直接排入了下水道，除罚款外，要求另接管道，污水入排污系统，验收后才能再行开业——这是理所当然的事。

再说第二点，老何不是豆腐店老板。回头讲“大”字少一捺的这个“部首”，其实它和“又”字一样，表示的也是手。所以“左”字或者“右”字以及“尤”“友”等字都有它——这些字都与手有关。

这“手”在“灰”字中不能独立成字，只能依附于“火”。这“手”是谁的？老何来测字，当然是老何的，因此老何不是豆腐作坊的老板。我问他作坊的老板是谁，他说是他外甥。这就对了，“大”字缺捺——大者，天大、地大、辈分大。他是辈分大，依其外甥生活，是很自然的事。

他问，外甥的豆腐店还有没有再开张的可能。

我仔细看他写的“灰”字，“火”在字中相对而言显得要小。本是“死火余烬”，而写的“火”字又小，豆腐店要想起死回生恐怕很难了。

后来这豆腐店没有再营业，我也没有再见到过老何，大约是回乡了。

# 一百一十九、滑（）

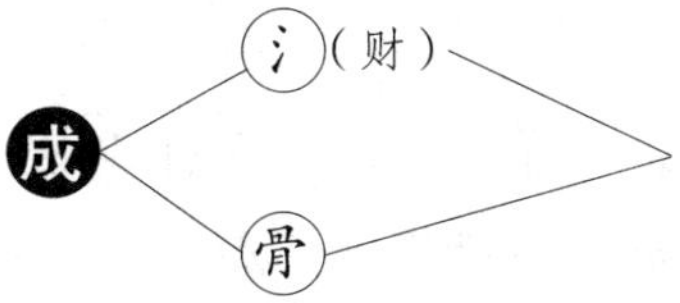


骨浸水中，这骨上的残肉和骨髓味道就不好了，吃后已无回味，无弃之可惜之叹了。

家乡来的一位青年进了一批毛笔做买卖，大、中、小楷都有，毛笔的笔毛用的全是兔毫，制作还算精良。他把推销的摊点设在我们小区前面，且要我为他的生意预测，翻书得“滑”字。

“滑”字，左边三点(氵)是“水”，水的寓意是财。为什么以“水”喻财，而不以“金”喻财呢？完全解释清楚颇费笔墨。这里只简单说一点，即“水无定形，财无定驻”。意思是说，水是流动的，不流动的水是死水；同样的道理，财也应该是流通的，不流通的财是死财。例如你住的是破草房、吃的粗糠粮，地下埋有黄金千万镒，但你不知道，那千万镒定格在地下不用不流通，对你有什么好处。所以财如水一样需流动才是活财（水）。“金”当然是财，但它量少难寻，是财富中的“阳春白雪”，失去了普遍性，且藏之容易，流通甚难。古人聪明，故而五行中以水喻财。

在拆“滑”字之前，还需先说一则故事。北宋名臣王安石，据说著有《字说》一书，书中解释的字，许多一反《说文》所注，生硬而不合常理。如“波”字，王安石注为“波，水之皮也”。其实这也可以看成是他对“波”字拆开后的解释。王安石是唐宋八大家之一，散文写得好，如《游褒禅山记》就是，但拆字确实可嘲。因此苏轼揶揄他：“波是水之皮，则滑是水之骨也！”

借此我也要说明，拆字与解释字是完全不同的两码事，在本书序言中我引用了周亮工（栎园）先生在《字触》一书中的一句话，拆字是

"随意而触，引而申之，不必其字本义也"。

我们来拆"滑"字。苏轼已经说得很清楚了，"滑"字有"水"有"骨"。有"水"就一定有财吗？不一定如此。就好像广厦千间，不一定属于你，甚至连其中的一条钢筋都不是你的！你要进去住一住还需另外买单，买单就是出钱啊！

因此，财还分有益有损，流入则益，流出则损。

接下来，看"滑"字中的"骨"。凡骨都多少带一点肉，所以"骨"字下面的"月"（此月谓之挑肉，它是肉字的变体），就是代表骨上的残肉。纵使把骨剐得再干净，骨内还有骨髓呢！骨上的残肉和骨髓虽然不多，还很难啃，也吃不饱，但总有的吃。而且骨上的残肉和骨髓都是很好吃的东西，吃后仍有回味，不舍丢弃，故曹操有鸡肋之叹。因此单纯从"骨"字而言，我的这位青年同乡，他应小有所赚，只是不多，就像啃骨头一样，虽有回味，但是难啃——他赚得不多也很艰难。

以上是单就"骨"字而言得出的结论。"滑"字是"骨旁加水"，上面介绍了水代表财，那么"滑"字中的水起什么作用呢？是损财还是益财？既然滑字是骨旁加水，骨浸水中，这骨上的残肉和骨髓味道就不好了，吃后已无回味，无弃之可惜之叹了。因此"滑"字旁的水，是稍有损财的寓意。

路滑则行路难，很难站住脚跟。因此以"滑"字度之，他在此设摊，不能持久，是非常短暂的行为，很快他就会挪移别处。《说文》也说得明白："滑，利也。"这里的利，不是"利益"的利，而是快速的意思。

两天后，他来辞行，说生意不好，仅卖出几支笔，所赚只够饭钱。因他卖的笔，制作虽算精良，但都是兔毫、小楷笔呢，学生家长嫌价贵（兔毫笔比羊毫笔要贵很多）；好书法的人们又嫌大楷笔的兔毛太软，写出来的字笔画难显刚劲，故而试笔者多、买笔者少。

# 一百二十、谭（譚）

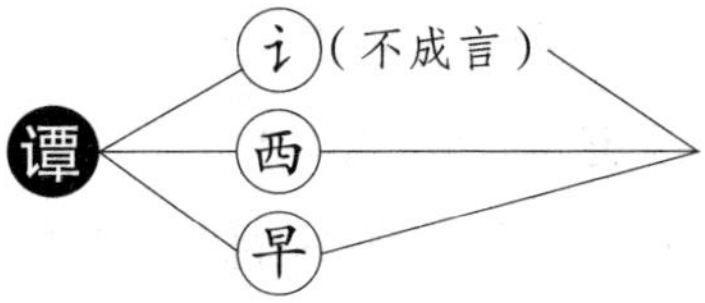


太阳落山的方向是“西”，对于生命而言，“西”是生命终结的方位，这株小树离西还早呢！

2005年植树节，我的一位亲戚在某公园“领养”了一棵刚栽入土的小木棉树。回家高兴之余兼测这株小树的未来，翻书得“谭”字，他书写的是简体“谭”。

凡物，应该说都有命运。一段桐木，农家当作柴烧，被蔡邕发现，制成“焦尾琴”，音色美妙无比。一段没生命的木头，尚且有命运，小木棉树，是有生命的植物，有生命的东西当然亦有命运。《三国演义》记载：曹操恃强，凌伐跃龙祠旁的大梨树，树托梦要斩曹操。这神话不一定可信，但树有命运一点儿不假。

“谭”字拆开是“言、西、早”三字。一般，谭姓朋友在介绍自己的姓氏时，也是这么说的。不过拆字内容与谭姓朋友无关。

“言”，本来是指说话或者有话要讲。不过，简体“谭”字，左边的“讠”已不能独立成字。这是“言不成言”的景象。言不成言，对于一株树来说，那是最贴切不过的了，它当然不能言，也无说事的权利，它的生命与它的命运完全掌握在人类的手中，它与人类不同，它的生命其实也是它的命运。

“谭”字右边是“覃”。《广韵》说：“覃，及也，延也。”也就是说，“覃”有延及、延迟之义。这棵刚栽下去的小树，它可以栽活，它的生命能“延及”下去，至少一段时间内它无“性命”之忧。

那么它以后会生活得怎样呢？

“覃”字拆开是“西、早”。太阳落山的方向是“西”，对于生命而言，“西”是生命终结的方位，这株小树离西还早呢！

它不但一段时间内无“性命”之忧，它还会“长寿”！

仔细看“西”字。在“甄、覃、贾、要”等字中都有“西”，但其来历各不相同。“甄”字中的“西”是鸟巢的象形；“贾”字中的“西”来自襾（音亚），本是壶盖的象形；“要”字中的“西”与“奚”有关；至于“覃”字中的“西”，是由“卤”字演化而来。“卤”的始义是盐，可引申为盐罐，而“卤”的原始字形如树上的果实。

这里有两层含义：一、只有有家室的人才会置盐置卤。单身汉谁置盐卤呢？这小小木棉树将来还会“结婚”成家呢！二、字形如树上果实，人有后代，树亦有后，树的后代就是果实。

具体到这株小木棉树，它不但能成活，能成长，它还会“置盐置卤地成家”，开花结果繁殖后代！

再看“早”字。“早”字拆开是“日、十”二字。我们在前面说过，“十”有完美与邪恶的双重象征。对于人来说，“十在日下”，做人须小心谨慎；对于树来说这是再好不过的了。

而且“早”字，《说文》说它“从日从甲”。即下面的“十”的原始字形是“甲”字。“甲”是百果坼裂的象形。百果坼裂，发芽成新的生命，这棵小树，它将来还会子孙满堂！

# 一百二十一、韭（韭）

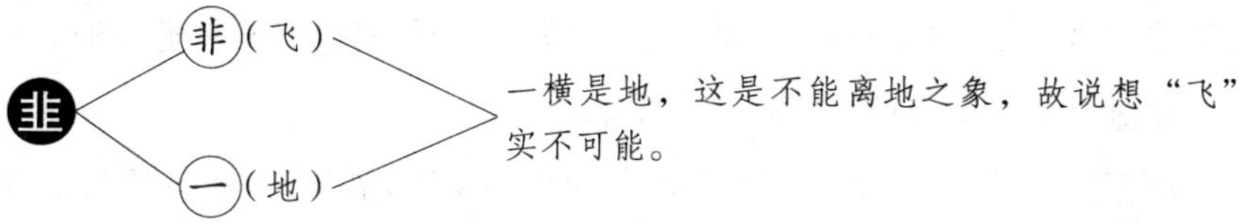


2005年寒假，朋友老李来串门，说他准备与他弟弟合伙承包某高校的一个师生休闲饭堂。想请我预测：一、承包能否成功；二、若成功，兼测以后的利好，翻书得“韭”字。

“韭”是“‘非’落地”。因“韭”字中，一横在“非”字之下，一横在下为地，故说是“‘非’落地”。既然如此，他承包能够成功。并且“韭”，《说文》说它是“一种而久者”，也就是说，韭是多年生蔬菜，以此推之，他承包经营期还不会短。

这时他方掏出承包经营三年的合同，说事情已经办妥，所以不事先告诉我的原因，是想测测我拆字的功力。我一笑置之。有人搓麻将度日，有人日进万金，我掂字自娱，各崇所好！明末小说家冯梦龙在“三言”中描写一位卖油老者在观看弓箭娴熟的将军射箭后评论说：射箭中的，没有什么了不起。就像我灌油入瓶，仅用勺不需漏斗一样，我灌油一滴不落瓶外，只因卖油日久而技熟。射矢箭入靶，也全在熟耳！拆字，我并无功力可言，也“全在熟耳”！

至于承包以后的情况，不妨把“韭”字拆开：“非”字之下加上“一”就是“韭”。先说“非”。

“非”字和“飞”字其实同出一源。“非”字表示的是鸟的两个展开的翅膀，加上尾巴就成了“飞”——这是指繁体“飛”。所以联系到“飞”，是因为无论何人，谁不想飞？而“非”与“飞”又如此亲近——不但音同，出处也相同。虽然如此，但毕竟“非”不是“飞”，要想借机飞起，实不可能。因“韭”是“非下一横”，一横是地，这是不能离地之象，故说想“飞”实不可能。

既然“非”是鸟的两个翅膀，而两个翅膀展开的方向相反，因此“非”就有“事与愿违”之义。这从“非”字的字形也可看出来：中间二竖，左右各排方向相反的三短横。

事与愿违有三种可能：一、二人意见不合；二、无利可图；三、合同中止。

兄弟承包，经营一个小小的饭堂，买卖口中之食，无所谓经营理念之争。纵使兄弟意见不一，而饭堂一日三餐不可少，不能有一餐不开饭。因此，第一种可能可以排除。

《说文》已经说清，“韭”是“一种而久者”，因此学校中止合同的可能也可排除。那么只有第二种可能：无利可图。

我看他兄弟二人满怀信心，不便打击，只提醒他二人：经营得十分好时，也许不亏。

后来老李告诉我，因是消闲性饭堂，学校收取的房租水电价要高于普通饭堂，虽然饭堂食品的卖价也高，但消闲消闲，学生恋爱、老师备讲，都来此处。看上去天天满座，“其实是一杯冰啤酒、一碟小炒肚，一坐大半天，打烊他才走；空调照开、音乐照听，人家不走，又不能赶他走。明似有赚，实则是亏。”老李说。

# 一百二十二、且（且）

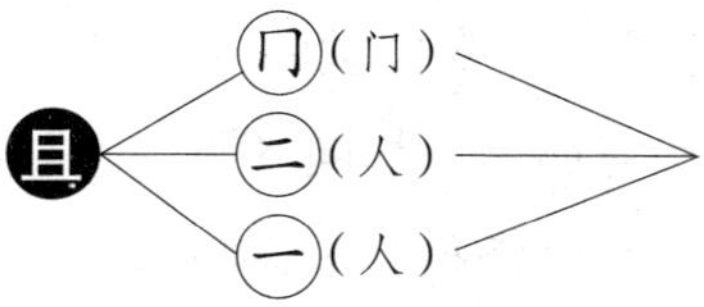


他的两个表姐已住在楼内。“二”已充实在“冂”（门）中，“且”字下面的一横要挤入“冂”内完全没有可能——这一横代表的是他。

2005年，一个算是我的子侄辈的故人来测讼诉，翻书得“且”字。这位贤侄的父亲是我的同事，1984年因肝癌弃世，那时他还在襁褓之中，两年后母亲再嫁。

事情说起来很费口舌。他父亲原籍上海，大学毕业分配来内地，他还有一个姑姑留在上海。祖父在淮海路有一座二层的小楼，1970年祖父病逝，临终前交代，小楼姐弟俩各一半，一人一层。那时私有制遭禁，也无房产证等制度，更无过户一说，仅有解放前的地契一份，在他祖父名下，祖父将地契一裁为二，他父亲和姑姑各保管一半。

因他父亲不在上海，故将名下的房屋借给姑姑。姑姑、姑父于20世纪90年代相继去世，房屋由两个表姐继承居住。当时因他年幼，母亲又忙于改嫁，不曾顾及上海的房产。前年他方得知，他的表姐刻意隐瞒了只拥有半张地契的实情，而通过登报的方式，说地契已经遗失。远隔千里，他何曾去关心上海的报纸？房产局因在登报后的法律规定期限内，无他人主张房屋产权，便将房屋的产权过户到两个表姐名下，他成了局外人。不久前，他起诉到法院，法院虽然受理，但迟迟未做判决。他知道我是他父亲的好友，2005年，趁出差之便，特意寻来看我，兼预测官司。

“且”字字形特别，既无左右之分，粗看也无上下之隔，是一个笼统的字形。

因“且”是左右不分形、上下不分势的“一统”字形，用这样的字测官司，是很有难度的，因为官司都有原告和被告两方。

先从“且”字的字形入手。凡到过某个家族祠堂的人，必见过这个家族祖宗亡灵的牌位，“且”字的形状与那牌位相同。（“且”像亡灵的牌位，这并非出自臆想。“且”就是古时祭祀时放置牺牲的陈牲用具，形似凳子，所以“且”从几，几就是凳子。）凡去过墓地的朋友，那墓碑的形状也与“且”字相似。所以说这些，主要是想表明，无论牌位也好，墓碑也好，都只有纪念作用，并没有其他的实际用途。因此，抛开法理，单以“且”字而论，他手中的半张地契，很可能只有纪念意义，没有实用价值，诉讼中发挥不了作用。

“且”字粗看，笔画是笼统的形状，细瞅其实有上下之分。

看看“且”字拆开的情况。它可以拆成三个字：冂（音窘）、二、一，其中“二”在冂内、“一”在冂下。这样，它就分成了两部分：上面部分是“二在冂中”，它合起来是“冃”字；下面部分是“一”。这两个部分代表了官司的双方。

先看上面部分“二在冂中”。在前面一些篇目中，我们说过，“冂”的字形似一扇遥远的单扇的门。对我这位贤侄来说，上海的房子也是如此——遥远的门。所谓“二在冂中”，这部分代表的是他的两个表姐和那房子，因为他的两个表姐已住在楼内。“二”已充实在“冂”（门）中，要想再挤进这门很难，即“且”字下面的一横要挤入“冂”内完全没有可能——这一横代表的是他。

前面我们曾说过，“一”在下为地。那么“冂”中的“二”是什么呢？《说文》说：“二，地之数也。”这就是说，在“且”字中，他和他的表姐们，两者同为“地”，只是一部分在“门”内，另一部分在“门”外。地是滋润万物的象征，“且”则说明一部分“地”可以在“门”内滋润万物，另一部分“地”只能在“门”外发展生机，这诉讼的答案很清楚——他就是“冂”外的一横，不能入“冂”之内，因此，他没有胜诉的可能。

再看“二在门中”合起来的“冃”（音冒）字。“冃”是小孩儿的帽子，它在“且”字中，是一横之上。上面说了，这一横代表的是我这位贤侄，一顶小孩儿的帽子戴在他的头上，怎么也不合适。这也说明上海的房产他没有希望分得。

后来我没有再见到过，也没有再与这位贤侄联系过，官司的结果，只能留给读者自占了。

# 一百二十三、脸（臉）

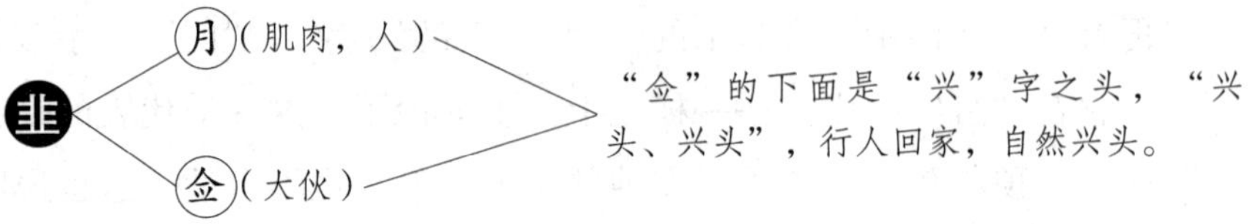


几年前的初夏回家乡，按家乡习俗，初伏的那天，青少年洗浴于河塘，据说可达到祛暑避邪的作用。当日中午，读初二的表侄，约了一伙同学到河边泳场游泳。

数日前我就与亲戚们约好，起伏那天，我请大家到一家宾馆聚餐，当然也包括老表一家。下午六点，其他亲戚如约到达，只有老表一家不见踪影。电话联系，他手机总在通话中，等到七点半，老表方满头大汗地匆匆赶来，说他儿子游泳不见回家。而泳场近几年来，年年初伏的那天，因人多管理困难，都发生过淹死游泳者的事故。他说，他没心情吃饭了，要请我测个字，问他儿子的平安，占得“脸”字，他写的是简体“脸”。

“脸”字，《说文》说“从月（肉）从佥”。这“肉”作偏旁时是“挑肉”旁，现在在书写上作为“挑肉”的“月”与月亮的“月”没有什么差别，已经通用。其实月亮的“月”中间是两短横，“挑肉”的“月”中间是“冫”。

既然“挑肉”旁与月亮的“月”书写上没差别，已经通用，那么我们先从月亮的“月”讨论。那年的夏至正好是农历五月十五，夏至后的第一个庚日起伏，那是农历五月十九，也就是今天的初伏。这一晚见月的时间应在晚上十点左右，请记住这一点：见月是十点左右。

再从“挑肉”的本义来讨论。所谓“挑肉”是代表人体上的肌肉，泛指人。测外出的行人是否回归见“肉”，一般为吉。

交代完了“月”，再看“佥”就简单多了。

我问老表：“你联系了与他一起去游泳的同学了吗？”“所有的同学都联系了，”（难怪他的手机总是忙音）他说，“他们都已回家。”我安慰他说：“脸字的右边是佥字，佥是大家、大伙的意思，既然你已联系到与他一起去游泳的同学，他们都已回家了，你儿子也是大伙中的一个，他一定会回家，不过可能晚一点。”

老表问：“大约晚到什么时候？”我说：“应该是月出之时，十点左右一定会回。”我接着说：“不过我们也不能大意，我们大家一起去寻他吧！”

于是，我们中止了晚宴，三三两两分开去寻他儿子。

晚上十点半左右，老表来电话，说他儿子已经回家。原来这小孩儿在泳场时，遇到他小学时的好朋友明明，两人两年未见，格外亲切，明明家就住在泳场附近，明明留他吃了晚饭，又玩了一会儿电子游戏，他才想到回家——小孩儿哪能理解父母惶恐的心情！

我之所以判断他儿子一定会回，这是因为“佥”字上面有“亼”字，“亼”字成三合之形，读音是集，含义是会合、集合。且“佥”的下面是“兴”字之头，“兴头、兴头”，行人回家，自然兴头。

在“应”字篇中，也提到了“兴头”，却是结果不好，吃不到鱼。同是“兴头”，为什么这里有好的结果呢？这是因为起始状况不同。听说有鱼吃，起始是兴头；儿子回家，末了是兴头。

# 一百二十四、文（）

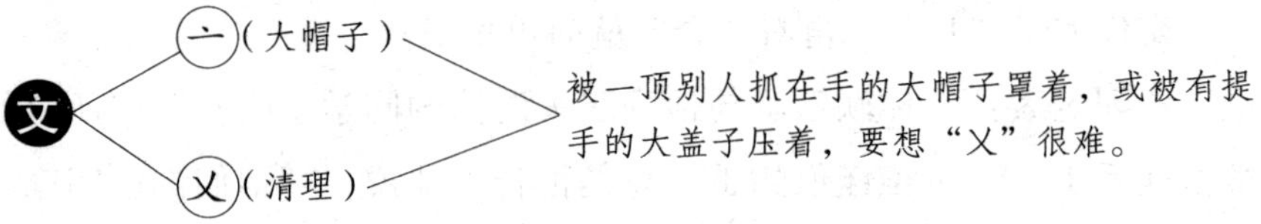


我的一个朋友是某职业学校的校长，他说了这样一件事：来自不同地域的两个学生半夜斗殴，其中一学生重伤、一学生第二天失踪。失踪的学生，经学校及这学生的“哥们儿”十多天的寻觅，仍无下落。家长扬言要起诉学校，追讨责任。作为校长，他没有放弃寻找这学生的机会。最后想到测字，翻书得“文”字。

“文”字四画。上面是字头“亠”，字的字头即如人首。既有字头，就有“事”头，事有头则所测之事就有解决的希望。

同时，“亠”也像一顶有顶的大帽子或有提手的大盖子，压在“乂”之上。“乂”即“刈”。刈是收割，是清（治）理。被一顶别人抓在手的大帽子罩着，或被有提手的大盖子压着，要想“乂”很难。也就是说，学生失踪之事要想“清理”“收割”，直到得到结论有一些难度。但无论是大帽子也好，大盖子也罢，都是人为操纵。只要找出操纵帽子或盖子的人，问题就可以解决，“清理”就有结果。虽然问题可以解决，但对我的朋友——校长——来说，也不是好事，最后也要“清理”到他头上，因为“乂”有“叉”字形，也就是平时批改学生作业常用的“叉”。他来测字，这个“叉”自然要落到他头上。

我想了一下，问他：“学生失踪，报案没有？”他说：“怕影响学校声誉，暂时还未报案。”我劝他赶快报案，只有这样，才能将那盖子揪开，事情才能水落水出。

学校报案后的第三天，失踪的学生出现了，他就躲在他外婆家中，学生父母也知道；之所以将儿子藏起来，是家长怕缴纳受伤同学的医疗费用，因为两个区域的学生打架是这位学生挑起来的。

后来当校长的朋友问我，怎么从“文”字断定后面有人操纵，把肇事的学生藏起来。其实这好解释，“文”字的上面是一横，一横在上本应为“天”，而“亠”是一点更在一横之上，这是“欺天”的行为，不是校长欺天，就是学生（家长）欺天，我相信学校校长不至于如此愚蠢，也没有必要去做欺天（欺骗）的事，故断定另有操纵欺天的人。

不久后，校长降职，调到另一个学校任副校长，这个“乂”（叉）真的落到了他的头上。

# 一百二十五、溪（）

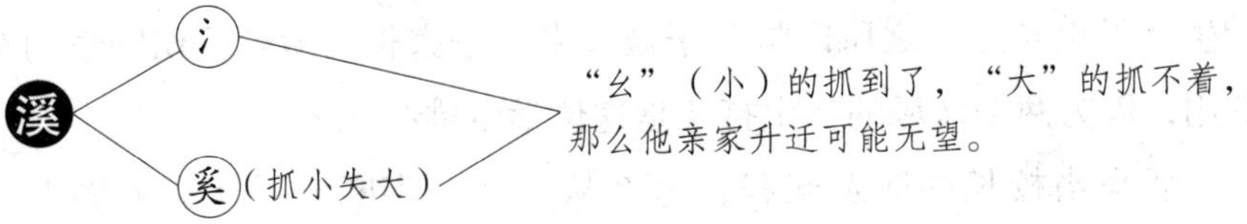


我的一个朋友，说他的亲家因事缠身不能来，特书写“溪”字托他带来求测命运。这种情况，一般我是不接受的。一怕书写有假，非其人所书；二怕字非随机而得，乃刻意挑选。朋友说绝非如此，是他亲眼看着他亲家翻书写就的，这样我才勉强同意。

我问朋友，他亲家想测何事。朋友回说，他亲家也没具体说。

“溪”虽小，但有源源不断的水流入，水源近而且源头好查。江河虽大，水来自四面八方，源头难理。水喻财，他的亲家应该不是大富大贵的人——仅据一“溪”之流水而已！不过虽是小小溪水，但喻财源不断，汩汩成流。

“溪”字的主体是“奚”，“奚”是奴隶的别称。这主两种可能：一、现在没有了奴隶，但罪犯还是有的，不妨把“奚”引申为罪犯；二、“公仆”也可以视为“奚”的美称。

犯了法，很难有“汩汩成流”的财源，我这朋友算是“有身份”的人，我想他的亲家应是有美称的“奚”。问之，果然。

有美称的“奚”，决不会为钱财而公开来测命运，何况“溪”中已有源源不断之“流水”；他们一是图升迁，二是担心出事被羁绁。他亲家测命运，必是两者居其一，或者两者兼有。

“奚”字拆开，是“爪、幺、大”三字。“爪”是手，“幺”是小，“奚”字中，“幺”紧挨着“爪”。那么“奚”的寓意是：“奚”字中，手爪能抓到的是小（幺），“幺”下是“大”，对于“大”的，鞭长莫及，想抓也抓不到。因此“奚”是“抓小而失大”。

他亲家是测字的主体，工作的性质是美“奚”，他想抓的是什么？一是钱财，二是地位，三是工作。一个规矩的“奚”，工作自然会抓好，不需来拆字。一个有水（氵）流入的“奚”，因有水流入，也不需为钱财来拆字——捞取钱财都在隐秘中进行。因此，他要测的——也就是想抓的应该是地位——他亲家应是为升迁之事托他前来。问之，他回说，也许有可能。

但从“奚”字看，“幺”（小）的抓到了，“大”的抓不着，那么他亲家升迁可能无望。再细看他亲家写的“溪”字，“爪”字与“幺”字之间是连笔——小的的确抓到了。而接下来的“大”（字）与上面的笔画脱开，从这一点看，可以肯定——他亲家升迁无望。

朋友说，他亲家是某机关的处长，一个副局长退休后位置空缺，上级组织部门准备在处长们中选拔一位提升，民意测验他亲家的得分虽然不高，但局长褒奖推荐，他亲家排在第一，只是上面迟迟不下任命书，他亲家可能是为此事托他而来。

既然是来测命运，命运除图升迁之外，还包括其他方面，如前面提到的羁绁。“溪”字除与水（财）有关外，它的主体“奚”真还与羁绁有关。其中除“爪”是手不变外，“幺”还代表绳索，“大”也就是人——“大”是人正面站立的模样，这正面站立的人也就是他的亲家——因他亲家是字中的主体。而“奚”字原形，本是用绳索牵着的奴隶或者人犯正面站立的象形——有如现在的验明正身的照片。现在除“公仆”之外，没有了“奚”（奴隶），但人犯还是有的，图升迁不能，“公仆”变为人犯是完全可能的。

我可没有他亲家那么深的城府，关于这一点，我照直告知了我的朋友。朋友说，如果是这样，做官也不见得就好。

我朋友的亲家的确没被提拔，而不久后被羁押，原因不用说明。真正是“溪”小，源头好查，据说那推荐他的局长也是被查对象之一。

# 一百二十六、眷（）

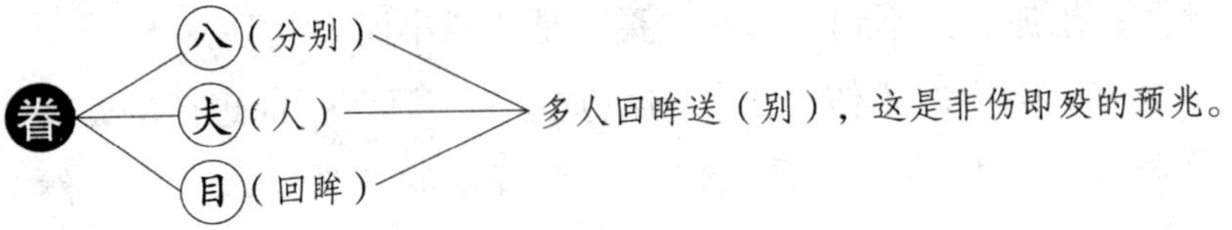


老友沈先生喜欢户外活动，好山爱水，常常到山区的亲戚家一住十天半月，以怡性情。这次，他准备结伴骑自行车至某风景区旅行，行程数百公里。他的太太为他的旅途安全来测字，翻书得“眷”字。

我在“卷”字篇中说过，“卷”的字头是“双手搏饭”的象形，头上两点代表的是饭粒。“眷”字的字头与“卷”相同，但它的来历完全不同。它表示的是奚奴双手持火把（头上的两点是火把的火苗）照路，黑暗中引导身后的主人前行。下面的“目”是怕主人步履不顺，又用眼睛回视的会意字。依“眷”字原始的含义，“照顾”如此优厚，旅行应该没有问题。

不过持火（香烛）引“人”前行，也是现在民间送亡者的习俗，更有难舍“眷”顾之义。综合原始含义，二者取义完全相反。因此，需将“眷”字拆开，才能判断他旅行的结果。

“眷”字拆开是“八、夫、目”三字。近年来，人们总是把“八”与“发”连了起来，说成得“八”就会“发”达的佳话。其实“八”与“发”完全是两回事，事实上，它们的发音也不相同，拆字就不能以此作为根据了。退一步说，一个老年人旅行，何“发”之有？

《说文》有言：“八，别也，象分别相背之形。”我只能以此为据来详字了。“分别相背”这含义说得很清楚。“眷”字中，以“八”顶头，寓意老友沈先生出行不会顺畅。而且仔细详之，他这次旅行，绝不是临时之“分”，而是“相背”之别。一个老年人，无论详何事，测字而顶头得“八”，都不是吉兆。

“八”也是数，“八夫”是多人，“眷”拆开既然是“八、夫、目”，它的寓意很明了：多人回眸送（别），这是非伤即殁的预兆。他这次骑车漫游，不可不慎。

我对他太太说，最好劝他放弃这次旅行。下午，他自己又来找我，说：“我已约好了同伴，中途退出，多不好意思。权当锻炼身体吧，我会多加注意的。”我说：“年老者不在于多锻炼，而在于多保养。老年人就如一辆破破烂烂的牛车，牛拉着慢行缓走，还可以坚持走很远；要让马拉着奔驰，几下就散架了。你骑车旅游，即如马拉牛车。”他自恃身体不错，没有接受我的建议，骑车旅行去了。第二天傍晚，他的家眷接到电话，说他中风进了医院，他的儿子、老伴急急赶去，见到他时，他已经“走”了！

据他家人说，他除血压略高外，平时身体很好，自信骑车旅行绝无问题，过去也几次这样做过，都平安地回来了。

而他同伴说，途中骑车爬坡，他欲逞英雄，与大家你追我赶，哪知血压突然升高，昏迷倒地，送到医院就口流白沫不能说话了。

老年人处世不可逞强，锻炼身体更不能好胜！自己“走”得痛快，留下“眷”属伤心。

# 一百二十七、狗（）

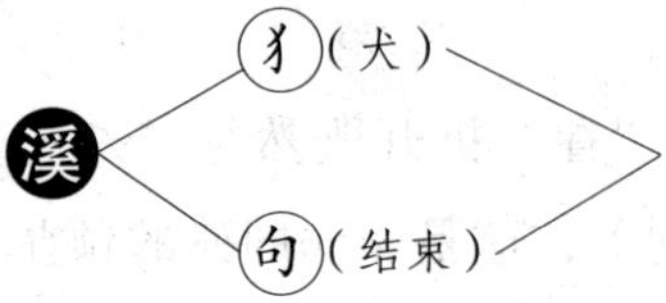


猫吃鱼，狗啃骨，即狗与鱼无缘。狗也不喜欢临水，以“犬”出现为界，从今往后，他很可能再也钩不到鱼。

冬季夜晚，河底水温高于河面，因此鱼喜欢伏在河底不动。钓者利用鱼的这一特性，在尼龙绳上系上若干特制的鱼钩，让它沉入河底，然后驾小船缓缓拖动长绳钩鱼。此法往往渔获甚丰，钩中十多斤一条的大鱼也是常有的事。我曾经的同事、现已下岗的工人老曹今冬也入了这行。一天早上，他在河边卖昨晚钩得的鲜鱼，闲谈后，要测今后的“钩”运，翻书得“狗”字。

猫吃鱼，狗啃骨，这是常识。即狗与鱼无缘。狗也不喜欢临水（除非遇难——鲁迅先生曾写过“打落水狗”的文章），老曹钓鱼而测字得“狗”，因狗不吃鱼也不喜水，以此推之，他不但今晚要空手而归，只怕从今以后也将断绝这桩营生，不再临水——我绝无骂他之意，完全是以“字”论事。

这是就“狗”字的整字而言。

看看将“狗”字拆开的情况。“狗”字拆开，左边是“犬”，犬仍是狗；右边是“句”。请读者注意，我在“句（句）”一篇中对“句”字的解说与下面的解说完全不同，那是因为命题不同之故。下面的解说是取“句”有结束之义，在“句（句）”篇中，朋友不想再当仪表装配工，想开洗衣店。若取结束一义，那是结束装配工的工作呢，还是结束想开洗衣店的打算？二者不能取舍，故不用此义。

回到“句”字。刘勰说“句”是“联字以分疆”。分疆，就是以此为界，常说画上一个“句号”，即是“分疆”一义的引申。老曹前几天钩到了鱼，以“犬”出现为界，从今往后，他很可能再也钩不到鱼，也不会再临水去钩鱼了，故说从今以后他将会断绝这桩营生。

或问，此处为什么不取“旬（句）”篇中“句”是缠绕的藤蔓之义呢？缠绕的藤蔓是可以结出果实的，那不是寓意可以钩到鱼吗？读者细思就知不当，若将钩鱼的扯动的钩线喻为藤蔓，“扯动中的藤蔓”，这藤蔓还能结出果实吗？故不取此义。若取此义时，也有相同的结果——断绝钩鱼的营生——只是解说甚难。这是因为“钩鱼”，有“藤断勾（钩）亡”之虞。所以说“勾”亡，是因为“句”字与“勾”字同出一源。至于为什么，就不多说了。

因冬天的河鱼好吃，过了几天，我又去河边买鱼，没见到老曹，又几天后，才见到他在河边卖鱼。说起那晚的事，他说，那晚他照样作业，在收钩线时，不知钩住了河底的什么东西，既扯不掉，也扯不动，更扯不上来。天冷不敢潜入水中，费了大半夜工夫，好不容易才将钩线拉上来，原来钩住的是一个大麻袋，打开麻袋一看，里面装着一具已经分不清男女和年龄的尸体及一块百十来斤重的石头与几条河鳝。他当即惊出一身冷汗，立刻报警。

老曹经过这事后，回家即把小船卖掉，再也不去钩鱼了。

他说：“不瞒你说，我今天的鱼是塘鱼，是我贩来的。”

我买了他的塘鱼，此后，好长一段时间我也不敢吃那附近的河鱼了。

# 一百二十八、居（居）

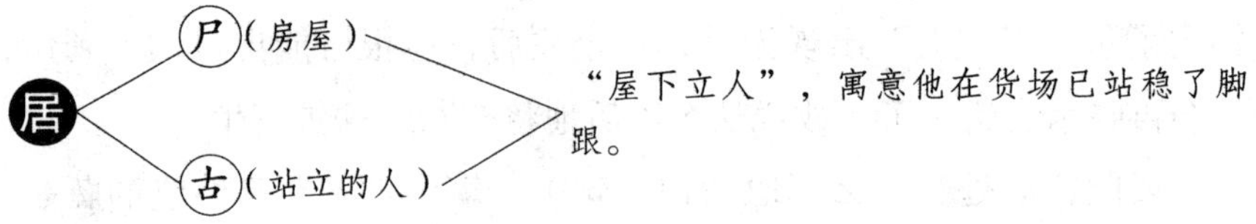


2006年初夏，家人托运了几箱书给我，两个星期过去了，我还没收到提货单。于是去货场询问，偶遇一个在货场开三轮小货车等生意的司机，他为我带路并提示我，找哪个部门哪位先生最合适。我暗自为他预测当天的生意及今后的命运，占得“居”字。

“居”字拆开容易：它由“尸”字和“古”字组成。

一般情况下，尸是动物的遗骸。但“尸”字作为字头用时，也可以代表房屋。例如屏、扁、居、房等等，这在“户”字篇中已经详细交代过，这里不再重复。“居”字上面的“尸”是由“厂”（音岸）字变化而来，“居”字中的“古”字是由一个“站立的人”变形而成——“居”本是“屋下立人”的象形。“屋下立人”，寓意他在货场已站稳了脚跟。

他今天的生意会不错！如要细究今天的情况，需将“古”字拆开。在“吴”字和“胡”字篇中，仅说“古”字是由“十、口”组成的，没多提其他，那是因不需要的缘故。这里应提及其他了：“古”字是“十”在“口”上。前面我们多次讲到过“十”字，它是善恶的纠结。说“田”字是“十在口（围）中”，是好事坏事都被屏蔽起来，外人难知。“古”字中的“口”是指人或人的嘴，与田字的“口”（围）不同。“古”字是“十在口上”，即好事坏事都由人颂、抑，可以人人皆知。初次见面，从他对我的善意看，应是颂扬他的人多、抑贬他的人少，这也是他能站稳脚跟的根本原因。而且此处“古”字中的“十”，与过去提到的“十”来历不同。它是由“甲”字变化而来，第一为“甲”，果子落地亦为“甲”。所以他今天的生意不但要甲于过去，也会甲于整个货场其他的三轮车司机，即如“果子”落地，这是肯定的事。

再说“古”字。《说文》说：“古，识前言者也。”五代宋初文字学家徐铉的注释是“十口所传是前言”。在“吴”字和“胡”字篇中我也是这样说，因为胡生是师范毕业生，故说他将来必是好老师。这里情况不同了，不能再套用。这里是，他在货场的工作，得到大家的颂扬，但那都是过去的事情。注意，“前言”是过去的事。至于今后，可能就不是这么回事了。寓意他的命运可能有转折，而详情却又难以推定。

过了几天，我收到了提货单，去货场提书，想找他承运回家，却遍寻不见，问其他的司机，才知他出事了：三轮货车翻车了，翻在一个深沟里，他头部受伤，现在还在医院，虽然已经过了危险期，但仍需住院治疗。

我并不认识他，也不知他的姓氏，在我的印象中，他只是一个很好的人：热情、诚实。真为他难过，也为他惋惜！多好的人啊！我初次去货场的那天，他不顾自己的生意，带我跑前跑后！

后来我再没有去过货场，当然也没有再见过他。但愿他早已康复，仍回到了货场谋生！

# 一百二十九、爽（）

爽——“一人”双腋之下各夹二“爻”。任何人的腋下夹着东西，时间长了，都会觉得不舒服、不自在。

我太太一直在某大学兼课，一年暑假，该校又致电请她下半年任教某课程，上课地点在分校，路途远，交通也不便。犹疑之中，要我测字推定。翻书得“爽”字。

“爽”字拆开是“一人”双腋之下各夹二“爻”。

“爻”这个字，只在《易经》中才出现。

“爽”字中的“一人”，自然是我太太，需要说明的是“爻”字。

凡是与《易经》有过接触的朋友都知道“爻”。《易经》六十四卦，每卦都由六个爻组成，卦的变异实际上可以归结为爻的变异。如果说《易经》讲的是大千世界的变化，那么具体到“爻”，则是告诉人们在这千变万化的世界中，人的思想和行为应该如何。教书的主要任务就是教导人的思想和行为，因此就“爽”字拆开后的含义来说，它与教师还真有关。但这仅是一个方面——就教师工作性质而言。

虽然如此，我提醒她，如去任教，其中困难不小。因为“爽”是人的“腋下夹爻”，任何人的腋下夹着东西，时间长了，都会觉得不舒服、不自在，教书不是一天两天的事，而至少是一个学期。

从拆字来看，字是爽，事却不爽。这就是所谓“字善事非善，字恶事非恶”，所以拆字常常可不顾字的本义。

而且“爻”字拆开，是两个“乂”字，“乂”即“刈”的本字，“刈”也就是割断或者到此为止之义。“爽”字中左右共计四个“乂”。

因此我建议她不要去任教了，她听从了我的意见。

# 一百三十、鹏（）

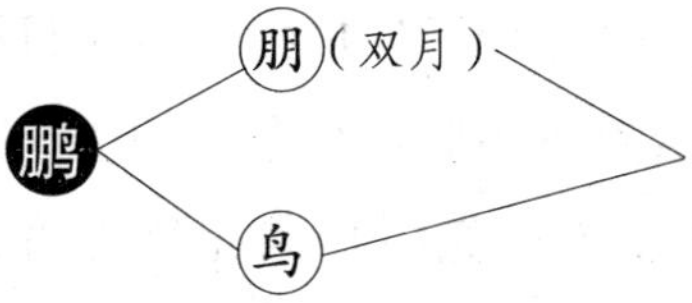


天上之月摘不到，水中之月捞不起，夜深月亮西走，月影东移，“影移惊鸟”，使“鸟”难得安窝。

一位在职读研、行将毕业的女孩子小康来测命运与婚姻，翻书得“鹏”字。

小康读大学时，是我太太的学生，因此间或有些往来。高学历的女孩子，年龄大了，事业和婚姻是排在同一位置的。

“鹏”字，左边是“朋”，再拆开是双“月”；右边是“鸟”。

这女孩儿双“月”相照，虽然眼前景色很是美丽（女孩子读研，当然“景色”很好），但不甚光明，模模糊糊一片，毕竟是月光相映，难比日辉。看似美景无限，但缺实惠。而且月光之下，远景更是朦胧。也就是说，现在看似不错，其实是虚的——这与她读在职研究生的身份真正相符。月光朦胧，因此以后之事很难说得清。纵使远景较好，也好不到哪里去，最好也只能与现在为“朋”，即比目前境况好不了多少。

这是因为，“鹏”字双月。“双月，双月”，是天上一月，水中一月。天上之月摘不到，水中之月捞不起，都只可以欣赏。

天上一月，水中一月，夜景当然明媚。只是夜深月亮西走，月影东移，“鹏”字右边是“鸟”，“影移惊鸟”——这样的描写在古诗中有许多，最脍炙人口的当数“月落乌啼霜满天”了。“影移惊鸟”，使“鸟”难得安窝。鸟不安窝，必然离巢而飞，因此她在不久前抑或不久后，因工作不顺心，而有另觅天地之举或萌生另觅天地之思。

她说：“正是这样，我想跳槽。前几天，我对公司总经理说，谢谢老总的栽培，我很快就要毕业了，不知老总对我还有什么要求。老总说

‘没有了，没有了，你做好现在的本职工作就行了’！我读研的目的，就是为了从各方面提升自己，当然也包括工作环境。听老总的语气，不但没有提升我的打算，对我目前的工作还不满意呢！因此我想另找单位，只是还没联系到合适的地方。”

我劝她不如安下心来，因“鹏”字中有“朋”，新朋不如旧朋；“鹏”中有“鸟”，鸟若只知飞来飞去，必会倦而无依。立定脚跟，“朋”亦安，鸟亦安，如此，或有大鹏展翅之时。

回头再看“鹏”字中的“鸟”。鸟的觅食，就在巢的周围，不会离巢太远——她应该是本地人或者周围郊县的人。

鸟食之甚少，且随食随（消）化，食物的积存不会太多。“鸟”吃得少，她的工薪不会很高；食物积存不多，说明她积蓄也很少。

她点头称是。

“鹏”字中双“月”，若测婚姻，是主月老红绳两系。小康若未结婚，则陷犹豫、选择、难以敲定之境；若已结婚，只怕中途会有婚变。且天上之月摘不到，这是高攀难成之象；水中之月捞不起，这是低就亦难之形。因此她的婚姻不会很幸福。关于这一点，我仅是含糊其辞地说了一下，不能让她有“婚姻不会很幸福”的先入为主的概念。

# 一百三十一、甚（）

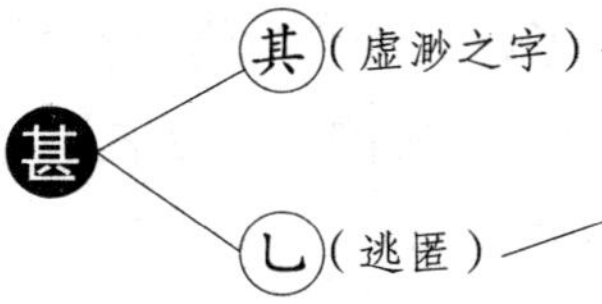


要跳入的单位跟你讲得十分中听，而实际那些都是虚无缥缈如“其”的内容，最后的结果是“乚”（逃匿）。

2006年，一个已在某公司工作了十来年的青年想跳槽，来预测运气，翻书得“甚”字。

拆字，如果一个字有好几种拆法，一般而言，从好不从坏，即首先从好的方面拆。

看这青年，气宇轩昂，他所处环境应该不错。

“甚”，无论是本字还是拆开，都是一个寓意很完美的字。拆开上面是“甘”，下面是“匹”。寓意不错，“甚”的本字如《说文》所说“甚，尤安乐也”，真正是醉人之言，很难得遇到这样好寓意的字。例如“美”字，从羊从大，应该是很好的了，但“美”字中，“羊”字无尾，“大”头被压，结局不好。

他问我：“这是跳槽前还是跳槽后的情况？”

我反问他：“你现在的工作是不是不顺或者不开心？”他说：“不是，工作开心，收入也不错。”

我说：“那是跳槽前的运气。”他又问：“是不是以后会更好？”

来测跳槽的朋友不少，都是因工作不顺或工资不高而引发的见异思迁，我还是第一次碰到得陇望蜀的情况。这后生要么是志向高远，要么是想尝尝苦涩的滋味。

我告诉他，“甚”还有一种拆法，上面拆成“其”，下面是“乚”（音隐）。“其”是个虚渺的字，无固定的指义，随遇而变。以它喻人或单位，那是个反复无常、不讲信用的人或单位。你若跳槽，等待你的就是像“其”所寓意的人或单位，希望你谨慎考虑，否则后悔莫及。

再者“甚”字下面是“乚”，“乚”（隐）是逃匿，它从乙。乙，我在“也”字篇中说，它是委曲。

我说：“你若跳槽，很可能遇到的是这种情况：你要跳入的单位跟你讲得十分中听，而实际那些都是虚无缥缈如‘其’的内容，最后的结果是‘乚’（逃匿），他可‘乚’而你不可‘乚’，因为你是测字的主体，有善归你，有咎亦归你。那时恐怕你想‘乚’（逃匿）都不行了，因为‘乚’在‘甚’的最下位，无处可逃。所以你需想仔细，否则，将会是‘蜜槽跳入糠槽’的结果。”

他这才告诉我他的真实情况。他说，他最近遇到了一个多年不见的老同学，这老同学新开了一家公司，经营的项目和他现在的公司差不多，同学想请他去当总经理，工资翻倍，还送他一成的股份，条件是要带客户资料过去。但他又觉得对不住现在的公司，他从业务员做起，直升到副总，老板信任，没有跳槽的理由。

只知炒股有风险，不知跳槽亦有陷阱。

# 一百三十二、畜（）

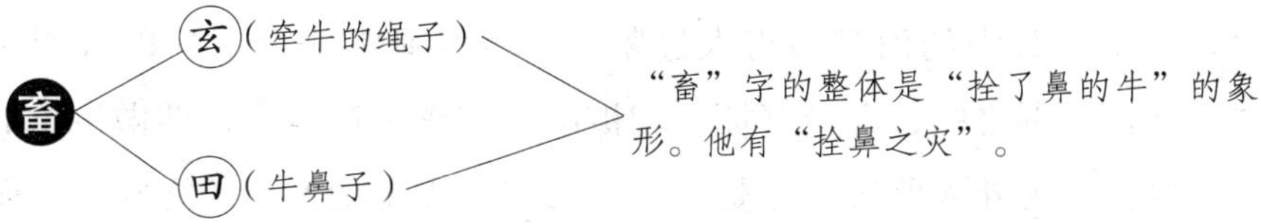


2006年，一朋友带了位做海鲜生意的罗先生来测命运，翻书得“畜”字。

先整体看“畜”字。现在的“畜”的内容除了牛羊猪马狗鸡六种外，甚至还可以泛指包括人在内的一切动物。其实“畜”最初专指的是牛，不包括猪、羊等其他家畜。

既然“畜”专指的是牛，那么追寻到“畜”字的雏形，“玄”就是牵牛的绳子的象形；“田”是牛鼻的象形（畜字中的田，不是耕种之田，它是鼻字的省字）。“畜”字的整体是“拴了鼻的牛”的象形。牛拴了鼻，没有了自由，任凭个儿最大、力气最足，也无济于事。既然如此，罗先生有朝一日，恐怕难免成为失去自由的拴鼻之牛，我劝他凡事须谨慎，切记生意中莫触犯法律法规。

以上是以“畜”字的结构而论，他有“拴鼻之灾”；将“畜”字拆开，也会得到同样的结果。

“畜”字拆开，上面是“玄”，下面是“田”。

先看“田”字。它是一个十分方正的字，善人自善，恶人加恶。因此，俗人拆字得“田”，要么成圣人，要么百事难得有功。为什么是这样？因为“田”字是“十”字在屏围（口）之中。屏围之外无笔画，圣人以天地为屏围，因此事大业大；大众的屏围很小，因此难得有功。而“十”字，我在本书第一篇中说过，它是完美的象征，也是邪恶的总领，是两个极端的纠结。在这里，当然是好与坏的综合。罗先生写的

“畜”字，其中的田字写得太过紧密（他是画的一个封口的圆圈），“十”在屏围之中，无论好坏，均被围得“密不透风”，即做生意的一切情况，不为外人所知，这是其一；其二，无论他原来的海鲜生意做得如何，以后他不可能再有发展。

再说“玄”字。玄，以颜色而论，是红中透黑，以黑为主；从处世而言，是幽深难测。做生意红中透黑，为人处世又幽深难测，真正不好多言，江湖上一句话或可概括：红中透黑，那是白道黑道都通；幽深难测，那是水深没顶。罗先生的情况应是如此。

前面也说了，“玄”是牵牛的绳子。因此“玄”还与缧索密不可分，事实上缧索的头上加个结儿就是“玄”字的象形——牵牛的绳儿是要打结的，这是拴牢在桩上的意思，寓意不好。

从“玄”字看，罗先生还是做海鲜生意这一行的领军人物，因为“玄”字是“幺”字上加头（亠），“幺”本是很小很细的东西，拿海鲜生意来说，它在所有行业中只能算小行业，加头（亠）是指他在这一行业中为领头者。另外，既然“畜”专指的是牛，牛是六畜中最大者，罗先生不但做海鲜有名，可能也影响到其他行业。

以上的分析我都如实地讲给老罗听了。老罗默不作声，坐了一会儿，道过谢后就走了。朋友告诉我，老罗过去是他的同事，因其姐夫任某地区要职，于是早年下海，姐夫最近被双规，可能影响到了他。

# 一百三十三、卉（ ）

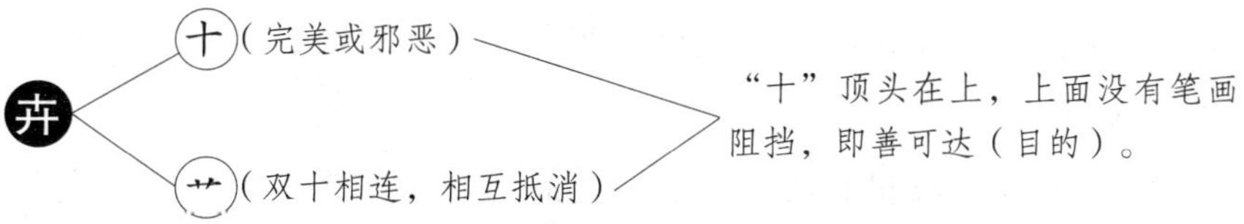


邻居一女孩是香港某歌星的粉丝。2007年，这位歌星来内地开演唱会，她想得到他的签名，为此还买了张票价奇高的首场入场券，但不知能否达到目的，因此来预测运气，翻书得“卉”字。

前面的“炳”字篇中，我们说“炳”的左右都是火，人的命运中有“火”相随，那当然好。但火太旺就适得其反了——“炳”字就是这种情况。“卉”字中三个“十”，上下都是“十”，那情况又将是怎样的呢？

在拆“卉”字之前，我们还要先看看“苦”字。“苦”字中也有三个“十”字，只是位置与“卉”颠倒，“苦”字的上面是两个“十”相连，即所谓的草字头（卄）。

“十”，有两个极端的象征：要么完美，要么邪恶。两个“十”相连，是不是完美加完美或者邪恶又邪恶呢？事情不是这样。因为两个“十”连在一起得到的结果是互相牵制、互相约束，各自不能发挥作用。就如两只天鹅的脚绑在一起，谁也飞不起来；即如两只饿狼的腿捆在一起，哪只狼也别再想作恶一样。因此，两个“十”相连，是既不能尽完美之义，也不能达邪恶之途。故凡是含草头的字，拆字时草头部分除起阻碍作用外，其他（即美与恶）可以除去不论，一般只看草头下面的笔画即可。

“卉”字中，相连的两个“十”，也是互相牵制，可以除去不论，又因两“十”相连与“苦”字中两“十”相连不同，它异位在下，因此它连阻挡的作用也没有，这样“卉”字在拆字时，单纯看上面的一个“十”字即可。

女孩儿迷恋歌星，心存善意，无恶可泛，“卉”字中的“十”自然从善了。且“卉”字中的“十”顶头在上，上面没有笔画阻挡，即善可达（目的），以此推之，这女孩儿必能顺利地得到歌星的签名。

几天后，她高兴地告诉我，歌星第一个就给她签了名。那晚，要求签名的粉丝特多，她运气好，现场维持秩序的是她同学的哥哥，散场时，他把她放进了后台，歌星不但签了名，还和她合影留念呢！

# 一百三十四、泮（泮）

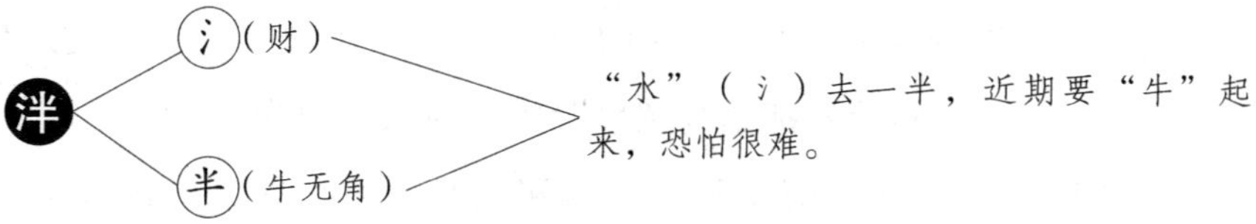


我的一位同事，学经济的博士毕业生、讲投资课程的程老师，他用经济学理论来投资股票。2007年的一天他对我说：“我昨天买入几只股票，估计下周一定会涨，你教数学（当时我在某校兼职讲数学与力学），能不能运用概率来计算股票的涨落牛熊？”我告诉他：“理论上可以——但那也是马后炮。不过，你随意报个字，预测一下你股票投资的概况也许能行。”他翻书得“泮”字。

“泮”，拆开来左边是“水”（氵），右边是“半”。水之一半——请不要与王安石解释“波，水之皮也”并论，这里是拆字，不是解（释）字——他买入的股票，一定会亏，还会大亏。

为什么会是大亏呢？“泮”字左边既然是水，水就是财，应该赚一半才对呀！

这样理解就错了。我在前面说过，水可流入，也可流出，入喻进财，出喻损财。如果说某项投资，不用本钱，如凭某机关的一纸批文或某领导的一个电话，那空手得一半（也比预期的少），这样的无本生意，当然是流进；买股票，需从口袋中实实在在地掏出人民币，“水之一半”，掏出来的人民币只剩一半了，这是流出，那不是大亏是什么呢？

为慎重，不妨把“泮”字中的“半”字再拆开看看。《说文》说：“半，物中分也，从八从牛。”也就是说，“半”字的原型由“八”和“牛”字组成。

虽然“半”字中有“牛”，但事却不牛。先说“八”。“八，有相背之形”，与什么相背？那是与想炒股赚钱的原旨相背。

而“半”字中的所谓“牛”，其实是与“八”字共一撇（丿），也就是说，这“牛”与八的“相背”分不开，这是看起来“牛”，却是牛无角（“牛”字的原型，那一撇表示的是牛的角）——这角划入与事相背的“八”字之中。牛没有了角，哪里还有战斗力？故说是看起来“牛”，其实不牛。这种“牛”，就相当于程老师的自信：“我买的股票正牛！下周只会涨不会掉！”

一星期后，我遇到他时，他说他正在筹资补仓。接着问我：“近期有升的可能吗？”他已经不那么自信了。

我说：“以‘泮’字而言，是‘水’（氵）去一半，近期要‘牛’起来，恐怕很难，要想少亏一点，不如赶快抛。”

暑假开学后，他垂头丧气地说：“抛晚了，真正如你所言，亏了差不多一半。”我安慰他：“现在亏了，以后有机会再赚回来。”

接着他讲了他的苦处：他和他的女朋友，好容易积攒了二十多万元，原来够付一套住房的首期，他自恃学的是经济投资，才敢孤注一掷去投资股市，现在房价又涨了许多，钱却少了一半。女朋友埋怨不迭不说，可以付大套的首期也只能付小套了，还要多贷几十万的款。程老师本想学以致用，在股市中轻松露一手，谁知中国的股市，与经济学理论完全无关了。只因他书生气太重、自信太深，结果反被股市玩了。

# 一百三十五、食（食）

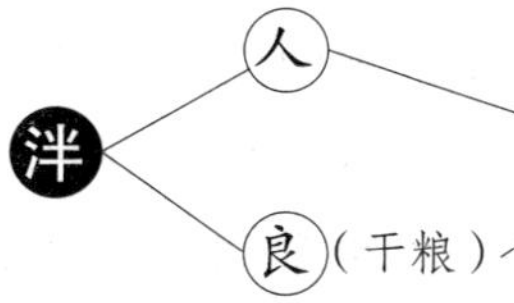


出门带干粮，当然是一时间寻不到“食”，要“食”，必须自带。

现在的银行，越来越热闹，注重“民生”的活儿也越来越多。帮你动脑筋“赚钱”的办法还层出不穷，一个推销银行衍生产品的女孩儿要求测当日的运气，翻书得“食”字。

她翻到“食”字很高兴，说“今天有的食”。因为前几天，她的推销都没成功，所以见到“食”字，自觉气爽。

“有的食”是粤语，意思是“有生意上门”。会不会是这样呢？这需看看“食”字拆开的情况。

“食”字人人会拆，容易得很，它是“人下良”。但与她推销的银行衍生产品联系起来，那就不一定容易了。

凡以“食”字作偏旁的字，除了极个别的，都把作为偏旁的“食”字简化成了不能独立的“饣”。“饣”共三画，一撇、横钩、竖提。一撇在前面说过，它是乖张不正；提是钩逆，除去不顺，引申就是手段。乖张不正再加要手段，如此得食，是不光彩的得“食”。我面前的姑娘应该不是这样的人，因她翻得的是正规的“食”!

或许有人会问，“人”字中不是有一撇（丿）吗？那“人”都是乖张不正的吗？问得很好。我回答：“不说‘人’字的来历，只说‘人’字的笔画。别忘了，‘人’字旁还有一捺紧紧相扶，以纠撇（丿）之不正，当然也是纠人性之恶。而‘人’字作为偏旁时，那更直观，就是用一竖来扶持它（一撇）。再说现实，四十年前有一句‘六亿神州尽舜尧’的诗最能说明问题。其实人中鲜有‘舜尧’，‘尽舜尧’只是美好的理想。人无圣贤，我们是凡人，所以作为一个人，需时时由（他）人来‘解惑’——也就是他人的扶持与匡正。这一点，韩愈在《师说》中说得很清楚。至于‘舜尧’，我的理解是：时时、事事都能约束自己、自我‘解惑’的人，那才是‘舜尧’，如此而已！”

回到本题。前面说了，以“食”字作为偏旁的字中，其“食”字基本都简化了，使“食之不正”有了根据——现在“得食不正”的人的确也不少，他们的理由也都很充足。这里不论其他，单就拆字而言，食之不正，那都应该源于“饣”。但这姑娘翻得的是“食”字本字，它没有简化，情况就不相同了。她是在规规矩矩地觅食——人下良。规规矩矩地觅食，不乖张，不使手段，自然就不易。这一点，从“食中有良”的“良”字就可以看出来。

“良”字，究其来历，它就是“粮”字的本字，原义是指出门携带的干粮。因此“良”字的雏形是“长囊裹米”的象形，从现在的字形上还基本可以看出来。出门带干粮，当然是一时间寻不到“食”，要“食”，必须自带。靠自带干粮度日，引申到她推销的银行衍生品，是今日难得如意。

“良”字上的“人”，其实是由覆口（亼）演化而来，在“食”字中本是“开口吃饭”的形象。它的字形是人嘴噘起来不高兴的模样，吃饭，要靠自带的干粮，怎么能高兴得起来呢？这进一步说明她今天的推销不能成功。

# 一百三十六、果（果）

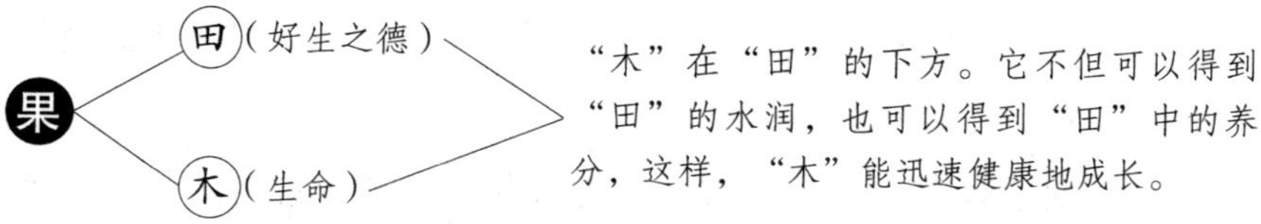


小区的对面有一座旧式的农家小院，常见一对燕子飞进飞出，一天，我好奇地走入了这户人家，和主人寒暄后，一眼就看到了建在堂屋正中，屋柱与木壁衔接处的燕子窝，它离地大约有六米高，那是猫、蛇很难达到的位置。一只燕子飞了进来，窝内的几个小燕崽们齐齐伸出头来吱吱叫个不停。

小院坪前有棵刚挂果的芒果树，有只花猫睡在树杈上，眯眼望着燕巢。我心动，即用“果”字测小燕崽们的未来。

“果”字，拆开是田、木二字。字拆得顺畅，拆法也唯一，预示着小燕崽们的成长不会有大的波折。一般，棘手难拆或者不能拆的字，当事人的命运就有坳有坎。例如“敢”字。

“木”是五行中唯一有生命的一行，而田（土）又有广生万物之德。以“木”喻小燕崽们，可纳“田”（土）的好生之德。

并且，“果”字中，“木”在“田”的下方。它不但可以得到“田”的水润，也可以得到“田”中的养分，这样，“木”能迅速健康地成长。看来小燕子们得到了这户人家的照顾和保护。

我问主人：“燕子会把屎拉到你们身上吗？”主人说：“不会，燕子很灵，当下面有人时，它不会拉屎，除非你得罪了它。有一次，孩子的同学指着它骂了一句，以后只要见到这孩子，燕子就围着他拉屎，弄得那小同学都不敢来玩了。”

主人还说了一句意味深长的话：“燕子进屋，居家有福。”

主人说：“别看树上的猫盯着燕子，只要它进堂屋，我们就把它赶走。”

这对燕子有幸，既得天时，又得人和。这让我想起了几十年前的往事。那时我大约九岁，我邻家房子的堂屋中也有一个燕巢，也筑在猫蛇攀爬不到的屋柱与板壁的接缝处。解放后，因房子宏大，它充当了临时的监狱，看守都由乡亲、近邻担当，他们就临时住在堂屋中。其中有一个我们小孩子叫他丰满爷的农民，一天值班，因小燕崽吱吱的叫声影响了他的休息，于是寻来一根晒衣竹竿，把燕子巢捅了下来，活生生的一对小燕崽摔在地上，肚破肠流……见到这场景，母亲连忙把我拉走，那时我虽识字不多，还把“燕崽死了”的事，写信告诉我在外地工作的父亲。

燕子飞回来时，不见了鸟巢和它们的孩子，叫声凄切尖厉，绕屋飞行数十匝，然后冲天而去，再不见转来！

那对燕子真正是太不幸了！这情景，我至今犹记！

也许“果”有循环报应。大跃进后家乡大旱，禾苗半数枯萎，生产队分配丰满爷车水浇田，据说，丰满爷平时身体很好，也很能干，那天不知为什么，他一脚踩空，从水车上摔了下来，偏巧太阳穴撞到塘基边的一棵树桩上，当即昏迷，抬到家中就断气了。

那种水车，现在都已不用了，只在博物馆中才可看到。踏脚转轮的高度也就一米左右。

# 一百三十七、兢（）

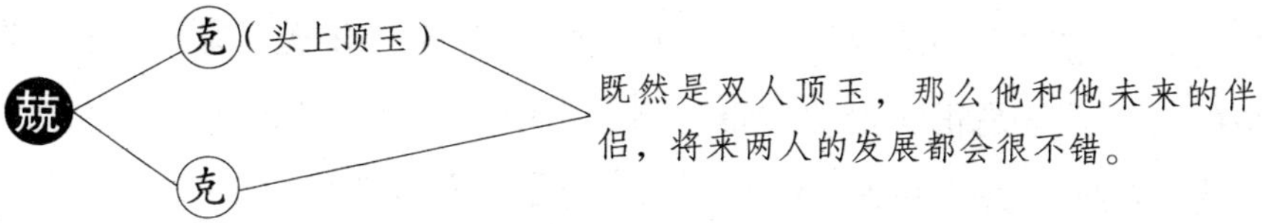


2008年，青年小李在参加公务员录用考试后，来预测今后的前途及婚姻，翻书得“兢”字。

一字说两事，一般很难有两事都完美的结果，“兢”字却不然——有双喜的未来。不过，若不小心，也有可怕的后果。

两个克字相连就是“兢”字，这是必“克”之相。《玉篇》说：“克，胜也。”一个“克”尚且能胜，两“克”相连，所以说必胜——公务员考试，录取不成问题。

这个后生不但能录取成为政府公务员，今后的前途还会十分美好，并且他的配偶也很优秀。珠联璧合，有很幸福的家庭。至于为什么，关于婚姻方面的情况，我们以后放入《婚恋篇》“相”字中讨论，下面仅分析命运。

“兢”字头上有双“十”，先交代这个“十”。

“十”，是一个“十字路口”上的字，横竖两画交叉。《说文》说：“十，横是东西，竖是南北。”东与西、南和北是完全相对的两个方向，引申到用“十”来表示人的命运或善恶，也有完全相反的两种结果。要说“十”好，可以好得不能再好，是完美的象征，因此有“十全十美”一词；要说它坏，是坏得不能再坏，坏透了顶，是邪恶的总领，同样有“十恶不赦”可用。故说“十”是“十字路口”上的字，可从善，亦可泛恶，所以拆字时字中凡遇到“十”，若拆开让它独立成字，须“十”分小心。

究“兢”字的起源，是两人头上顶玉而行的形象。头上顶玉，是难得的吉象。玉是很珍贵的“重”器，引申一下就是印（玺）。说这些，是为了说明“兢”字头上的双“十”，是由美玉变化而来的。

因此，“兢”字上的双“十”，是完美的形象。既然是双人顶玉，那么他和他未来的伴侣，将来两人的发展都会很不错。

“兢”字下面是双“兄”。“兄”不用多解释，事事为头者就是“兄”。事事为头，在人之先，确是顶玉握印之象。

不过世上的事，完全没有瑕疵是十分难得的。“头上顶玉而行”的人虽然贵重，但须战战兢兢地向前走，不能有任何大意，稍有不慎，玉落地则碎，玉碎自然有咎，福兮祸所伏，那时还谈什么握印？境遇恐怕连常人都不如。

说到“兢”就自然关联到“競”（竞的繁体）。“兢”和“競”是兄弟字。虽是“兄弟”，可差别极大。“競”字头上的“立”原是“辛”字的省（写）字。因此“競”是“两人头上戴辛”的象形。“戴辛”本是奴隶的形象，引申一下就是犯人。由掌印而至犯人，天差地别，所以顶玉者应战战兢兢而行，这是有道理的。

我勉励他，凡事不越雷池，则前途端好。否则成“戴辛”之人，那时悔之晚矣。勉之！慎之！

不久发榜，小李榜上有名，旋即面试也通过了，成为某机关的科员。至于以后，还待来时！

# 一百三十八、刚（）

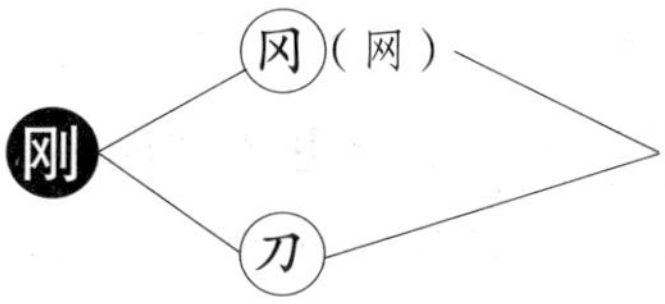


“以网缠刀”，刀发挥不了披荆斩棘的作用；有“网”罗身——网缠的不但是刀，而且还有身体，人身被缠缚，无法使刀，若是这样，情况可能更糟。

2004年，朋友带一位西装革履、油光可鉴的吴先生来测命运。朋友介绍说，吴先生是某公司的销售总监，另一个新近成立的同类公司愿用赠送部分股份的优惠条件，动员他跳槽加盟，他心动却又有顾虑，想测字问吉咎，翻书得“刚”字。

在“甚”字篇中，也是测一个青年跳槽。那青年得陇望蜀，因此我规劝他不要这山望见那山高。这吴先生亦有相类之处。

看看“刚”字拆开的情况就知道了。“刚”字左边是“冈”，右边是“刀”，以此断之，跳槽不吉。

首先要说明，不是因“刚”字中有“刀”不吉，而是因“冈”与“刀”的搭配不好而不吉。请看下面的分析。

一般情况下，测求职、求学、求婚、创业、跳槽、调动等见“刀”都吉——有武器在手，呈披荆斩棘之势，故说吉。但如测离婚、治病、借款、种植等见“刀”则否。注意这是在一般情况下，“刚”字不在“一般情况”的范围之内——因“刚”字中有“冈”，“冈”中又有“网”，网有缠刀之势。

“刚”字中的“冈”不是山脊吗？怎么说“有网”呢？说它是山脊，没错。那是它的字义——这一点，我在下面的叙述中将会提到——然而在这“山脊”之中却暗藏着网。原来，古时捕鸟兽于岡（冈）则用网，获鱼鳖于渊就用罟。所以“冈”字从网，即“冈”是“网”字的一部分。

古人造字重形意，思维也细致。像“罗”“罕”字的头，都源于网，“冈”字也一样。事实上，简体“冈”字的字形更像“网”。因此，“冈”和“刀”相配有两种解释：一是上面已提到的，“以网缠刀”，刀发挥不了披荆斩棘的作用；二是有“网”罗身——网缠的不但是刀，而且还有身体，人身被缠缚，无法使刀，若是这样，情况可能更糟。所以“冈”与“刀”配在一起无论哪种理解都不吉。

退一步说，“以刀断冈”，如蚍蜉撼树，是没意义的，比之跳槽，亦是无意义之举。

又为什么不说“以刀断网”呢？从读过的书中仔细想一下就清楚了，“网”是他人所设，即这位吴先生要跳入的所在。若存在“以刀断网”，就没有想要跳入的打算了。

为什么说是“有网罗身”，而不是反过来，是张网捕鸟兽呢？这是因为，求职、跳槽的人都是入他人网中的鱼兽。

另外，《说文》说“刚”是“强断”。任何东西，将它强行弄断，费力也损工具。他想跳离，可能有“强断”之嫌。不过，要想“强断”恐怕也难，这是因为有“网”缠身之故。

再者“冈”是山脊，他处公司的“山脊”（销售总监），“山脊”一动，泥石草木随陷，对公司而言，影响太大；对吴先生而言，要破“冈”而出，也必伤及他自己。

吴先生离开我家时说，权衡之下，他决定暂时不辞职了。

# 一百三十九、俞（俞）

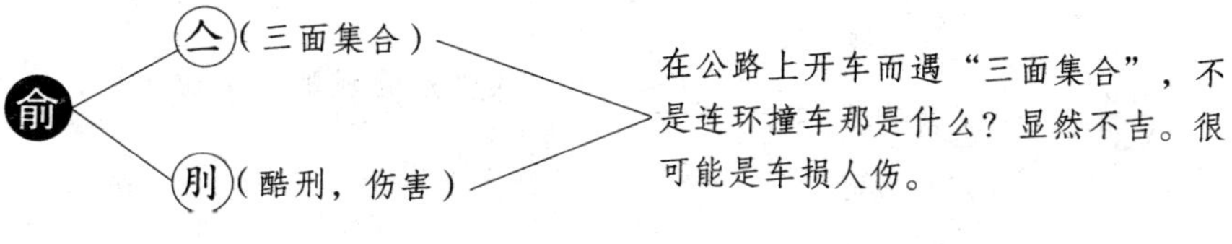


2008年，一对新婚的时髦青年，得到了父母用棺材本赠送的一辆保时捷轿车。真正是“同房花烛喜，入户宝马新”。双喜临门，又恰逢国庆长假，新考的驾照，新人新车新驾，手痒心痒技痒。于是决定开车去庐山旅游。可怜的父母，花银子之外，还为他俩的安全担心，为此来测字，翻书得“俞”字。

“俞”字上部是“亼”（音集）字，其字义是“三面集合”的意思，其字形是覆口的形象，覆口就是倒口。即如人不高兴时噘起的嘴的口形。在公路上开车而遇“三面集合”，不是连环撞车那是什么？显然不吉。我在“脸”字篇也提到了“亼”，说是吉——情况不同了：几辆车“三面集合”，自然噘起嘴来。

“俞”字的下部是“刖（音月）”。这是古代的一种酷刑，砍去人膝部以下的小腿的刑罚叫刖。综合“亼”与“刖”，他们这次旅行，很可能是车损人伤，高兴而去，扫兴而归。

果不其然，因驾技不精，出门的第二天下午，打电话来说撞车了，受伤住院，请速汇款。父母怕是骗子设局，赶紧报案，公安一查，撞车确有其事，且他们需负全责。

父母赶到数百公里外的某地，发现儿子腿伤，儿媳颈伤，双双住在医院。事后的赔偿款、医疗费共十余万元，老两口儿剩的一点养老金全罄。但老人还暗自庆幸：保住了人就好。

开车外出，尤其是新手跑长途，不可不慎，以免为亲人添忧。

# 一百四十、齐（齊）

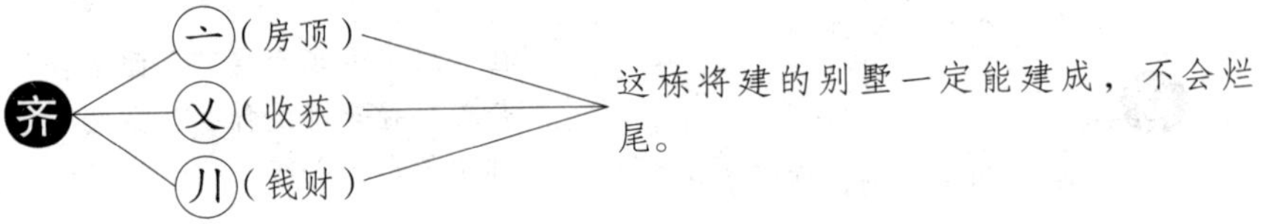


2008年秋天某日傍晚，与友人散步，见小区一栋私人别墅业已摧毁，正在用推土机清理建筑废渣，准备重建。灰尘漫道，行人掩鼻匆匆而过。友人心动，嘱我预测将要新盖房屋的形状及其主人的命运，他占得“齐”字，书写的是简体“齐”。

先说未来的房子（别墅）。

从“齐”字的字形看，它有三个层次。上面是“亠”，就它的形状而言，它是屋顶，且是平顶，不过平顶之上还有东西。中间部分是“乂”，这部分的形状若以楼层论之，它至少代表两层，若论屋形，这几层的楼层形状相同，因为“乂”初始的字形是正反两个S交叉而成；下面部分是“丿丨”，一撇一竖，形状不一，它应是未来别墅的底层，底层左右或者前后并不对称——丿与丨不同之故。总而言之，未来的别墅，是一个平顶的至少有三层的楼房，其中一楼前后（左右）不同。

上面是根据“齐”字的字形预测出的房屋的结构，下面要讨论到房屋的主人了。

“一横在上为天”，我们在前面的字中多次说过。“齐”字中，“亠”是一点更在一横的上面，它可视为人的帽子或物的盖子。物的盖子，上面已经说过了，“亠”是屋顶。若论帽子，这位房屋的主人，经商必是俗而又俗的老板，从政必是权大势器的官员。

“齐”字的下部是“丿丨”。它可视为“巜”（音快）的变体。所谓“𡿨”（音犬）是小流之水，“巜”是百里之汇，“巛”（它就是川的本字）是入海之流。不论房屋的主人是经商还是从政，他都很富裕，有钱财。虽然不及“入海之流”，不能上富豪榜，但他是“百里之汇”的“巜”，也是富甲一方的人物。这一点不但从“丿丨”中映射出来，从他推倒一栋好好的别墅重建，也可看出他的财力！

“齐”字的中间是“乂”，乂即“刈”的省书，刈是收获。这栋将建的别墅一定能建成，不会烂尾。

以“齐”字拟人，头、肩、腰、脚俱全。即一点（丶）为人之头，一横为人之肩，“乂”即人的躯干与手，“丿丨”即人的腿脚。腿脚（丿丨）成“稍息”的形状，这是悠闲的特征，房子的主人生活优越就不用说了。

一年之后，一栋四层别墅建成了，平顶之上有小亭一个，它的缩影真像“亠”的形状；一楼的前面有门廊飘出，石雕罗马立柱，显然屋子的前后格局迥异；二、三、四楼外表形式一样，真如测字之所预。

房子的主人是何人，就不清楚了，反正必是非富即贵之人。

# 一百四十一、就（ ）

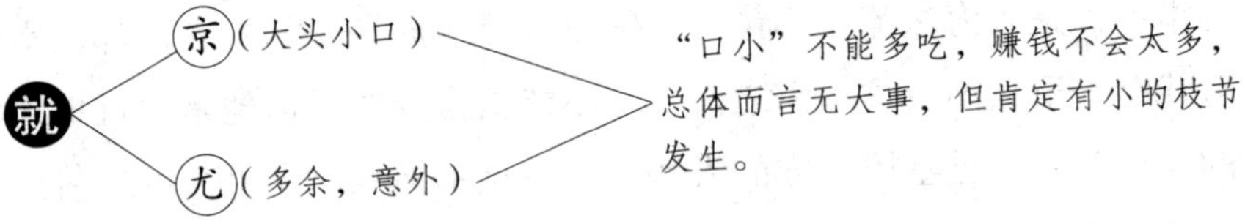


2008年春节前夕，曾是我学生、现已入籍澳大利亚的小吴，准备空运鲜花至澳大利亚经销，花源尚在组织之中，他本人先回澳大利亚，其他一切事宜委托侄子代理。临走前来测字，翻书得“就”字。

事成为“就”。《广韵》说：“就，成也，迎也。”因此总体而言，这次鲜花生意没有什么大问题，不过小的不顺畅会有，因“就”字拆开是“京、尤”两字。“就”字中有“尤”——某个小的环节可能会出现麻烦。有关这一点，留到下面解释。

“京”，是高地。鲜花成市，是人饭饱之后而兴起的雅业，与贩夫走卒相比，算是从业之“高地”。不过“京”字再拆开，是大头（亠）之下有“口小”，大头（亠）是大帽子——业雅；“口小”不能多吃，喻他生意不可能做大（注意，是指他，并非其他鲜花从业者），赚钱也不会太多，小打小闹而已。

徐锴说“尤是高人所就之处”。我这个学生，据我所知，他性格清淡，不适合从商，大约是生存所迫，才从事了这“高人所就”的行业。

“尤”，也是指人的手上长出来的第六根手指，即“尤指”，也叫枝指。这是多余的东西，泛指意外的事。他这次贩花，总体而言无大事，但肯定有小的枝节发生，就如“尤指”生于手一样。

春节时，小吴打电话来拜年，提到贩花一节，他说他侄儿尽责尽力，是个难得的生意人才。因质好价廉，空运到澳大利亚后，销售很好，只是国内卖家使用了一种澳大利亚禁用的保鲜剂，事后有少量买主投诉——果如所预料的，生出了“尤指”——因小宗买卖，澳方没做太多追究，但影响了他贩花的信誉。此后，国内生意，一切委托他侄子进行，当然，首先要注意的是保鲜剂问题。

# 一百四十二、酖（酖）

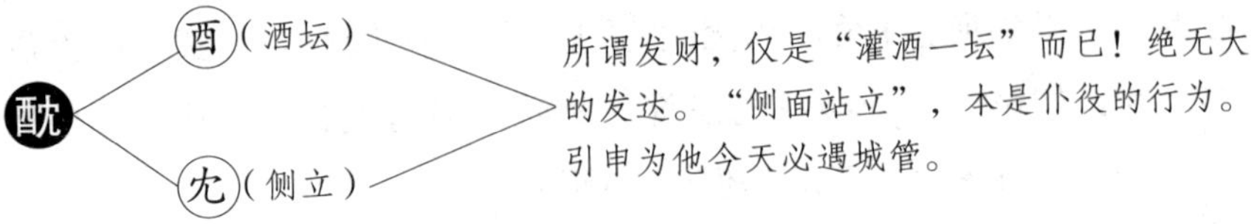


一个走街串巷、常受城管“欺侮”的卖水果的小贩吴先生，来测当日的时运，翻书得“酖”字，现规范为“鸩”。

从酒中寻找快乐谓“酖”，引申为他今天会从生意中得到欢乐。也就是说他今天应该生意不错，难得啊！一介小民一天的生存真难！至于他会不会碰到城管的干涉，我在下面再做讨论。

“酖”字，左边是“酉”，右边是“冘”（音淫）。“酉”字原是盛酒的酒坛的象形，因此凡与酒有关的字都有“酉”。谷物酝酿发酵方能成酒，所以“酉”也有成熟练达的含义，看来吴先生作为小贩已有一段时间了，“成熟练达”到了能有效地避开城管的管理。

“酉”的字形是酒坛，他的酒坛中有没有酒呢？请看下面的分析。因用“酉”表时间，是下午的5～7点。酒坛若遇酒熟之后，必然盛酒。今天的下午5～7点，应该是“酒熟”之时，即他生意最好的时候，也就是“酒熟灌坛”之时、他“发财”之际。所谓发财，仅是“灌酒一坛”而已！绝无大的发达。这是终因“酉”中无水（水喻财）的缘故。

事实上，一个走街串巷的小贩，一天时间就想发达，怎么可能？能在下午规避执法的城管，“快乐地灌酒一坛”，就是他幸福的一天。

因此我劝他今天不要过早地出去设摊，下午五时以后最为合适。他说他和老婆儿子一般都是早八点之前、中午十二点之后至下午两点之前、下午五点之后这三段时间去设摊，因为这几段时间城管还未上班或已下班，不担心受他们的“欺侮”。三段时间所赚，才够三人糊口，如果仅在晚上出摊，别说赚钱，只怕还收不回成本——他卖的是新鲜水果。

“酖”字右边是“冘”。“冘”是一个人侧面站立、进退犹豫的象形。“进退犹疑”，看来他不想放弃白天的生意，仍会上街摆摊。“侧面站立”，本是仆役的行为。过去的百姓见到公门中人时，规规矩矩、垂手而立，表现出有如奴仆的模样。引申为他今天必遇城管。

“冘”，《说文》说它“从人出冂”。“冂”，我在前面多次提到，对于违规违法的人，它是监狱之门。小贩违法未必有，违规是有的。“从人出冂”，是他今天纵使遇到城管，也能摆脱城管的执法。

第二天，他又来要求测字，我问他昨天的情况，他说：“我怕耽误生意，终于耐不住，中午就出摊了，途中，正遇一群城管队员迎面而来，幸喜妻子眼尖，儿子跑得快，才算免了一灾。折回后，下午再出摊，运气好，遇到一群中学生开娱乐沙龙，买下板车上的所有水果还不够，又匆匆从出租屋里拉来两箱方满足了他们的需求，平时可难得有昨天这样的好运气呢！”

像他这种情况，偶然为他决难，可；但同一事若再次为之，不可！因此，他要求再做预测时，我只能婉拒了。事实上，“酖”也是毒酒啊！稍稍呷上一口，能以毒攻毒，多饮岂有命哉？

# 一百四十三、卸（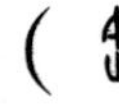）

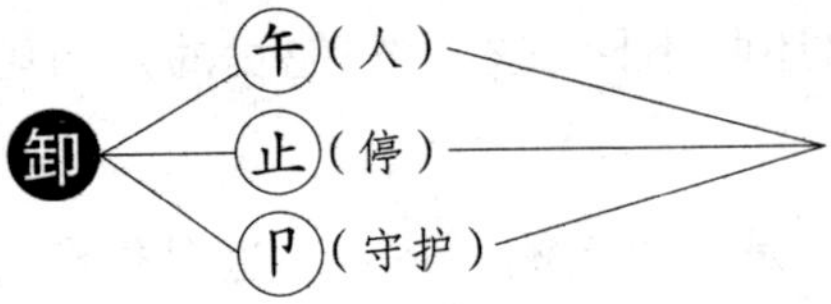


左边是“午下止”，从凶，右边是“卩”，是坐而守之，这是始“凶”而后“吉”之象，

2008年5月12日汶川大地震时，一位朋友的姑爷正好出差在绵阳，地震后，因通信失灵，手机打不通，消息中断，一家人坐立不安。第二天清晨，朋友带姑娘来测字，翻书得“卸”字。

“卸”字拆开，左边的上面是“午”、下面是“止”，即“午下止”；右边是现在仅用作偏旁的“卩”（音节）。

以“卸”字本字的字义而言，《说文》说：“卸，省车解马也。”即战士解甲，不需再战之象，以此喻人生，似乎不吉。

看“卸”字拆开后的情况。前面说了，它的左边是“午下止”，“午”字，以时间而言，是日中，若以“午”喻人，是人一生的鼎盛时期，朋友的女婿三十余岁，正是人生的旺季，“午”下得“止”，《广韵》说：“止，停也。”以此推之，也不吉。

而“卸”字右边的“卩”，它本是“符节”的“节”字的省字，所以《说文》说它是“瑞信”。它的雏形是一个人跪着的形象，过去人们席地而坐，因此跪姿也是坐姿。持“瑞信”的人也就是镇守一方之人，为护一方平安，是坐而守之之义，故而为“卩”。由“卩”看来，他女婿应无大碍，只是因工作之故，“守护”不得离开。

“卸”的左边是“午下止”，从凶，右边是“卩”，是坐而守之，拆字至此，如何断定吉咎？

从“卸”字来看，“午下止”在左，字的笔画在先，“卩”在右，字的笔画在后，这是始“凶”而后“吉”之象，他的女婿应平安无恙。

几天后，他的女婿平安回来，至于“始凶而后吉”的具体内容，我就没去询问了。

让我们一起为地震中遇难的同胞祈祷吧!

# 一百四十四、染（ ）

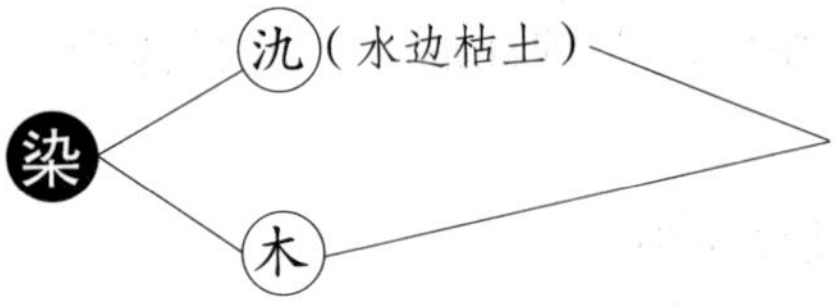


“水厓枯土”难养生。“氿”下之“木”，虽与水近在咫尺，却难得到水的滋润。

2008年，因事入渝。一个从事码头短途搬运（重庆叫棒棒）的农民老黄要求预测今日及以后的命运，口占得“染”字。

“染”字虽有水，但染物之水不能再饮用，只能倒掉。以此推之，若指今日，农民老黄不但赚不到钱，可能还要倒赔。又因染物之水不多，纵使要赔也不会多。

若论以后，老黄也难得富裕起来，因是染物之水需倒掉的缘故，可能还会每况愈下——这是就“染”字整字而言。

把“染”字拆开，看看具体的情况。“染”字去水（氵）就是简体“杂”字。先不说赔（去了要倒之氵，自然不用赔了），也不论其他，单就工作而言，颜色不纯为杂。引申是他应该不以搬运为业，搬运只能算是他的“兼职的杂业”，目的当然是想赚点钱。对老黄来说，这“杂业”能不能赚到钱呢？“杂”字拆开是“九下木”。古人结绳记事，绳绕两道弯表“九”，因此弯弯绕绕就为九，以此喻事业，是表示不顺畅。

又因“杂”字中有木，有木必生根。虽然从业不顺，但他能在“棒棒”这行中站住脚。

他告诉我，他确实是农闲时才来干这一行的，做“棒棒”也确实是他“兼职的杂业”，目的是想给读大学的崽儿赚点学费。

他说：“辛苦啊！时时在等待（客人来临）之中！干这行久的‘棒棒’都有熟络的商店、商家找他们，我新来乍到，门路不熟，没有老客户，总不能去抢他们的生意嘛！找我搬东西的人都是像你一样的散客（我也是请他搬运行李时才认识他的）。有时老‘棒棒’们忙不过来，也会临时找我帮忙，但这样的机会不多，主要还是散客。找我挑东西的人多的时候，一大能赚到百十来元，但会累得挨床就能睡着（确实辛苦）！运气不好时，半天一个客人也没有。回出租屋休息吧，又怕走了生意；不回吧，往往在码头边空站，累和饿不算，却一个子儿也赚不到，还要倒贴伙食费和床位费，那是最艰难的日子！”

他帮我把行李搬到饭店，付费后，我叮嘱他，今天搬运东西可要小心，别做赔本的买卖。

过了几天，我事情办完，打电话给他，请他帮我把东西搬到码头。一会儿，他就来了，说：“先生那天你真拆准了，那天下午我帮客人搬东西，遵你的嘱咐，小心又小心，还是不小心在上坡拐弯时把搬的物件撞了一下。物主虽没要我赔，但很不高兴，说以后再也不找我了。”

其实“染”还可以拆成“氿、木”两字。《说文》说：“氿，水厓枯土也。”水厓就是水边，枯土就是干而不肥的土，“水厓枯土”难养生。“氿”下之“木”，虽与水近在咫尺，却难得到水的滋润。

# 一百四十五、商（商）

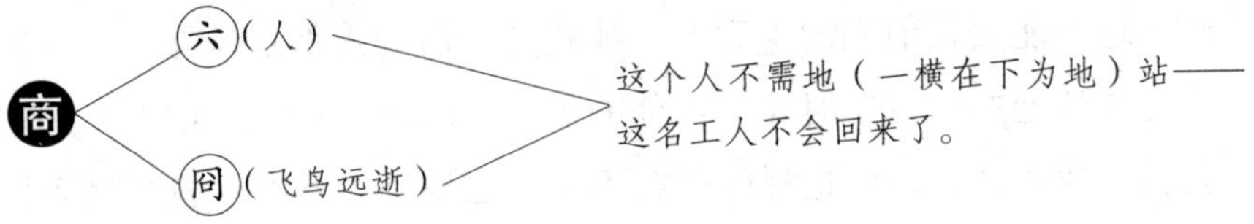


2008年初春，一个小包工头，他说他承接的项目，工程做了近半，春节来临，民工们都回家过年了。他的助手，一个掌握技术的农民至今还没回工地，也联系不上，节后临时请人很难，尤其是请有技术的民工更不容易。现在工程停顿，他心急如焚地来测字，问此人——有技术的农民——近期会不会回来，翻书得“商”字。

以字而论，“商”和“章”本是同一个字，后来分化成了两字。提这一点，是想说明，“商”字上部原是“立”，现在成了“六”，

站（止）住不动为“立”，由“立”变“六”，“六”是一个（大）人的象形，这个人不需地（一横在下为地）站——这名工人不会回来了。

“六”字不但表示（大）人，也代表数字。古时记数用络子表示“六”，“络子”是网状的编织物，引申就是“网”。同时“六”也表示隆起的高地，一块土地凸起叫“六”，等同于现在的“陆”。

这么看来，这位农民工真不会回来了。因为：一、他首先站住（立）不动了；二、他有技术如“隆起的高地”；三、他或者已在别人的“网”（络子）中，而更有可能的是，他自己结了“络子”，撒下了“网”，自立了门户，承包了工程。

“商”字的下部是“冏”（音窘）。“冏”，一说是飞鸟远逝的模样，若按这一解释，这位工人，即如一只高高飞起、消失在天边的鸟。这同样说明，这位有技术的工人不会回来了。因此我劝他不必等他，设

法另外请人。

“冏”的字形像窗（事实上冏也就是窗）。有窗就有光线射进来，有窗就能看到对面的景物。以此推之，会有新人来。他不必着急，可以请到新人替代。

或问，“冏”还可以拆开成“门、八、口”三字。为什么不再拆开了呢？把“商”拆成“六”（立）和“冏”，要测的内容已经能够讲清楚了：有技术的那位农民兄弟他已独立门户，不会再过来打工；小包工头有“冏”采光，他也可以请到他人替代。若将“冏”再拆开，那是画蛇添足，添足后的蛇就不是蛇了！

# 一百四十六、女（）

女——"好字缺子"，"缺子"就是缺人，是少人相扶助的景象。

我一个老同事的女儿从事保险推销工作，这女孩儿能吃苦，也很努力。她来测本月推销业绩以及以后的命运，翻书得"女"字。

"手"字篇是测推销化妆品，本篇"女"字是推销保险，看来做"推销"工作的人，已进入了许多行业。

先看"女"字的整体。"女"字的原始字形是一个（女）人半身下蹲、两手相敛，成躬腰俯就之状，引申为求人之态。因此由"女"字字形看，她推销保险不会太顺——在"求人"中讨生活，怎么可能会很顺呢?

人人崇尚美好的生活。"女"字恰恰是"好字缺子"，是"好"的一半。若要强说好，也仅是"半好"。"好字缺子"，将"子"引申就是人。"缺子"就是缺人，是少人相扶助的景象。推销保险，关键是要有人帮衬，没人买你的保单，怎么"好"得起来呢?我在相关篇目中说过，一般求财拆字，字中有"女"，会有好运气，因为有"女"就可以繁衍，寓财亦有生财的机会。但单独一个"女"字，字中无其他笔画存在，情况就大不相同，简单一点的解释是，这"女"没有繁衍的机会。

不过"女"字终归是"好"字现身了一半。拆字至此，我请她回答两个问题：一、前一段时间，以月为单位签了几单业务?二、在她看来算好还是不好?

她说，以月结算，前面一个月做成了三单保险，但都是小单，算不好。

那么我告诉她，“女”字是“好”字现身一半，即介于好与不好之间——比不好要好，比好要差。既然上月做成三单“算不好”，本月应可以做成四单半的保险业务——比不好要好一半。

她反问：“我要是说上个月的业绩好呢？”

我说：“那你这个月只能做成一单半的业务，因为‘女’始终是‘好’的一半。而所谓好坏也始终是相对的。在这里，‘好’的参照物是你上月的业绩——拆字本身就存在随机的成分。”

若有读者问，用“女”作偏旁时，与它相配的汉字以百数计，为什么独用“好”字而不用其他？回答是：拆字虽不以字义的好坏来推测事的吉咎，但拆字从善，这一点，我已在前面说过。当字义好时该字可作为参考，字义坏时仅作为旁观。人人崇尚美好的生活，“好”是吉字，拆字从吉不从凶否咎。以“女”字而言，纵使从吉，也只得“好”的一半。她的命运，从长远而言，真正要“好”，需得“子”字才行，即需等她结婚以后，那时才算完成了一个“好”字。

一个月后，她打电话来，说上月总共做了五单业务，最后一单是跨月签的，真正算来，应是四单半。她说：“谢谢您的鼓励，我会继续努力的！”

# 一百四十七、外（外）

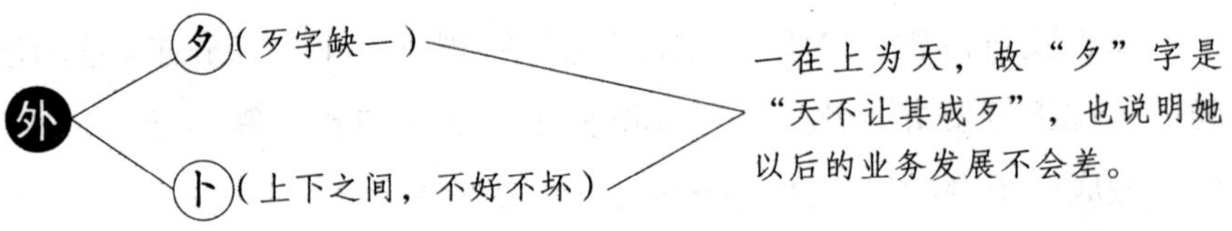


一个跑财产保险的女孩子来测当天的时运以及以后的业务发展情况，翻书得“外”字。

过去用龟甲占卜，卜当日之事叫日卜，问十日内之事叫旬卜，至于要测十日之外一月之内的事叫远卜。“外”字实际上是由“月”和“卜”组成的会意字。现在把它写成了“夕”和“卜”，事实上，“月见夕而明”，可见月字和夕字原本是同一个字。说这一切，只是想说明，“外”字本身表示的是非今天的事，是以后（旬外）的事，即“外”字本身有“远卜”的概念。

她要预测的内容之一是今天的事，当然是“日卜”。而翻书得的是占“旬外”之事的“外”——今天她所跑的业务不会成功，也许需十日之后一月之内才能如愿。她摇头不太相信，她说一切程序都已完成，约好了今天由投保单位的领导在合同上签字生效。

原来一家国有企业对下属的招待所投保，投的是财险。会计师事务所财产评估早已完成，双方都已认可，保险内容也已商定。前天投保单位经办人打电话给她，说领导已审核同意，约她今日去拿已由领导签字的合同。事情做到了这一步，应该没有什么变故了，所以她很有信心。

然而等她到了投保单位，单位领导却说，他们发觉对公司招待所的财产评估不实，新添置的一些高档设施没有计入，须另行评估后才能签具合同。一连串的对不起之后，她被送出门外。

回头再看“外”字，它由“夕”与“卜”组成。月明为“夕”。因此也可以断定她的这单保险要晚于今天，且在十日之后一月之内才能签具，因为一月之内，总有月明月满之夕出现。

因是以字测事，故突破了“远卜”为一月的限制。

至于她“远卜”以后的业务发展情况，那是好也好不到哪儿去，坏也坏不到哪儿去。因为“外”字中有“卜”，以“卜”的本字而言，上加一横是下，下加一横是上，即“卜”在上下之间。上下之间，当然是不好也不坏。

再看“外”字中的“夕”字，“夕”是“歹字缺一”，一在上为天，故“夕”字是“天不让其成歹”，也说明她以后的业务发展不会差。

# 一百四十八、虢（虢）

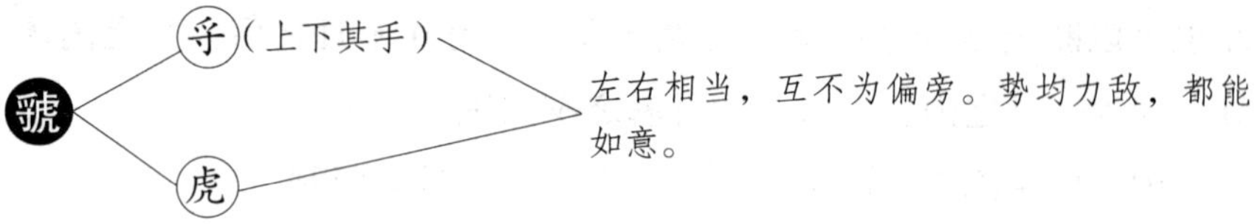


2010年，朋友带一中年女子来，这女子说，她是代男人来预测命运的。原来她男人是某机关后勤处的一个科长，数月前处长调任他职，后勤处的工作由她爱人暂时代管。据传最近要任命新处长，她想预测她爱人能否正式提升。翻书得“虢”字。

“虢”字由左右两部分组成，左右都能独立成字。若将左右两部分比喻成两人，则这两人都能成事。

为什么这么说？进一步分析“虢”字就清楚了。

“虢”字左边是“寽”（音虑），右边是“虎”。左右相当，互不为偏旁。这种左右旗鼓相当的字，在预测升职时，是必有一个势均力敌的竞争者存在的，但两个竞争者又都能如意。

先看左边的“寽”。以字的结构而言，它上面是“爪”，爪即手；下面是“寸”，寸也是手（《说文》说：“寸，从又从一。”“又”是手的变体，故说寸也是手。）。这是“上下其手”，捋取容易。所以《说文》说：“寽，五爪捋也。”五爪出动，博取只在反掌之间。

“虢”字右边是“虎”，这是“虎踞半边”。关于“虎”，不必多做解释。看来，这处长的宝座，她的先生和竞争的对手都有势在必得的架势，并且都能如愿以偿。

他先生是“寽”还是“虎”呢？

“虎”在“虢”字中已踞一半，即不需费力，已拥“虢”中半壁江山。他先生代理处长，数月有余，因此他先生应是“虎”。那“寽”是什么人呢？我问她，还有什么人有提拔的希望呢？

她说：“行政处的吴科长是局长的红人，不但是局长家里的买办，还是局长行动的尾巴。一次，局长酒后放话说‘后勤处缺个处长，小吴去合适’，因此他一直想先调到后勤处来熟悉业务，我爱人找书记交心，书记指示人事处，不许调动，这才没有调成。”

她说：“我爱人是老实人，书记、局长交办的事虽然从不打折扣，但要他去拍马屁，他拍不过人家。”

我把“虢”字拆开后的结果告诉她：她先生不是一般的“老实人”，而是一只“猛虎”，这只“猛虎”已经占据了代理处长的位置，谁想要动它，它就会“咬”谁。局长当然也怕“咬”啊！因此她不必担心，处长的宝座肯定是她夫君的。

后来，她男人正式被任命为处长，行政科的吴科长调任局办公室主任，大家都得到了满意的职位。

# 一百四十九、丸（）

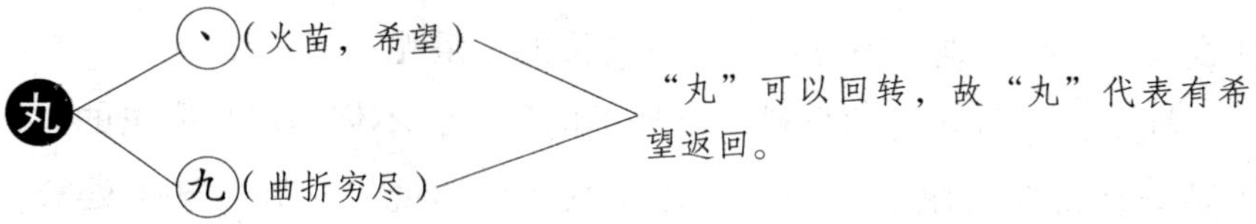


2005年，我的一个学生说他家1995年因城市改造需要拆迁，开发商承诺三年内一定回迁，十年过去，原址除由鳞次栉比的房屋变成一片荒草地外，回迁成了虚无缥缈的空想，开发商不见了，拆迁办回避了。他测字问还有无回迁的希望，翻书得“丸”字。

“丸”字三画，粗看不能拆开。我在前面说过，字不能拆，所测的事很难办成，那他家回迁似乎是没有什么可能了。

其实“丸”字是可以拆开的。它可拆成“丶”（音主）和“九”两个字。既然可以拆开，回迁之事就有希望。

首先要清楚，“丶”，它是一个字，它是“主”字的省字。

“丶”，我在前面说过，它还是豆油灯上的火苗，虽小却给人希望，给人光明。同时它也是油灯中最重要的部分，因此“丶”是主要的“主”字的省字，即初始时的“主”字。记住，它在“九”后，即“丸”字的书写是先写“九”，收笔才是“丶”。

“九”，他家拆后回迁之事，一拖十年，真正是久（九）。

古时结绳记数，用一条绳子拐两个弯表示“九”，九是十进制中最末一个数，因此九有“曲折究尽”的意思。曲折究尽也就是曲折穷尽——九（字）之后没有曲折，是平坦的直路了。曲折穷尽后进位是“十”。所谓进位，联系到测字这个层面，就是下一步的情况，具体是他家拆迁的下一步的情况。“十”，我们在前面也说过，它是邪恶与完美的双面体。这里的“十”不应是邪恶，而是完美。一是因为坏的、恶的都被“丸”中的“九”挡住了，化解了；二是“丸”字收笔是“、”，即“主”，不管这主是上帝也好，是政府也好，它只会把善带给人间。我告诉他，和他一起的拆迁户们肯定可以回迁。

他没有信心，他说，这十年间，发生的不平静的事情实在是太多了，真正如“九”，弯弯绕绕，没走过直路。一个20岁左右的青年，从少小开始就没有了自己的家，也难怪他心情沮丧。

他说，拆迁后的第一年，发展商还按月发给他们在外租房的租金补贴。这一年，旧房子拆了，基脚挖了，桩也打了，吊机也运来了，大家都很高兴，都希望早日高楼建成，回迁住上电梯房。

然而第二年，按月发放的租金补贴停了，吊机运走了，工地死寂一片，荒草萋萋。去问为什么，没有准确的回答。

第三年，大家又高兴起来，换了开发商。吊机又回来了，铲除了野草，其中有一栋高楼立起来好几层了。开发商雄心勃勃，找大家去开会，请吃饭外还发纪念品，对天发誓，保证明年年底前一定回迁。然后，话锋一转说：“目前公司有困难，回迁的补交款请各位预交，并且按预交的先后来决定回迁的顺序。”回迁户们虽不情愿，但也没办法，于是提前交了补交款。

此后，高楼没有再增高一寸，新的开发商卷款跑了。于是回迁户们找拆迁办，找一切他们认为要找的部门……六七年过去了，现在大家灰了心，懒得找了。

测字后一年左右，这个学生告诉我，市政府出面了（“主”出来了），让他们入住到附近的一个小区，无良的开发商抓获了，骗收的补交款，也正在由政府结算之中。

就字而言，仄、丸、反三字还很有渊源。“仄”字从厂（音汉），厂是崖岸。那么“仄”的始义是悬崖断岸倾侧、摇摇欲坠的形象；反“仄”为“丸”，“丸”不是摇摇欲坠，而是可以回转的形象（所以说反仄为丸）；“反”字从“又”，“又”也就是手，“反”是指用手推物使物体倾侧的形象。所以说这些，是因“丸”字夹在“仄”（倾侧欲倒的形象）与“反”（手推即翻）两字中间，“丸”可以回转，故“丸”代表有希望返回。

他家的回迁就如“丸”之可以回转。

# 一百五十、户（戶）

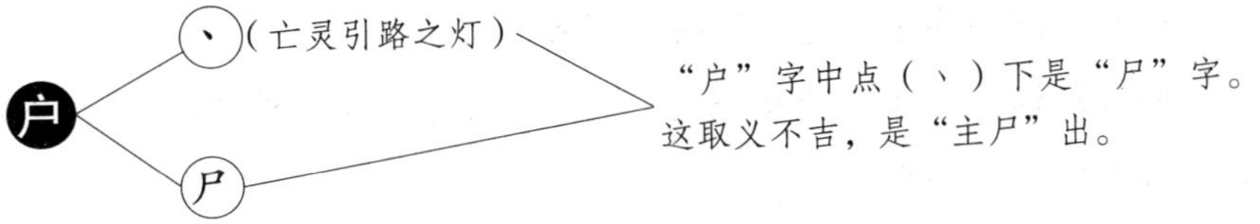


2004年春节前夕，我一个学生花了几百元买了只小小的绿毛龟，准备寒假带回家为他八十高龄、诞辰是正月初一的奶奶祝寿。寓意鹤寿龟龄，这孝心可嘉。

他的家乡在北方，需坐一天一晚的火车。为寿龟在途中的安全，他来估这小龟的未来。翻书得“户”字。

看到户字，他说：“小寿龟有户口了，一定平安！”

“户”字四画，看似简单，却有好几种拆法。

“户”字头上一点（丶），下面是尸字。“丶”是“主”字的省字。“户”字中点（丶）下是“尸”字。这取义不吉，是“主尸”出。

上面是把“户”字中的“尸”作为动物死后的遗骸来理解的。其实有些字中的“尸”并非就是尸体，如屋、户、房等就是。以“户”字为例，它上面的“尸”字是由“厂”（音岸）字变来，“厂”是突出的山崖，我们的祖先为避风雨往往用它来作为栖身之所，因此它后来就成了“户”字之头。我们现在工厂的“厂”字，只是借用而已。前面也说过，点不但是“主”字的省字，也是豆油灯灯芯之火，十分微弱，数步之外不能照人。这样的灯火放在“户”顶之上，别说照人，微风一吹就会熄灭——火之熄灭如物之死亡，这取义也不佳。

再者，“尸”上一点，也如亡灵引路之灯。年轻的朋友可能没见过，过去人死后，在他遗体的脚端点亮一盏小油灯，寓意是灯光引路，死者走好。以动物喻人，也希望它们走好。

这些，都说明小绿毛龟的命运不济。

我提醒这个学生，千里迢迢，天寒地冻，要保护好这小动物不易，需要各方面多加小心！

春节开学后，这位同学告诉我，绿毛龟在他回家后死掉了。

他说："火车上好好的，还从小纸盒中爬出来同我玩了一会儿。"

他说："下火车是早晨五点，天冷得很，北风呼呼，气温在零下20摄氏度左右。"

他说："下车到家要步行半小时，我怕冻坏了小龟，特意把小纸盒捂在大衣内，谁知到家后小绿龟还是冻僵了，第二天就死了。奶奶虽然十分惋惜，但称赞我的孝心。奶奶有文化，退休前是中学教师，她安慰我不要太难过，说绿毛龟是替她消灾、代她而死，要用好好安葬它的方式来纪念它。"

他说："奶奶要我在屋前小院的一角，凿开冻土，挖了个小坑，让小龟入'户'我家。小龟下葬后，奶奶还亲自上了一炷香。"

《说文》说："户，护也。"事实上，这位同学的小绿毛龟乃因天冷受冻而死，系"护之不当"所致。

# 永恒的爱，永恒的痛

## ——纪（悼）念永恒

我不知道别人是否相信缘分，反正我信。

1966年夏，“文革”风暴已经席卷中华大地，我们学校是湘省风暴的中心。一天上午，同学们都闹“革命”去了，我因出身不好，不敢出去惹事，奉命留在宿舍转抄大字报。

刚写完两张，一抬头，发现房门口站着三个佩戴“长沙市四中”（即周南女中）校徽的女生。她们站了一会儿，突然问我要不要帮忙，我当然乐意。

其中一个女生，书写特别认真，一笔一画，如作毛笔字练习，字也写得不错，骨从柳体。这时我才“认真”地看了看她：她穿一件淡米黄色的隐花衬衣，质朴而大方；身材均称，丰瘦适中；脸蛋红红，面型介于鹅蛋与瓜子脸之间；头发乌黑、双辫很短，发末整齐，像是临出门时剪过；眉毛修长，眼睛紧盯着笔尖下的薄竹纸；鼻秀而直，因天热，鼻尖上还浸出了几粒极细的汗珠；嘴小圆润，随着运笔，嘴唇在微微张合——这是一个十分美丽而端庄的中学生。

她们临走时，留下了姓名和住址，这时我才知道她叫黄永恒。一会，她们又返身回来，热情地邀我去她们学校传播“革命火种”，我自知，传播“革命火种”的事，不属于我，我没有那样的资格。但出于自尊，我还是痛快地答应了，说过两天一定去！

我爽约了，强烈的政治自卑感，让我害怕当时已无法无天的中学生们，此后我们就失去了联系，但我深深地记住了她。

日子过得很快，转眼冬尽。很长一段时间，我与几个志同道合的同学整天都躲在四楼的一间宿舍里刻钢板，刷油墨，印制与当时革命形势无多少关系的毛泽东诗词以及解放后的革命歌曲——这是当年逍遥派的主要工作。一日，已近黄昏，突然感到口渴难耐，我一看，喝水的饭钵忘在我的宿舍三楼没有拿上来。于是下楼喝水，就在三楼的楼梯口，我再次遇到了黄永恒，让我欣喜不已！她说她今天来这儿抄大字报，想到我是她在这儿的熟人，就顺道来看看。我说，来得真巧，明天我就要回家乡过年了。

在家过完春节，返校的前一天，收到了她的贺年卡。我想，只能等回校再复信了。

第二天到校时，已是下午五点，整栋宿舍，空空无人，同学们都回家过年或者到全国各地“串联”去了。

那时的乡间公路全是沙石路，沿途尘土滚滚，坐了几个小时的汽车，一身很邋遢。放下行旅，就准备去学校澡堂洗浴，还未走出宿舍门，她来了。我吃了一惊，问：“昨天上午刚收到你的信，你怎么知道我今天回？”她开玩笑说：“我会（卜）算啊”——一句话带了过去！不过，后来她告诉我，她前一晚做了个梦，梦到我今天回长沙，梦中还提示了具体时间——这一点很重要，空空无人的男生宿舍，一个小女生，不敢也不可能久待。她的家在河东的市区，我们学校在河西的郊区，中间横隔着湘江，“文革”时期，公交车早已停开，过河渡水，步行来回至少需要三个小时。如果她早三分钟到，我还未回宿舍，晚三分钟来，我已进了澡堂！错过了这几分钟，她等于花三小时白跑了一趟！空空无人的宿舍，连找个问讯的人也没有！

冥冥中似乎有人在为我们安排！

其实春节前的那次相遇也一样，如果她早三分钟到，我还没有下楼，晚三分钟来，那我已喝完了水，上楼了！已近年关，整栋宿舍已空无几人，同样她想找个人探问，都无人可寻！再者，在那个时间如果我不突然口渴，或者我喝水的饭钵带上了四楼，我也和她无缘再相见！所以我相信这是缘分！

后来我问她，第一次来串联，为什么找到我们宿舍来。她说，她们在下面看大字报，人家说，某舍某楼某间是司令部，可以找到她们需要的大字报内容，因此她们就找来了。我听了，大笑起来——上帝让我这儿成了司令部！

三次的巧遇，给了我们开始频繁交往的机会！

我已是五年级的学生，即将大学毕业，但不知分向何方。在政治决定一切的年代，出身不好，不可能发往繁华之地。她还是个高三的中学生，才19岁的美丽而幼稚的少女，我快24岁了，理所当然要比她成熟。我想，决不能拖她下水。因此刚交往时，我就如实地把面临的困难以及以后可能出现的艰辛一一告诉了她，对于我们的关系，请她细思。她生气了，说："你是不是在找个推托的理由，要不想与我好，就直说。"真让我啼笑皆非。过了会儿，她才平静地说："一个人不可能一辈子倒霉！纵使你倒一辈子霉，我也心甘情愿！"她还发誓，我到哪，她跟到哪！我吃糠，她决不吃米！

接着，她问我有没有与其他女孩子交往过，我又如实地告诉她：没有——那时大学生禁止谈恋爱，管束甚严，我屁股黑，不想犯禁也无心犯禁——但和中学时的二位女同学保持着通信联系，她们当时一个在师院，一个在外省的医学院读书。中学时，她们就是学生领袖，大学二年级都入了党，是重点培养的接班人！

她拿走了她们写的所有信件，第二天一大早，气冲冲地来了，说："我的初恋是你！可你的初恋并不是我！"一边说，一边哭了起来——赤樱先生说，她追求完美，我以为，她对爱情尤甚——我连忙解释，我确实没有和她们谈过恋爱！她拿出那些信，指出某封某页某段某几句只有有情人才会这样写！这样的信，大约有四封。我仔细一看，好像……也是那意思，似乎……又不是那意思！这让我到了有口难辩的境地。

我与两位女同学之间的政治落差实在太大，我从未有过那样的想法，且信中谈的多是如何（政治）进步的内容，因此也没有注意过插在其中的那么几句话，她们一直是我政治上的引导者！当时，我有如现在的经济扶贫对象。

我无话可说，也真没法说清。只能抚慰她，请她想一想，我怎么可能同时与两位女生谈恋爱，我不是这样的人啊！要真是这样，那她现在不可能坐在我身边！她听了，默默地坐了好一会，方破涕为笑！擂我一阵拳头后，说，以后我所有的来往信件，她都要检查！

几十年来，这一直是她唧唧嘟嘟的话题。现在她走了，永远地离开了我，我再一次也是最后一次向她发誓：你确实是我的初恋！也是我的终恋！你是我的沧海水，是我的巫山云！是我永恒的爱！

因“文革”的缘故，我们除推迟一年毕业外，分配后还要到部队农场接受“再教育”，一去一年半。直到1970年4月4日我才到达贵阳的工作单位。跟着，她于4月17日也来了贵阳，相差不到半月！以后，我工作辗转于湖南、广东顺德、广州，她一直跟随我，兑现了她的诺言：我到哪，她跟随到哪！尤其是在顺德时，她不惜辞职改行。我的一位大学同学嘲笑说：“你夫人真是嫁鸡随鸡，嫁狗随狗啊！”她反讥：“这是缘分，你羡慕吗”！

在贵阳，初始时，她在我们厂做临时工。正式工高贵，往往不上班，或者下班就走，肮脏的机床留给她擦洗，每部设备，她都收拾得干干净净。闲时，就站在一旁，细心地观看人家操作，有位正式工揶揄她：“你也想试试？没可能啊！”她回家后，向我诉说了这些使她自尊受损的事和话，我搂着她，眼泪忍不住流了下来，她哪点不如人？只因时势之故，才会受这样的奚落。

今天我之所以如此思念她，原因之一，就是因为她在生时因跟随我，受了许多的无妄之苦！

1977年底，她考入贵阳师范学院，其时我已调回湖南，我们还有一个四岁的儿子。她恋家爱儿子，想转学回湘，由于体制的原因，只能转入湘省的专科学校，因此未能成行。终于捱到临近毕业，她多么希望一家早日团聚，又因体制的限制，分配不能出（贵州）省。于是，只要上午无课，她一早就步行去（贵州）省教育厅，那时大约还没有送礼的风气（我们当时很穷，也送不起）。她到那儿，机关刚上班。又于是，她帮他（她）们清扫办公室，抹桌椅、打开水、洗茶具，然后再把儿子写给她的信和儿子的照片以及我们单位发出的公函的备件拿给他（她）们看，用一个母亲和妻子的爱心来打动他（她）们。次数多了，终于感化了办事人员，获得了他（她）们的同情，这才同意放她出省。

她毕业回湘不久，因我工作较忙，以至盲肠炎突发，需住院开刀。半小时的手术，医学院的实习生们却用了五个多小时，局（部）麻（醉）成了全（身）麻（醉）。后来我的同事告诉我，她在手术室外，急得顿脚直哭——这次手术，也给她后来的讳医忌药，迟迟不愿开刀割掉恶性肿瘤产生了极大的影响。

术后的当晚，由于麻醉过度，我仍处于半昏迷状态。小便不畅，医生要植入导管导尿，因白天手术的教训，她坚决拒绝。晚上，她一夜未眠，用嘴为我吸尿，吸一口，吐一口，吸出大半面盆，直到尿尽。第二天，她不想吃东西，必是恶心之故。我问及时，她反安慰我："你憋尿胀痛，我更难受呵！"

妻贤如此，"夫"复何言！

当是时，我对她说，将来要是有机会写文章，我一定把此事此情写进去。她回答："你是要我丢丑吧！"谁知现在，真到了应该把这事写出来的时候！

她读大学时，因不带薪，由我养家。她毕业后，单位分给我们一套新房，但我们除了破破烂烂，可以说一无所有。"家"需从头建设，因此她分文必省。是时，恰值方便面在中国问世不久，1毛6分钱一包，她给年幼的儿子买了几包，看着儿子吃，自己在一旁吞口水，儿子剩下的面汤，她喝了一口，连说味道好！味道好！！我知其意，于是泡了一包，她坚持只吃一半，另一半夹给我尝新——几十年来，我们就一直这样同甘共苦！后来我们虽然宽裕了些，但她却养成了节俭的习惯，从不铺张。终其一生，她没有添置过高档的衣服，没有买过名牌的坤包——我们完全有这条件。现在，我每天在她的灵前，总叨念着这些！

妻子啊妻子！在我彷徨失意的时候，你来到我的身边抚慰我，现在我们可以享受生活了，你却离开了我！叫我怎么不心痛！叫我怎么不哀伤！你的骨灰（盒）我留在了家里，你的大幅遗像就放在桌上！我一日作三餐，每日每餐都备了你的一份——我们共桌而食！晚上，我把你的相框抱到枕边——我们共枕而眠！现在我在写东西，你在一旁看着我！我写几行字，就转眼看看你，亲亲你，我的泪就滴落在你的身上！

妻子啊妻子！你走了，撇下了我！你没有享受到的物质，我想你不会遗憾！但你最爱的是刚满六岁的孙子，你已无力疼爱了，这是你唯一的遗恨！

妻子啊妻子！在我们的关系刚刚确定之初，你搂着我，高兴地对我说："我是47年生的，我们在一起，至少也要有47年啊！"想不到这么一句随意的话，竟成了谶语，我们在一起，真正是四十七年多一点！

妻子啊妻子！你与我合写的《说人解字》，第一辑已由海南出版社正式出版，这一点，你在生时已知，只是未能见书面世。出版社总编说，在你七七之时，将速印一本来纪念你！届时，我一定将你花了无限心血的著述献于你的灵前！第二辑你在病中，已完成了三分之二。接下来的部分，我目前无心撰写，但我一定会完成。像你发誓跟随我一样，在第二辑完成、出版后，未了之事已了，我会去寻你，我们期以三年！

妻子啊妻子！我写的这些东西就是一本流水账，其实我们夫妻在一起，何尝不像溪中的流水！几十年来，沄沄汪澄！现在溪断水枯，无"账"可记，呜呼哀哉，以后的三年，叫我如何面对！

2014年7月27日识

# 主要参考书目

一、《左传》……………………………（春秋鲁国）左丘明著
二、《史记》………………………………（西汉）司马迁著
三、《说文解字》……………………………（东汉）许慎著
四、《说文广义》………………………………（明）王夫之著
五、《说文古籀补》……………………………（清）吴大澂著
六、《说文解字段氏注》………………………（清）段玉裁著
七、《说文言广义校订》………………………（清）吴善述著
八、《说文古籀补补》…………………………（今人）丁佛言著
九、《殷墟文字类编》…………………………（今人）商承祚著
十、《说文字通》………………………………（清）高祥麟著
十一、《说文段注订补》………………………（清）王绍兰著
十二、《说文古本考》……………………………（清）沈涛著
十三、《说文解字系传》………………………（南唐）徐锴著